AF546733

Es gibt nichts zu tun

Die Zen-Unterweisungen des Meisters Linji

Thich Nhat Hanh

Es gibt nichts zu tun

Die Zen-Unterweisungen des Meisters Linji

Ins Deutsche übertragen von
Ursula Richard

edition steinrich

www.edition-steinrich.de

Die Originalausgabe erschien 2007 unter dem Titel
Nothing to do – Nowhere to go.
Waking up to whom you are bei Parralax Press.
Berkeley, Kalifornien, USA

Die deutsche Erstausgabe erschien 2009 unter dem Titel
Aufwachen zu dem, der du bist. Die Zen-Unterweisungen des Meisters Linji bei O.W. Barth, einem Unternehmen der Droemerschen Verlagsanstalt Th. Knaur Nachf. GmbH & Co. KG, München

Gesamtgestaltung und Satz: Ingeburg Zoschke, Berlin
Kalligraphie: Thich Nhat Hanh
Druck: Westermann Druck, Zwickau
Printed in Germany

ISBN 978-3-942085-30-4

glücklich
sein im
Hier und
Jetzt

Inhalt

I
Der Mensch, für den es nichts zu tun gibt

»Wie ich es sehe, gibt es nicht viel zu tun.
Seid ganz natürlich – legt eure Robe an,
esst euer Essen und verbringt die Zeit damit,
nichts zu tun.«

Meister Linji, 18. Unterweisung

Viele Schülerinnen und Schüler des Buddhismus sind Kinder von Meister Linji, selbst wenn sie nicht einmal seinen Namen kennen. In der Zen-Tradition ist der Geist von Meister Linji in allem, was uns gelehrt wird und was wir tun.

Meister Linji lebte im China der Tang-Dynastie. Geboren wurde er zwischen 810 und 815 in der westlichen Provinz Shandong, südlich des Huang-Ho-Flusses (des Gelben Flusses). Als junger Mann verließ er seine Familie und reiste nach Norden, um bei Zen-Meister Huangbo in dessen Kloster nahe Hongzhou in der Provinz Jiangxi, südlich des Yangzi-Flusses, zu studieren. Es war eine Zeit politischer Instabilität in China. Der Buddhismus wurde von staatlicher Seite unterdrückt, was 845 in einem Dekret des Kaisers Tang Wu Zong kulminierte, demzufolge Mönche und Nonnen die Roben ablegen und wieder als Laien leben mussten. Viele Tempel und Statuen wurden zerstört, vor allem in den Städten. Klöster in entlegenen Gebieten waren weniger betroffen.

Nach einigen Jahren sandte sein Lehrer den jungen Linji zu dem als Einsiedler lebenden Mönch Dayu, damit er bei ihm für kurze Zeit studierte. Danach kehrte Linji zum Tempel Huangbos zurück und lebte dort mit den anderen Mönchen. Später leitete er in Zhengzhou in der Provinz Hebei einen eigenen Tempel, wo er in dem für ihn charakteristischen unmittelbaren und dramatischen Stil lehrte. Wie damals in China üblich, wählte er seinen Namen, Linji, nach dem Berg, auf dem er lebte und lehrte. Dort wohnte er bis zu seinem Tod 867. Er selbst schrieb seine Unterweisungen nie auf, doch seine Schüler sammelten sie und stellten sie in den *Aufzeichnungen des Meisters Linji* zusammen.

Als junger Mönch studierte Meister Linji voller Eifer und gewann tiefe und umfassende Kenntnisse im Tripitaka, den drei Körben buddhistischer Lehren: Sutras, Kommentare und Vinaya (monastische Regeln). Ihm fiel auf, dass viele Mönche zwar sehr fleißig studierten, dies jedoch keine Wirkung auf ihr Verstehen und ihre Transformation hatte. Sie schienen nur nach Wissen zu streben, um ihren Ruhm zu vergrößern oder eine bessere Position im Kloster einzunehmen. Deshalb gab Meister Linji seine Studien auf, um der wahren Zen-Praxis zu folgen.

Viele von uns haben ihr ganzes Leben damit verbracht, zu lernen, zu befragen, zu suchen. Doch auch auf dem Weg der Erleuchtung verschwenden wir unsere Zeit und die unseres Lehrers, wenn wir nichts anderes tun, als zu studieren. Das bedeutet nicht, dass wir nicht studieren sollten; Studium und Praxis können einander unterstützen.

Doch wichtig ist nicht das Ziel, das wir anstreben – auch wenn dieses Ziel Erleuchtung ist –, sondern dass wir jeden Moment unseres täglichen Lebens voll und wahrhaft leben.

Meister Linji verfügte über ein fundiertes Wissen des buddhistischen Kanon, doch gründete seine Lehrmethode auf der Zuversicht, dass Menschen nur zu ihrer wahren Natur erwachen und als ganz normale Menschen leben müssen. Er bezeichnete sich nicht als Zen-Meister, vielmehr sah er sich als »guten spirituellen Freund« – jemanden, der anderen auf dem Pfad helfen konnte. Menschen, die über genügend Einsicht verfügten, um zu lehren, nannte Meister Linji »Gastgeber« und Schüler, die kamen, um zu lernen, »Gäste«.

Zu seiner Zeit wurden einige buddhistische Begriffe so oft benutzt, dass sie bedeutungslos geworden waren. Die Menschen grübelten über Worte wie »Befreiung« und »Erleuchtung« nach, bis diese ihre Kraft verloren, und das ist heute nicht anders. Viele Leute verwenden Worte, die unsere Ohren ermüden. Wir hören im Fernsehen oder Radio so oft die Worte »Freiheit« und »Sicherheit« oder lesen sie in den Zeitungen, dass sie ihre Wirkung einbüßen. Selbst die schönsten Worte verlieren ihre wahre Bedeutung, wenn sie zu oft benutzt werden. So ist zum Beispiel das Wort »Liebe« ein wundervolles Wort. Essen wir gern Hamburger, sagen wir: »Ich liebe Hamburger.« Was bleibt dann von der tieferen Bedeutung des Wortes »Liebe« übrig?

Ähnlich ist es mit buddhistischen Begriffen. Es mag jemand sehr schön über Mitgefühl, Weisheit oder Nicht-Selbst sprechen können, aber das hilft anderen nicht notwendigerweise. Er oder sie kann zum Beispiel weiterhin ein großes Ego haben oder andere schlecht behandeln. Die wortgewandte Rede besteht möglicherweise nur aus leeren Worten. Wir können all der Worte müde werden, sogar des Wortes »Buddha«. Um Menschen aufzuwecken, führte Meister Linji neue Begriffe ein, entwickelte neue Ausdrucksweisen, die den Bedürfnissen seiner Zeit entsprachen.

So verwendete er zum Beispiel den neuen Begriff »ungeschäftiger Mensch« für jemanden, der nichts zu tun hat und nirgendwo hingehen muss. Das war sein Idealbeispiel dafür, was ein Mensch sein könnte. Im Theravada-Buddhismus galt der *arhat* als idealer Mensch, jemand, der Geburt und Tod überwunden hat. Im Mahayana-Buddhismus war dies der *bodhisattva*, ein mitfühlendes Wesen, das anderen auf dem Pfad der Erleuchtung hilft.

Meister Linji zufolge ist der ungeschäftige Mensch jemand, der der Erleuchtung nicht hinterherläuft und nicht nach etwas greift, und sei dieses Etwas der Buddha. Dieser Mensch hat einfach innegehalten. Er ist nicht länger in etwas verstrickt, auch nicht in Theorien oder Lehren. Der ungeschäftige Mensch ist der wahre Mensch in einem jeden von uns. Er bildet sozusagen das Zentrum in der Lehre Meister Linjis.

Wenn wir lernen, innezuhalten und im gegenwärtigen Moment wahrhaft lebendig zu sein, sind wir mit dem, das in uns und um uns herum geschieht, in Berührung. Wir werden nicht von der Vergangenheit, der Zukunft, von unserem Denken, von Ideen, Emotionen und Projekten davongetragen. Wir glauben oft, dass unsere Vorstellung von den Dingen auch die Wirklichkeit dieser Dinge wäre.

Unsere Vorstellung von Buddha ist vielleicht nur eine Idee und weit von der Wirklichkeit entfernt. Der Buddha außerhalb von uns war ein Mensch, der geboren wurde, lebte und starb. Nach solch einem Buddha zu suchen bedeutet, einen Schatten, einen Geist-Buddha zu suchen. Unsere Vorstellung von Buddha wird ab einem bestimmen Punkt zu einem Hindernis für uns.

Meister Linji sagte, dass wir dem Geist-Buddha, wenn wir ihm begegnen, den Kopf abschlagen sollen. Ob wir im Innen oder Außen schauen, wir müssen dem, dem wir begegnen, den Kopf abschlagen, also unsere Ansichten und Ideen über die Dinge, selbst über Buddhismus und Buddha, hinter uns lassen. Buddhistische Lehren sind keine hehren Worte und Schriften, die außerhalb von uns existieren und auf einem hohen Podest im Tempel stehen, sondern sie sind Arznei für unsere Krankheit. Buddhistische Lehren sind geschickte Mittel, um unsere Verblendung, unser Verlangen, unsere Wut zu heilen sowie unsere Gewohnheit, nach Dingen außerhalb unserer selbst zu suchen und kein Vertrauen zu uns selbst zu haben.

In Sutras, Kommentaren oder Dharma-Vorträgen können wir keine Einsicht finden. Befreiung und erwachtes Verstehen sind nicht durch das Studium buddhistischer Schriften zu erlangen. Das wäre wie die Hoffnung, frisches Wasser in trockenen Knochen zu entdecken. Doch kehren wir zum gegenwärtigen Moment zurück, benutzen wir unseren klaren Geist, der hier und jetzt existiert, dann ist es uns möglich, mit Befreiung und Erleuchtung in Berührung zu sein, ebenso wie mit dem Buddha und all seinen Schülerinnen und Schülern als lebendigen Wirklichkeiten genau in diesem Augenblick.

Ein Mensch, für den es nichts zu tun gibt, ist Meister seiner selbst. Er braucht sich nicht aufzuspielen oder irgendwelche Spuren zu hinterlassen. Der wahre Mensch ist ein aktiv teilnehmender Mensch, in seinem Umfeld engagiert, doch ohne sich davon bedrücken zu lassen. Alle Phänomene durchlaufen die verschiedenen Erscheinungsformen von Geburt, Verbleiben, Wandel und Tod, und doch ist der wahre Mensch kein Opfer von Traurigkeit, Glück, Liebe oder Hass. Er lebt voller Gewahrsein als ein ganz normaler Mensch, ob er nun steht, geht, liegt oder sitzt. Er spielt keine Rolle, auch nicht die Rolle eines großen Zen-Meisters. Das meint Meister Linji mit seinen Worten: »Seid unabhängig, wo immer ihr seid, und nutzt diesen Ort als Sitz des Erwachens.«

Wir überlegen vielleicht: »Wenn ein Mensch keine Richtung hat, nicht bestrebt ist, ein Ideal zu erreichen und kein Ziel im Leben hat, wer wird dann den Lebewesen helfen, frei zu werden, wer wird jene retten, die im Ozean des Leidens zu ertrinken drohen?« Ein Buddha ist ein Mensch, der keine Geschäfte mehr zu erledigen hat und nach nichts mehr Ausschau hält. Indem wir nichts tun, einfach innehalten, können wir frei und uns selbst treu leben, und unsere Befreiung wird zu der Befreiung aller Wesen beitragen.

2
Wie man die Aufzeichnungen des Meisters Linji lesen sollte

Meister Linji lehrte, weil er die Dinge drastisch verändern wollte. Er wollte Hindernisse zerschmettern, Krankheiten heilen und Fesseln lösen. Seine Worte zu lesen ist, als würde man eine sehr wirksame Arznei einnehmen. Die meisten von uns glauben, dass wir uns gesünder fühlen, wenn wir unseren Körper mit Vitaminen oder Stärkungsmitteln versorgen. Doch manchmal müssen wir ihn, statt ihm immer noch mehr zuzuführen, von allem reinigen. Dann brauchen wir eine ausreichende Dosis der Lehren Meister Linjis. Sie sind keine Vitamine, sie sind ein Abführmittel.

Haben wir innerlich zu viel Wissen angehäuft, können wir es nicht richtig verdauen. Auch wenn wir zu viel gegessen haben, können wir nicht verdauen und leiden an Verstopfung. Verstehen wir nicht, was wir gelernt haben, und können wir es in unserer Übung, im täglichen Leben nicht anwenden, dann blockiert das Wissen unseren Körper und unseren Geist. Aber wir müssen nicht auf die Verstopfung warten, um von Meister Linjis Lehren zu profitieren; Prävention ist besser als eine Behandlung.

Meister Linji wollte keine tiefsinnigen, wunderbaren Ideen präsentieren, die wir dann studieren und debattieren könnten. Wir kommen nicht auf der Suche nach absoluten Wahrheiten zu seinen Unterweisungen oder in der Hoffnung, schwierige Konzepte oder geheimnisvolle Ideen zu entdecken. Alle Lehren sind zuallererst Worte, bloße Bezeichnungen. Meister Linji nennt sie »leere Worte« oder »-ismus«. Sie sind keine objektiven Wirklichkeiten. Meister Linji will seine Worte nicht als goldenes Gerüst oder als zu verehrenden Jade-Kaiser verstanden wissen. Er sagt, dass seine Worte nur Skizzen im leeren Raum sind.

Der Zweck von Meister Linjis Werk liegt darin, dass es uns helfen will, unser Suchen aufzugeben und zu uns selbst in den gegenwärtigen Moment zurückzukehren. Dort können wir alles finden, wonach wir suchen, sei es Buddha, vollkommenes Verstehen, Frieden oder Befreiung.

Lesen Sie als Erstes die Unterweisungen selbst, bevor Sie sich den Kommentaren und Übungen zuwenden. Beim ersten Lesen brauchen Sie keine Anleitung. So wie Sie bei Ihrem ersten Besuch in einer Ausstellung zunächst die Bilder auf sich wirken lassen, bevor Sie den Katalog studieren oder sich einer Führung anschließen. Lesen Sie Unterweisungen als Geschichten und nehmen Sie wahr, was Sie verstehen und fühlen. Lassen Sie Ihre alten Vorstellungen über einen wahren Menschen, über Buddha und die Lehren verblassen. Beim Lesen sollten wir uns einen Lehrer vorstellen, der vor uns steht und schreit: »Komm nicht zu mir auf der Suche nach etwas! Die Erleuchtung, das Glück, die Stabilität und Freiheit, die du suchst, sind bereits in dir!«

Man kann sich diese Unterweisungen vielleicht am besten als Gedichte vorstellen. Wenn wir sie anfangs nicht verstehen, ist das in Ordnung. Diese Worte sind, für sich genommen, keine Weisheit. Meister Linji bot sie als Werkzeuge an, um unser Herz zu öffnen und die Weisheit langsam eindringen zu lassen. Die Lehren sind wie eine Schaufel, mit deren Hilfe wir nach einem vergrabenen Schatz graben.

Die *Aufzeichnungen des Meisters Linji* bestehen aus zwei Teilen, den Zen-Gefechten und den abendlichen Vorträgen. Jene Unterweisungen, die Meister Linji morgens gab, die Zen-Gefechte, sind in der Form von Fragen und Antworten gehalten. Am Nachmittag oder Abend gab er erläuternde Unterweisungen, erklärte das Dharma und erzählte Geschichten. Ich empfehle, zuerst diese abendlichen Vorträge (10 bis 23) zu lesen, auch wenn sie hier als Zweites präsentiert werden, denn sie vermitteln grundsätzliche Vorstellungen, die eure Praxis anleiten können. Diese Unterweisungen helfen auch, die Zen-Gefechte besser zu verstehen, die oft sehr rätselhaft anmuten mögen.

Die Zen-Gefechte haben einen satirisch-spöttischen Charakter. Einer der Sprecher hat die Rolle des Lehrers, er ist »der Gastgeber«. Der andere ist der Rolle des Schülers, das ist »der Gast«. Der Gastgeber weiß, worum es geht, und der Gast kommt, um zu lernen. Manchmal tauschen sie auch die Rollen: Der Gastgeber spielt die Rolle des Gastes, der Gast die des Gastgebers. Manchmal übernehmen auch beide die Rolle des Gastes oder des Gastgebers.

Zu Zeiten Meister Linjis war es üblich, dass ein Schüler auf den Meister zutrat, ihm von Angesicht zu Angesicht eine Frage stellte und vom Meister erfuhr, ob sein Verständnis bereits gereift war. Dies erforderte einen gewissen Mut vonseiten des Schülers. Manchmal gab es einen Sieg, manchmal eine Niederlage. Manchmal führten die Gefechte zu Zerstörung; manchmal waren sowohl Gast als auch Gastgeber siegreich.

Meister Linji versuchte nicht, seine Schüler in diesen Gefechten niederzuringen; er wollte nur ihre Tendenz zu übermäßigem Denken und Rationalisieren besiegen. Für ihn war Denken nicht gleichbedeutend mit erwachtem Verstehen. Von daher dauerten die Gefechte auch nicht lang. Der Zen-Meister musste nicht über einen längeren Zeitraum sitzen und reden. Der Schüler brauchte nur ein Wort zu sagen, und der Zen-Meister kannte dessen Geist. Der Schüler musste nur einen Gedanken aufkommen lassen, und schon ging er in die falsche Richtung. Ob er verstand oder nicht verstand, entschied sich in diesem einen Moment. Ging er in die falsche Richtung und unternahm dann eine Anstrengung, war er verloren.

In der Schule bleiben wir für gewöhnlich sitzen und heben die Hand, wenn wir eine Frage stellen wollen. Wir benutzen unseren Kopf, unseren Verstand, um eine Frage zu stellen und dafür ein wenig neues Wissen zu erhalten. Doch das ist nicht Zen. Unser Ziel ist es hier nicht, Wissen über den Buddhismus zu erwerben und anzusammeln. Es geht darum, die richtige Frage zu stellen, jene Frage, die unsere inneren Hindernisse zu zerstören vermag. Wenn wir diese Frage nicht haben, ist es besser, nicht vorzutreten. Unsere Frage sollte den Schleier der Verblendung niederreißen und uns befreien können. Vielleicht kann sie unseren Lehrer und die ganze Gemeinschaft etwas lehren. Danach hält Meister Linji Ausschau, wenn er fragt: »Gibt es irgendeinen Krieger, der auf das Schlachtfeld kommen will?«

Nachdem Sie die abendlichen Vorträge und die Zen-Gefechte gelesen haben, können Sie sich den Kommentaren und dem ergänzenden Material am Ende des Buches zuwenden, das konkrete Praxismethoden enthält. Die Übungen geben Anregungen, die Lehren in unserem täglichen Leben anzuwenden. Auch wenn der wahre Mensch jener Mensch ist, für den es nichts zu tun gibt und der nirgendwohin gehen muss, so bedarf es doch einer Menge freudvoller Praxis, nichts zu tun und nirgendwohin zu gehen.

Trinke
deinen
Tee

3
Die Aufzeichnungen des Meisters Linji

I

Der Präfekt namens Wang und einige andere Beamte baten den Zen-Meister, den Dharma-Sitz einzunehmen. Als der Meister hinaufgestiegen war, sagte er: »Heute bin ich, wenn auch ungern, dem Brauch gefolgt und habe den Sitz eingenommen. Wenn ich in formaler Weise sprechen müsste, die großen Errungenschaften der Zen-Schule darlegend, wäre ich nicht in der Lage, den Mund zu öffnen, und ihr wüsstet nicht, wo ihr eine Stütze für eure Füße finden könntet. Da der Präfekt sein Anliegen heute viele Male wiederholt hat, wie könnte ich da die essentiellen Lehren der Zen-Schulen weiterhin geheim halten. Wenn also irgendein Krieger hier bereit ist, auf das Schlachtfeld zu kommen, sollte er hervortreten und der Sangha gegenübertreten, um sich in einigen Punkten zu beweisen.«

Ein Mönch trat vor und fragte: »Was ist die letztendliche Bedeutung des Buddha-Dharma?« Der Meister stieß einen Schrei aus. Der Mönch verbeugte sich. Der Meister sagte: »Dieser Mönch hat die Fähigkeit zu sprechen.«

Ein anderer fragte: »Zu welcher Tradition gehört das Lied, das der Meister singt, und welche Zen-Richtung setzt er fort?« Der Meister antwortete: »In der Vergangenheit, als ich noch bei Meister Huangbo war, da stellte ich dreimal eine Frage und wurde dreimal geschlagen.« Der Mönch hielt inne, um nachzudenken. Der Meister stieß einen Schrei aus. Dann schlug er ihn und sagte: »Mönch, hoffe nicht darauf, einen Pflock in leeren Raum zu treiben.«

Ein älterer Mönch fragte: »Es gibt keinen Grund, warum die Lehren der Drei Fahrzeuge und Zwölf Abteilungen unsere Buddha-Natur nicht erstrahlen lassen, oder?« Der Meister sagte: »Du hast noch nicht das Unkraut im Gartens deines Geistes umgegraben.« Der ältere Mönch sagte: »Es gibt keinen Grund, warum der Buddha die Menschen getäuscht haben könnte.« Der Meister fragte: »Wo ist Buddha?« Der ältere Mönch vermochte nicht zu antworten. Der Meister sagte: »Du wolltest diesen alten Mönch wohl in Gegenwart des Präfekten zum Narren halten, oder? Geh, geh! Mach Platz, damit andere Fragen stellen können.« Der Zen-Meister sagte: »Das Dharma-Festmahl ist heute aus einem wichtigen Grunde abgehalten worden. Gibt es noch jemanden, der etwas fragen oder sagen möchte? Tretet schnell vor. Ich will euch bereits im Voraus wissen lassen, dass ihr nur den Mund aufmachen müsst, und schon ist die Nachricht verlorengegangen. Warum? Habt ihr gehört, dass der Buddha sagt, das Dharma sei nicht in Worten und Vorstellungen gefangen, und es entstehe nicht aus einer Ursache, und es entstehe nicht aus Bedingungen? Weil ihr noch kein Vertrauen in euch besitzt, haben wir heute nur einige merkwürdige Worte, gesprochen hier und da, deren einzige Funktion es ist, den Weg des Präfekten und der anderen Beamten zu blockieren und eure Buddha-Natur noch mehr zu verdunkeln. Es wäre besser, sich zurückzuziehen.«

Dann stieß der Meister einen Schrei aus und sagte: »Für die, deren Vertrauen schwach ist, ist es nutzlos, einen ganzen Tag damit zu verbringen, Worte wie diese auszutauschen. Ihr habt lange gestanden, eure Beine müssen müde sein. Lebt wohl einstweilen.«

2

Eines Tages ging der Meister nach Hefu. Der Präfekt Wang bat ihn, den Dharma-Thron einzunehmen. Der ehrwürdige Magu trat nach vorn und fragte: »Von all den tausend Augen und tausend Armen des Bodhisattva des Mitgefühls, welches ist das wichtigste Auge?«

Der Meister sagte: »Von all den tausend Augen und tausend Armen des Bodhisattva des Mitgefühls, welches ist das wichtigste Auge? Sprich schnell.« Magu zog den Meister vom Dharma-Thron herunter und setzte sich selbst darauf. Der Zen-Meister trat nah an ihn heran und sagte: »Du verstehst nicht.« Magu war verwirrt. Der Meister zog Magu vom Thron herunter und setzte sich selbst wieder. Magu verließ die Dharma-Halle. Der Meister stieg vom Thron herab.

3

Eines Tages betrat der Zen-Meister die Dharma-Halle und sagte: »Auf diesem Klumpen aus rotem Fleisch gibt es einen wahren Menschen ohne Position, der direkt vor euch ein- und ausgeht. Wer diesen Menschen noch nicht gesehen hat, sollte genau hinschauen. Schaut gut hin.« Da trat ein Mönch hervor und fragte: »Was ist der wahre Mensch ohne Position?« Der Meister kam von der Meditationsplattform herab, packte den Mönch und sagte: »Sprich,

sprich! Was ist der wahre Mensch ohne Position?« Der Mönch war verwirrt. Der Meister ließ ihn los und sagte: »Der wahre Mensch ohne Position ist nicht mehr als getrocknete Exkremente an einem Stock.« Nach diesen Worten kehrte er sofort in seinen Raum zurück.

4

Der Meister hatte gerade die Dharma-Halle betreten, als ein Mönch hervortrat und sich verbeugte. Der Meister stieß einen Schrei aus. Der Mönch sagte: »Upadhyaya, bitte testet mich nicht.« Der Meister fragte: »Mönch, sag mir, wohin ist der Klang dieses Schreis gefallen?« Der Mönch stieß sofort einen Schrei aus.

Ein anderer Mönch trat hervor und fragte: »Was ist die essentielle Lehre des Buddhadharma?« Der Meister stieß einen Schrei aus. Der Mönch verbeugte sich. Der Meister fragte: »Worin liegt der Mangel?« Der Mönch sagte: »Wenn jemand wieder Anstoß erregt, wird es nicht vergeben.« Der Meister stieß sofort einen Schrei aus.

Als sich an diesem Tag die Hauptmönche der beiden Meditationshallen trafen, stießen sie zur selben Zeit einen Schrei aus. Ein Mönch fragte den Meister: »Gibt es in diesem Fall einen richtigen Gastgeber und einen richtigen Gast?« Der Meister sagte: »Wer Gastgeber und wer Gast ist, das ist eindeutig.« Dann fügte er hinzu: »Edle Sangha, wenn ihr die Prinzipien der vier Beziehungen zwischen Gastgeber und Gast erfahren wollt, dann geht zu den Hauptmönchen und fragt sie.« Nach diesen Worten stieg er herab.

Der Zen-Meister kam in die Dharma-Halle, und ein Mönch fragte: »Was ist der Kern des Buddhadharma?« Der Meister hob seinen Fliegenwedel. Der Mönch stieß einen Schrei aus, und der Meister schlug ihn.

5

Ein anderer Mönch trat hervor und fragte: »Was ist die Essenz des Buddhadharma?« Der Meister hob erneut seinen Fliegenwedel. Der Mönch stieß einen Schrei aus. Der Meister stieß auch einen Schrei aus. Der Mönch zögerte, und der Meister schlug ihn sofort.

Der Zen-Meister sagte dann: »Edle Sangha, wenn das Dharma auf dem Spiel steht, dann fürchtet man nicht um seinen Körper und sein Leben. Vor zwanzig Jahren lebte ich noch im Kloster des früheren Meisters Huangbo. Dreimal fragte ich ihn nach der Essenz des Buddhadharma, und dreimal versetzte er mir einen Schlag, als riebe er meinen Kopf mit einem Zweig Beifuß. Noch heute spüre ich leichte Sehnsucht nach dem Tag, an dem er mich schlug. Gibt es hier jemanden, der zu mir kommen und mir helfen würde, diesen Augenblick erneut zu erleben?« Ein Mönch trat vor und sagte: »Ich könnte es.« Der Meister nahm seinen Stock und gab ihn dem Mönch. Der Mönch zögerte, als er den Stock empfing. Sofort schlug der Meister ihn.

6

Der Meister betrat die Dharma-Halle, und ein Mönch fragte: »Was hat es mit der scharfen Spitze der Schwertklinge auf sich?« Der Meister sagte: »Sie ist nicht sicher!

Sie ist nicht sicher!« Der Mönch zögerte und wurde sofort geschlagen.

Ein anderer fragte: »Im Falle des Laien-Praktizierenden Shi Shi, der Reis zerstieß: In dem Augenblick, als er vergaß, mit seinen Füßen das Mörserpedal zu treten, wo ging er da hin?« Der Zen-Meister sagte: »Er ertrank in einem tiefen Brunnen.«

Der Zen-Meister fuhr fort: »Ich lasse niemanden im Stich, der zu mir kommt. Immer weiß ich, woher dieser Mensch kommt. Wenn jemand in einer bestimmten Haltung kommt, hat er sich selbst verloren. Wenn jemand nicht in einer bestimmten Haltung kommt, ist es, als hätte er sich ohne Strick gefesselt.

Seid niemals, zu keiner Zeit, leichtsinnig in eurem Denken und trefft Urteile. Ob ihr verstanden habt oder nicht verstanden habt, ihr irrt euch. Ich sage es geradeheraus. Wenn Leute über mein Verhalten reden, lasst sie reden. Ihr habt lange Zeit gestanden. Ihr müsst müde sein. Wir sollten uns bald wieder treffen.«

7

Der Meister kam in die Dharma-Halle und sagte: »Jemand steht allein auf einer Bergspitze. Es führt kein Weg von dem Gipfel hinab. Jemand anderes steht an einer Straßenkreuzung und kann nicht vorwärts gehen. Wer von diesen beiden wird zuerst kommen, wer danach? Gebt nicht vor, Vimalakirti zu sein, oder spielt nicht die Rolle des großen Meisters Fu. Lebt wohl.«

8

Der Meister betrat die Dharma-Halle und sagte: »Da gibt es jemanden, der immer auf dem Weg ist, aber nie sein Zuhause verlassen hat. Da gibt es auch jemanden, der sein Zuhause verlassen hat, doch nicht auf dem Weg ist. Wem von beiden gebühren die Opfergaben der Götter und Menschen?« Nach diesen Worten stieg er sofort herab.

9

Der Meister kam in die Dharma-Halle.

Ein Mönch fragte: »Was ist der erste Satz?«

Der Meister erwiderte: »Wenn das Siegel der Drei essentiellen Prinzipien entfernt ist, ist der rote Stempel klar. Da gibt es kein Zögern – Gastgeber und Gast können unterschieden werden.«

»Was ist der zweite Satz?«

»Die wundervolle Erklärung ist nicht verdunkelt, in der Beantwortung der Frage hat sie keine Hindernisse. Die Realisierung der geschickten Mittel teilt den Strom nicht.«

»Wie ist es mit dem dritten Satz?«

»Betrachte das Spiel der Marionetten. Da ist jemand, der innen die Fäden zieht.«

Der Meister fügte hinzu: »Jeder Satz muss drei wundervolle Eingänge haben. Jeder Eingang muss die Drei essentiellen Prinzipien haben. Da muss es geschickte Mittel und Wirken geben. Wie versteht ihr das?«

Nach diesen Worten, stieg er herab.

10

Während einer abendlichen Sitzung begann der Meister mit der folgenden Erklärung: »Manchmal ist es notwendig, die Person wegzunehmen, doch nicht ihre Objekte. Manchmal ist es notwendig, die Objekte der Person wegzunehmen, doch nicht die Person. Manchmal ist es notwendig, sowohl die Person als auch ihre Objekte wegzunehmen. Manchmal ist es notwendig, weder die Person noch ihre Objekte wegzunehmen.«

Darauf fragte ein Mönch: »Was bedeutet es, die Person wegzunehmen, doch nicht ihre Objekte?« Der Meister antwortete: »Die Sonne geht auf, lässt die Erde zu einer Stickerei werden. Die Haare des Kindes hängen herab, so weiß wie Seidenfäden.«

Der Mönch fragte: »Was bedeutet es, das Objekt der Person wegzunehmen, doch nicht die Person?« Der Meister antwortete: »Die Befehle des Königs sind an jeden Ort der Welt weitergemeldet worden. Die Offiziere im Grenzgebiet haben die Rauchwolken zerstreut.«

Der Mönch fragte: »Was bedeutet es, sowohl die Person als auch das Objekt wegzunehmen?« Der Meister antwortete: »Die beiden Distrikte Bun und Phan stehen nicht in Verbindung. Die Menschen sind in ihrer eigenen Welt isoliert.«

Der Mönch fragte: »Was bedeutet es, weder die Person noch das Objekt wegzunehmen?« Der Meister antwortete: »Der König geht in den Juwelenpalast. Alte Männer singen auf dem Land.«

11

Der Meister lehrte: »Wer immer in diesen Zeiten das Buddhadharma studiert, braucht rechte Ansicht. Sobald rechte Ansicht da ist, können Geburt und Tod euch nicht länger berühren. Ob ihr dann bleibt oder geht, ihr tut es als freie Menschen. Ihr braucht euch nicht auf die Suche nach dem Transzendenten zu machen, denn das Transzendente wird euch aufspüren.

Freunde des Weges, die tugendhaften Mönche von einst haben den Menschen einen Pfad der Befreiung angeboten. Das Amt dieses Bergmönchs besteht nur in der Ermutigung, anderen nicht zu erlauben, euch in die Irre zu führen. Mein Rat sollte sofort umgesetzt werden. Seid nicht unentschlossen oder zweifelnd.

Warum sind Menschen in unserer Zeit nicht in der Lage, die Früchte der Übung zu realisieren? Es ist so, weil sie nicht über die Tugend des Selbstvertrauens verfügen. Weil ihr nicht über die Tugend des Selbstvertrauens verfügt, seid ihr ständig beschäftigt, habt es eilig, Myriaden Arten von Objekten außerhalb eurer selbst hinterherzulaufen, und dann werdet ihr von diesen Objekten im Kreis herumgeführt und verliert all eure Freiheit.

Wenn ihr imstande seid, dem Denken, das hinter äußeren Objekten herjagt, ein Ende zu machen, dann werdet ihr erkennen, dass es keinen Unterschied zwischen euch selbst und unserem Lehrer, dem Buddha, gibt. Wollt ihr wissen, wer unser Lehrer, der Buddha, ist? Der Buddha seid ihr selbst, wie ihr hier vor mir steht und mir zuhört, wie ich das Dharma lehre. Der Praktizierende, der nicht genügend Selbstvertrauen hat, wird seine Aufmerksamkeit immer auf das richten, was außen ist, und wird umherwandern und nach etwas Ausschau halten. Selbst wenn er etwas findet, ist dieses Objekt nur eine schöne Form von Geschriebenem und Worten. Es ist nicht der lebendige Geist des Meisters. Ihr guten Mönche, macht diesen Fehler nicht! Wenn ihr dem Buddha im gegenwärtigen Moment nicht persönlich zu begegnen vermögt, dann werdet ihr für zahllose zukünftige Leben in den Drei Bereichen des *samsara* wiedergeboren werden, immer auf der Suche nach etwas, das ihr festhalten könnt, um euch behaglich zu fühlen, fortwährend im Bauch einer Kuh oder eines Esels geboren.

Meine Freunde, der Einsicht dieses Bergmönchs zufolge gibt es keinen Unterschied zwischen euch und Shakyamuni Buddha. In all euren gewöhnlichen, alltäglichen Aktivitäten habt ihr da das Gefühl, es fehlte euch etwas? Gibt es einen Moment, in dem die sechs wunderbaren Lichtstrahlen nicht leuchten? Jeder, der diese Einsicht hat, wird ein Mensch sein, für den es in seinem ganzen Leben nichts zu tun gibt.

Ehrwürdige Mönche, in den Drei Bereichen ist nichts sicher. Diese Bereiche sind wie ein brennendes Haus. Da könnt ihr nicht euer Leben lang bleiben. In jedem Augenblick streckt die Vergänglichkeit wie ein Dämon ihre Hand aus und nimmt euer Leben, ohne zwischen jung und alt, edel und nieder zu unterscheiden.

Wenn ihr nicht verschieden von Buddha, unserem Lehrer, sein wollt, dann lauft keinen äußeren Dingen nach. Jede Bewegung eures Geistes, die das Licht der Reinheit auszustrahlen vermag, ist der Dharma-Körper des Buddha, der hier in eurem Haus ist. Das Licht der Nicht-Unterscheidung, das in einem Moment der Sammlung entsteht, ist der glorreiche Retributionskörper[1] des Buddha hier in eurem Haus. Das Licht der Leuchtenden Klarheit, das aus jedem Moment der Sammlung entsteht, ist der Verwandlungskörper des Buddha, der hier in eurem Haus ist. Diese drei Körper sind nicht verschieden von euch, die ihr hier vor mir steht und dem Dharma lauscht. Dieses wundervolle Wirken ist nur möglich, wenn ihr eure Energie nicht darauf ausrichtet, Dingen außerhalb eurer selbst nachzujagen.

Den Gelehrten vertrauend, welche die Sutras und Shastras studiert und Kommentare dazu verfasst haben, suchen die Menschen nach den drei Körpern als absoluten Maßstäben außerhalb ihrer selbst.[2] Meiner Ansicht nach ist das nicht so. Die drei Körper, von denen sie sprechen, sind nur Namen und Worte. Sie können auch zu drei Zufluchtsorten werden, an denen Menschen anhaften und gefangen sind. Ein Lehrer alter Zeit sagte: ›Die Drei Körper werden abhängig von der wahren Bedeutung begründet. Die Buddha-Länder werden abhängig von der ursprünglichen Natur erläutert.‹ Von daher sind die Körper und die Länder hinsichtlich der Dharma-Natur lediglich Lichtspiegelungen.

Ehrwürdige Mönche, ihr solltet wissen, dass die Spiegelungen, an denen sich die Leute festhalten und mit denen sie herumspielen, die Quelle der Buddhas sind. Soweit es den Sprecher betrifft, ist jeder Ort ein Ort der Ankunft, und jeder Ort ist das wahre Zuhause des Praktizierenden.

Euer Körper, der aus den vier Elementen besteht, weiß nicht, wie er über das Dharma sprechen oder es hören könnte. Eure Milz, euer Magen, eure Leber, eure Galle können weder über das Dharma sprechen noch es hören. Was ist es also, das über das Dharma zu sprechen oder es zu hören weiß? Es ist die leuchtende Klarheit, welche ohne jede äußere Form ist, die hier vor uns steht. Das ist es, was über das Dharma zu sprechen oder es zu hören weiß. Wenn ihr das erkennen könnt, dann seid ihr vom Buddha und den Meistern nicht verschieden. Diese Einsicht gilt es fortwährend zu bewahren, lasst keine Unterbrechung zu; wann immer eure Augen damit in Kontakt sind, werdet ihr es sehen.

Nur weil gefühlsmäßige Anhaftung entsteht, wird das Verstehen verdunkelt. Weil sich Wahrnehmungen verändern, verändert sich die Form der wahren Natur. Darum gibt es Wiedergeburt in den Drei Bereichen, und darum sind wir so vielen Arten des Leidens unterworfen. Meinem Verständnis nach gibt es nichts, das nicht tief und wunderbar wäre; es gibt nichts, das nicht befreit wäre.

Meine Freunde, Bewusstsein hat keine Form. Es durchdringt frei die Zehn Richtungen. In den Augen wird es Sehen genannt, in den Ohren wird es Hören genannt; in der Nase wird es Riechen genannt; im Mund wird es Unterhaltung genannt; in den Händen wird es Greifen genannt, in den Füßen Laufen und Springen. Alle entstehen sie aus einem strahlenden Licht, das in sechs Funktionen unterteilt ist, die in Harmonie zusammenwirken. Wann immer falsches Denken *nicht* entsteht, ist Befreiung da. Was meine ich damit? Nur weil ihr nicht in der Lage seid, das Suchen zu beenden, geratet ihr in die Fallen, die die Alten für euch aufgestellt haben.

Meine Freunde, erprobt meine Einsicht und wendet sie an. Sitzt still und schneidet die Köpfe jedes Retributions-

und Verwandlungskörpers des Buddha ab. Seht, dass alle Bodhisattvas auf den zehn Bodhisattva-Stufen, alle vollkommen Erwachten und wundervoll Erwachten wie Fesseln sind, die euch einkerkern wollen. Arhats und Pratyekas sind wie ein Latrinenloch. Erwachen *(bodhi)* und Nirwana sind wie Eselspflöcke. Warum? Weil ihr kein klares Verständnis der Leerheit der drei unermesslich langen *kalpas* erlangen konntet, rennt ihr in die Hindernisse, die ihr gegenwärtig erfahrt. Würdet ihr die wahren Lehren korrekt praktizieren, wäre das anders. Ihr braucht nur diese günstigen Umstände zu nutzen, um euer vergangenes Karma zu beenden. Legt eure Robe als freie Menschen an. Ist es erforderlich zu gehen, geht. Ist es erforderlich zu sitzen, sitzt. Verlangt nicht einen Augenblick lang nach Buddhaschaft.

Warum? Ein Meister alter Zeit sagte: ›Wenn du den Buddha dadurch finden willst, dass du aus der Praxis harte Arbeit machst, wird der Buddha jene Vergeltung, die dich im Kreislauf von Geburt und Tod hält.‹ Ehrwürdige Mönche, Zeit ist etwas sehr Kostbares. Ihr solltet den Geist anhalten, der stets umherwandert, ins Nachbarhaus rennt, um dort Zen zu studieren oder den Weg, auf der Suche nach einer Redewendung, auf der Suche nach Worten, Ausschau haltend nach Meistern, nach dem Buddha, nach einem guten spirituellen Freund. Schlagt nicht diese falsche Richtung ein. Ihr müsst in euch selbst hineinschauen. Ein Lehrer alter Zeit sagte, Yajnadatta habe geglaubt, er habe seinen Kopf verloren, doch als sein Geist fähig war, mit der Suche aufzuhören, sei er sofort in der Lage gewesen, den Zustand, in dem es nichts zu tun gibt, zu erlangen.

Ehrwürdige Mönche, ihr solltet euer Leben in ganz natürlicher Weise leben. Spielt euch nicht auf. Es gibt eine Reihe von geschorenen Köpfen, die gut von schlecht nicht unterscheiden können. Sie sagen, dass sie Geister und Dämonen sähen. Sie deuten nach Osten und nach Westen und beten um Regen und Sonnenschein. Diese Gruppe wird mit Sicherheit das zurückzahlen müssen, was sie sich geliehen hat, und eines Tages wird sie vor Yama, dem Herrscher des Todes, Klumpen von geschmolzenem Eisen schlucken. Und die aus guter Familie, die von dieser Gruppe wilder Fuchsgeister getäuscht wurden, werden auch die Schulden für den Reis, den sie gegessen haben, zahlen müssen. Sie werden das nicht vermeiden können.«

12

Der Meister sprach zu der Versammlung:

»Meine Freunde, das, was ihr entdecken müsst, ist rechte Sicht. Ihr solltet frei in der Welt handeln, um euch nicht durch die Worte der Gruppe der Geister in die Irre führen zu lassen. Nichts zu tun zu haben ist die Basis eines edlen Menschen. Der edelste Mensch ist der, für den es nichts zu tun gibt. Das Einzige, das ihr vermeiden solltet, ist, darüber nachzudenken, was ihr tun werdet. Alles, was ihr tun müsst, ist, ein ganz normaler Mensch zu sein. Seid unabhängig, wo ihr auch seid, und nutzt diesen Ort als Sitz des Erwachens. Wenn ihr weiterhin darüber nachdenkt und plant, wie ihr eure Suche auf das, was außerhalb von euch liegt, ausrichten könnt, habt ihr einen großen Fehler begangen.

Sucht nicht nach Buddha. Buddha ist nur ein leerer Begriff. Wisst ihr, wer das ist, der sucht? Die Meister und die Buddhas der Drei Zeiten haben immer nur nach dem Dharma gesucht. Gegenwärtig geht ihr dem Zen nach und studiert den Weg, um das Dharma zu suchen. Wenn ihr das Dharma realisiert, dann ist alles gelöst. Habt ihr es noch nicht realisiert, werdet ihr weiterhin in den Fünf Fügungen wiedergeboren. Was ist Dharma? Dharma ist das Dharma des Geistes. Der Geist hat keine andere Form; er durchdringt frei die Zehn Richtungen. Sein wundervolles Wirken offenbart er direkt vor euren Augen. Weil die Menschen nicht genügend Vertrauen in den Geist haben, verwechseln sie ihn mit Begriffen und Redewendungen. Sie halten in Worten und Schriften nach der Lehre des Buddha Ausschau. Weil das so ist, sind sie vom Dharma so weit entfernt wie der Himmel von der Erde.

Meine Freunde, wenn ich das Dharma lehre, was ist das dann für ein Dharma? Ich spreche vom Dharma des Erd-Geistes, um Menschen zu helfen, das Heilige und das Profane, das Reine und das Unreine, das Wahre und das Konventionelle zu durchdringen. Doch das innere Wahre und Konventionelle, Heilige und Profane kann nicht in Begriffen des Profanen, Heiligen, Konventionellen und Wahren beschrieben werden. Profanes, Heiliges, Konventionelles und Wahres verweisen nie auf sich selbst als Profanes, Heiliges, Konventionelles und Wahres.

Meine Freunde, wenn ihr die Essenz dessen erfassen könnt, dann wendet sie sofort an. Haftet nicht an Begriffen. Ich nenne dies das wundervolle Prinzip.

Das Dharma dieses Bergmönchs unterscheidet sich sehr vom Dharma der Menschen, die der Welt anhängen. Selbst wenn Manjushri und Samantabhadra in ihren verschiedenen Manifestationen vor mir erschienen und mich über das Dharma befragten, würde ich, sobald sie ihre Münder öffneten und ›verehrter Meister‹ sagten, imstande sein, sie herauszuriechen. Ich sitze still da, und wenn jemand mich aufsucht, fühle ich sofort seinen Puls und kenne ihn. Warum? Weil meine Art zu schauen anders ist – im Außen bin ich nicht in heilig und profan gefangen, im Innen stütze ich mich nicht auf grundlegende Prinzipien. Meine Art des Sehens ist durchdringend, da bleibt kein Raum für Zweifel.«

13

Der Meister hielt einen Vortrag:

»Meine Freunde, in der Praxis des Buddhadharma ist harte Arbeit nicht erforderlich. Das Prinzip ist: nicht zu versuchen, etwas Besonderes zu sein; und nichts zu tun zu haben. Wenn ihr eure Robe anlegt, euer Mahl esst, uriniert, eure Notdurft verrichtet, ruht, wenn ihr müde seid, dann werden die Törichten lachen, doch die Weisen werden verstehen. Die Lehrer alter Zeit sagten: ›Wenn ihr eure Praxis auf die äußere Form richtet, seid ihr nur eine Gruppe törichter Leute.‹ Ihr solltet eure Unabhängigkeit bewahren in Übereinstimmung mit dem, wo ihr euch befindet; seid der wahre Mensch, wo immer ihr seid, gestattet nicht den Umständen, euch wegzuzerren. Selbst wenn ihr eure Gewohnheitsenergien über tausende Jahre herausgebildet oder die fünf unsühnbaren Verbrechen begangen habt, sie alle werden zum Ozean der Befreiung.

Die meisten Menschen, die in unserer Zeit den Buddhismus studieren, verstehen das Dharma nicht. Sie sind wie Ziegen, die alles fressen, was ihnen gegeben wird; sie können den Meister nicht vom Diener unterscheiden, den Gastgeber nicht vom Gast. Solche Menschen begeben sich mit der falschen Motivation auf den Übungsweg, allzeit bereit, Orte des Lärms und Trubels aufzusuchen. Ihr könnt sie nicht wahre Mönche nennen. Tatsächlich sind sie weltliche Menschen. Wahre Mönche müssen in ihrem täglichen Leben eine rechte Sichtweise haben, wodurch sie Buddha von Mara, das Wahre vom Falschen, das Heilige vom Profanen zu unterscheiden vermögen. Nur wenn sie über diese Fähigkeit verfügen, haben sie wahrhaft auf das Leben eines Haushälters verzichtet. Können Sie Mara nicht von Buddha unterscheiden, dann haben sie nur ein Haus aufgegeben, um ein anderes zu betreten. Man kann sie Karma schaffende Lebewesen nennen, aber nicht solche, die das Haushälterleben aufgegeben haben. In unserer Zeit gibt es ein Phänomen, Buddha-Mara genannt, ein Gebilde, in dem Mara und Buddha nicht unterschieden werden können, wie Milch und Wasser, die zusammengerührt wurden. Es heißt, dass der König der Gänse aus einer solchen Mischung die Milch allein trinken kann. Meine Dharma-Freunde mit guten Augen sollten meiner Auffassung nach sowohl Buddha als auch Mara umstürzen. Wenn sie immer noch dazu neigen, das Heilige zu lieben und das Profane zu hassen, dann werden sie im Ozean von Geburt und Tod weiterhin für eine lange Zeit versinken.«

14

Jemand fragte: »Was ist Buddha, und was ist Mara?« Der Meister antwortete: »Ist in eurem Geist noch ein einziger Gedanke des Zweifels, dann ist das Mara. Gelangt ihr zu dem Verständnis der ungeborenen Natur von allem, was ist, und erkennt, dass der Geist ein Phantom ist, dass es kein Objekt, kein Phänomen mit einer realen Existenz gibt, dann gibt es, wo immer ihr seid, Reinheit, und das ist Buddha. Trotzdem glauben die Menschen im Allgemeinen, dass Buddha und Mara zwei verschiedene Welten wären; die eine rein, die andere befleckt. Wie ich die Dinge sehe, gibt es Buddha nicht, Lebewesen gibt es nicht, es gibt weder Vergangenheit noch Gegenwart. Wenn ihr die Wahrheit realisiert, realisiert ihr sie direkt. Ihr braucht dazu keine Zeit. Ihr braucht sie nicht zu kultivieren, ihr braucht sie nicht zu realisieren, es gibt keinen Gewinn und keinen Verlust. Es kann nie eine andere Lehre als diese geben. Gäbe es eine andere Lehre als diese, würde ich sagen, dass sie nur ein Traum, ein Phantom wäre. Das ist alles, was ich sagen möchte.

Meine Freunde, ihr alle sitzt hier im gegenwärtigen Moment und lauscht dem Dharma. Ihr alle seid die klare, ursprüngliche Natur, niemand von euch ist darin behindert, die Zehn Richtungen zu durchdringen. Ihr könnt frei in den Drei Bereichen umherstreifen. Jeder von euch kann sich frei in jeden dieser Bereiche begeben, ohne behindert zu werden. Jeder kann im Bruchteil eines Augenblicks die Dharma-Bereiche durchdringen. Trefft ihr den Buddha, sprecht ihr mit Buddha; trefft ihr den Meister, sprecht ihr mit dem Meister; trefft ihr einen Arhat, sprecht ihr mit dem Arhat, trefft ihr einen Hungrigen Geist, sprecht ihr mit dem Hungrigen Geist. Ihr könnt euch daran erfreuen, jedes Land zu bereisen, die Lebwesen zu unterweisen, und ihr seht nicht für einen Augenblick, dass ihr nicht zu Hause seid. Überall ist Reinheit, das Licht der Klarheit erleuchtet die Zehn Richtungen, und ihr erkennt die Einheit von allem, was ist.

Meine Freunde, wenn ihr heute große Ehrenmänner sein wollt, müsst ihr die Wahrheit der Tatsache erkennen, dass es nie etwas zu tun gab. Nur weil euer Vertrauen unreif ist, sucht ihr weiterhin in jedem Augenblick. Ihr nehmt euren Kopf weg, und dann sucht ihr danach; und ihr könnt euch von der Suche nicht abbringen.

Stellt euch Bodhisattvas der vollkommenen und plötzlichen Erleuchtung vor, welche die Dharma-Bereiche manifestieren und in sie eintreten. Sie wenden sich zum Reinen Land hin. Sie mögen das Profane nicht und lieben das Heilige. Gäbe es solche Bodhisattvas, so wären sie noch immer Anhaftung und Ablehnung unterworfen. Die Vorstellung von rein und befleckt wäre noch immer in ihrem Geist. Der Einsicht der Meditationsschule zufolge ist das nicht so. Verstehen geschieht jetzt, in diesem Augenblick; ihr müsst auf keine andere Gelegenheit warten. Was ich stets sage, ist, dass alles geschieht. Die Arznei und die Krankheit, die zu heilen ist, müssen zur gleichen Zeit zusammenkommen, denn Arznei und Krankheit müssen sich aufeinander beziehen. Abgesehen davon gibt es nichts anderes, das wir Wahrheit nennen. Wenn ihr das erkennen könnt, seid ihr wahrlich jemand, der vorangegangen ist und der es würdig ist, jeden Tag materielle Opfergaben im Werte von zehntausend Goldmünzen zu empfangen.

Meine Freunde, lasst euch nicht von unechten Meistern hier und da ohne Sinn und Verstand das Siegel der Realisierung aufdrücken, um dann umherzuziehen und die Nachricht zu verbreiten: ›Ich habe Zen, ich habe verstanden, was der Weg bedeutet‹, und eine wortreiche Rede zu halten, die wie ein Wasserfall fortwährend dahinfließt, doch deren einziges Wirken es ist, jenes Karma zu schaffen, das zur Hölle führt. Jemand, der den wahren Pfad praktiziert, braucht nicht zu scharren und die Fehler der Welt herauszupicken. Alles, was er braucht, ist, sofort rechte Sicht zu realisieren. Nur die Realisierung vollkommener rechter Einsicht kann als Erfolg angesehen werden.«

15

Jemand fragte: »Was ist rechte Sicht?«

Der Meister antwortete: »Rechte Sicht ist die Fähigkeit, die Natur des Werdens, Verbleibens, Erlöschens und der Leerheit in allen Erscheinungen zu erkennen, ob ihr nun in das Heilige oder Profane, das Reine oder Befleckte eintretet oder in die Buddha-Länder oder die Paläste Sukhavatis oder die Dharma-Bereiche Vairochanas. Rechte Sicht bedeutet, im Erscheinen des Buddha in der Welt, in seiner Erleuchtung, im Drehen des Dharma-Rades und in seinem Eingehen ins Nirwana die Kennzeichen von Nicht-Kommen, Nicht-Gehen, von Ungeboren und Unsterblich zu erkennen. Rechte Sicht bedeutet, in durchdringender Weise das Kenneichen der Leerheit aller Phänomene zu erkennen. Ihr erkennt, dass nichts wirklich ist, so wie ihr es geglaubt habt, als ihr die Dharma-Bereiche des Ungeborenen betreten habt, zu eurem Vergnügen in den Buddha-

Ländern umhergereist seid und den Avatamsaka-Bereich aufgesucht habt. Rechte Sicht bedeutet zu erkennen, dass die Person, die keinen Ort braucht, auf den sie sich stützen kann, wenn sie das Dharma hört, tatsächlich die Mutter aller Buddhas ist. Warum? Weil alle Buddhas aus einem Ort der Unabhängigkeit geboren wurden. Seid ihr in der Lage, zu dem Zustand zu erwachen, bei dem ihr zu nichts zurückkehren müsst, werdet ihr erkennen, dass die Natur des Buddha Nicht-Erlangen ist. Dies zu erkennen ist rechte Sicht.

Praktizierende, die nicht verstehen, sind weiterhin in Worten und Redewendungen gefangen und werden von Begriffen wie heilig, profan und so weiter behindert, so dass sie ihr Weisheitsauge nicht öffnen und deshalb die wahre Natur der Dinge nicht klar sehen können. Die Zwölf Abteilungen der Lehren gibt es nur, um diese wahre Natur deutlich zu zeigen. Praktizierende, die nicht verstehen, wenden sich Worten zu und suchen irrtümlicherweise dort nach Einsicht. Diese Haltung, nach einem Ort zu suchen, den man festhalten, auf den man sich stützen kann, lässt uns in den Kreislauf von Geburt und Tod fallen und hindert uns daran, den Kreislauf von Leben und Tod in den Drei Bereichen zu verlassen.

Wenn ihr als freie Menschen in Geburt und Tod umherwandern wollt, solltet ihr erkennen, wer es ist, der hier dem Dharma lauscht. Obwohl dieser Mensch keine Form hat, kein unterscheidendes Merkmal, keine Basis, keinen Ursprung, keinen Ort des Verweilens, lebt er, unendlich aktiv und imstande, zehntausende wundervolle Wirkungsweisen zu entfalten, und all diese Wirkungsweisen haben die Natur des Nicht-Verweilens.

Je mehr ihr, auf der anderen Seite, nach etwas Ausschau haltet, umso weiter seid ihr davon entfernt, umso mehr liegt ihr daneben.

Meine Freunde, identifiziert euch nicht mit diesem illusorischen Freund, dem Körper, denn er muss früher oder später in die Hände des Dämons der Vergänglichkeit zurückkehren. Was braucht ihr in dieser Welt, um euch der Suche nach Befreiung zuzuwenden? Alles, was ihr braucht, sind eine Schale mit braunem Reis und ein Stoffumhang; ansonsten solltet ihr eure gesamte psychische Kraft und eure Zeit dazu nutzen, einen guten spirituellen Freund zu finden. Verschwendet nicht eure Tage und Stunden, indem ihr verschiedenen Vergnügungen folgt. Die Zeit ist kostbar, das Leben ist vergänglich, die vier großen Elemente *(mahabhuta)* und die vier Zeichen (Geburt, Verweilen, Wandel, Erlöschen) treiben euch voran. Ihr müsst die zeichenlose Natur dieser vier unmittelbar erkennen, um nicht durch eure Umgebung hin und her gestoßen zu werden.«

16

Jemand fragte: »Was sind die vier zeichenlosen Umstände?«

Der Meister erwiderte: »Ein Augenblick der Verblendung (Zweifel) entsteht, und ihr werdet vom Erdelement behindert. Ein Augenblick des Verlangens entsteht, und ihr werdet vom Wasser behindert. Ein Augenblick des Zorns entsteht, und ihr werdet vom Feuer behindert. Ein Augenblick freudiger Erregung entsteht, und ihr werdet vom Wind behindert.

Verfügt ihr über diese Einsicht, werdet ihr durch eure Umgebung nicht hin und her gestoßen. Ihr werdet eure

Umgebung gut nutzen können, wo immer ihr auch seid. Ihr geht im Osten auf und im Westen unter. Ihr geht im Süden auf und im Norden unter. Ihr geht in der Mitte auf und am Rand unter. Ihr geht am Rand auf und in der Mitte unter. Ihr geht auf dem Wasser wie auf der Erde und auf der Erde wie auf dem Wasser.

Wie ist das möglich? Es ist möglich, weil ihr erkannt habt, dass die vier großen Elemente ein Traum sind, ein Phantom.

Meine Freunde, der Mensch, der hier sitzt und dem Dharma lauscht, ist nicht die vier Elemente in eurem Körper. Dieser Mensch kann die vier Elemente gut nutzen, aber die vier Elemente machen von ihm keinen Gebrauch. Ob der Praktizierende geht oder verweilt, so ist er mit dieser Einsicht ein freier Mensch. Soweit ich das sehe, sollten wir keine Abneigung gegen irgendetwas hegen (oder uns von etwas angezogen fühlen). Ihr mögt das Heilige und lehnt das Profane ab, nicht wahr?

Das Heilige ist nur das Wort »heilig«. Pilger steigen auf den Wutai-Berg, um Manjushri zu finden. Das ist ein Irrtum. Wie könnte Manjushri auf Wutai Shan sein? Wollt ihr mit Manjushri Bekanntschaft schließen? Manjushri ist das wundervolle Wirken, das ihr vor euren Augen seht. Es war immer da. Daran gibt es keinen Zweifel. Das ist der lebendige Manjushri. Das Licht der Nicht-Unterscheidung, das in jedem Augenblick der Sammlung in alle Richtungen strahlt, ist der wahre Bodhisattva Samantabhadra, der in diesem Licht erscheint. Jeder Augenblick der Sammlung, der ungebunden, an allen Orten frei ist, ist die meditative Konzentration von Bodhisattva Avalokiteshvara. Abwechselnd sind diese drei Bodhisattvas Gastgeber und

Freund. Manifestiert sich einer, manifestieren sich alle. Einer ist alle drei, und alle drei sind einer. Nur wenn ihr das erkennt, könnt ihr die Sutras des Weges wirklich studieren.«

17

Der Meister sprach zu der Gruppe:

»Diejenigen, die sich heutzutage im Pfad schulen, müssen über Selbstvertrauen verfügen und nicht außerhalb ihrer selbst nach Buddha Ausschau halten. Außerhalb nach etwas zu suchen bedeutet, dass ihr euch im Objekt eurer Suche verfangt und richtig und falsch nicht unterscheiden könnt. Die Leute sagen, es gebe einen Buddha, es gebe Meister, aber sie beziehen sich lediglich auf Spuren, die im Schriftenkanon hinterlassen wurden. Unterbreitet jemand einen Satz oder ein Wort aus den Sutras, ob nun in einer verdeckten oder offenkundigen Weise, so stellen sie sofort auf Zweifel beruhende Fragen, sie suchen in den Himmeln und auf der Erde, halten nach jemandem Ausschau, den sie zu Rate ziehen können. Der wahre, große Ehrenmann redet nicht über Meister und Diener, über richtig und falsch, Schönheit und Begabung. Er verbringt nicht all seine Zeit mit Debattieren. Wenn jemand zu diesem Mönch hier kommt, sei es ein Mönch oder Laie, kann dieser ihn bis zu dessen Ursprung durchschauen und erkennen, dass alle Klänge, Redewendungen und alles Geschriebene, das er verwendet, nur illusorische Träume sind. Er sieht auch den wahren Menschen in dieser Person, der von den umgebenden Sinnesobjekten behindert wird. Diese Art des Schauens ist das wundervolle Ziel des Buddha. Die Buddha-Welt verkündet nicht von sich selbst, die Buddha-Welt zu sein. Der Praktizierende des Weges, der übt, ohne sich auf jemanden zu stützen, an dem er sich festkrallt, ist imstande, diese Buddha-Welt zu bezeugen. Wenn mich jemand nach dem Buddha fragt, werde ich als Antwort eine reine Welt zeigen. Wenn er mich darüber befragt, was ein Bodhisattva sei, werde ich als Antwort eine mitfühlende Welt zeigen. Will mich jemand zu Bodhi, dem Erwachen, befragen, werde ich als Antwort eine Welt der wundervollen Reinheit zeigen. Möchte mich jemand zu Nirwana befragen, werde ich als Antwort eine Welt zeigen, in der alle Gedanken zur Ruhe gekommen sind. Es kann Hunderte oder Tausende verschiedener Welten geben, aber der Mensch ist nicht verschieden. Wir können als Antwort auf die Frage also eine Form manifestieren, genau so, wie der Mond sich im Wasser spiegelt.

Meine Freunde, wollt ihr in eurer Praxis Soheit realisieren, müsst ihr große Ehrenmänner werden. Seid ihr hingegen weiterhin ohne Rückgrat und schließt Kompromisse, werdet ihr sie nie realisieren. Ihr seid dann wie ein gesprungenes Gefäß und könnt den lebensspendenden Nektar nicht halten. Wollt ihr ein großes Instrument des Dharma sein, müsst ihr entschlossen sein, euch von anderen nicht täuschen zu lassen. Ihr solltet jederzeit Meister eurer selbst sein. Ihr solltet euer wahrer Mensch sein, wo immer ihr steht. Ihr erlaubt euch nicht, euch von denen, die zu euch kommen, beeinflussen zu lassen. Nur ein Augenblick des Zweifels bedeutet, dass Mara in euch eingetreten ist. Zweifel ist für den Mara von Geburt und Tod, was einen Bodhisattva betrifft, die beste Gelegenheit. Entsteht ein Objekt der Sinneswahrnehmung, schaut tief. Habt Vertrauen in die wundervolle Wirkungsweise, die in eurem Geist gegenwärtig ist, und dann werdet ihr sehen, dass es nichts zu tun gibt. Jeder Gedanke, den ihr habt, hat die Funktion, die Drei Bereiche hervorzubringen, und die sechs Sinnesobjekte werden als Ergebnis dessen mit dem Bereich in Übereinstimmung sein, in dem ihr euch jeweils befindet. In eurem alltäglichen Wirken, in dem ihr auf eure Umstände reagiert, was fehlt euch da? Im Bruchteil eines Augenblicks könnt ihr einen unreinen oder einen reinen Bereich betreten, den Palast von Maitreya oder die Länder der Drei Augen. Ihr könnt nach Belieben zu jedem Ort reisen und die Leerheit der Bezeichnungen erkennen.«

18

Jemand fragte: »Was sind die Länder der Drei Augen?«

Der Meister antwortete: »Ihr und ich betreten das Land der Wundervollen Reinheit; wir tragen die Robe der Reinheit und sprechen über den *dharmakaya* des Buddha. Dann betreten wir das Land der Nicht-Unterscheidung, tragen die Robe der Nicht-Unterscheidung und sprechen über den Retributionskörper des Buddha *(sambhogakaya)*. Dann betreten wir das Land der Befreiung, tragen die Robe der Leuchtenden Klarheit und sprechen über den Verwandlungskörper des Buddha *(nirmanakaya)*. All diese Länder der Drei Augen manifestieren sich in Abhängigkeit von ihrer wahren Natur oder der Bedeutung des Wortes, mit dem sie beschrieben werden. Den Sutras und Kommentaren zufolge ist der Dharma-Körper die Basis, und der Retributions- und der Verwandlungskörper sind die Wirkung.

So wie ich es sehe, weiß der Dharma-Körper nicht, wie man einen Dharma-Vortrag hält. Darum sagten die Lehrer der alten Zeit: ›Die Körper werden abhängig von der Wortbedeutung geschaffen; die Länder werden auf der wahren Natur gründend erörtert.‹ Das bedeutet, dass die Körper in Übereinstimmung mit der Bedeutung, welche die Menschen den Worten geben, geschaffen werden. Die Länder sind nur insoweit da, wie es ihre wahre Natur erlaubt. Der Körper der Dharma-Natur und die Länder der Dharma-Natur sind ganz klar Objekte, die geschaffen werden können. Das ist bei allen Ländern gleich – sie sind in Abhängigkeit von Bedeutung und Natur geschaffen. Sie alle sind gelbe Blätter und leere Fäuste, die Menschen benutzen, um Kinder zu täuschen. Sie sind Kaktusfeigen und dornige Wasserkastanien; sie sind wie der Versuch, frisches Wasser in trockenen Knochen zu finden. Das Dharma ist nicht außerhalb des Geistes, noch ist es innerhalb. Wonach also sucht ihr?

Überall reden Menschen über den spirituellen Pfad und sagen, dass ihr die Praxis realisieren werdet, wenn ihr euch dabei anstrengt. Macht keinen Fehler; selbst wenn ihr in der Praxis Realisationen erfahrt, so sind das nur Ursache und Wirkung des Handelns im Kreislauf von Geburt und Tod. Sagt ihr, dass ihr die sechs *paramitas* praktiziert und die hunderttausend tugendhaften Handlungen, so sehe ich das noch immer als Erzeugen von Handlungen als Ursache und Wirkung. Den Buddha suchen und das Dharma suchen bedeutet, ein Handeln zu erzeugen, das zu den Höllenbereichen führen kann. Die Bodhisattva-Frucht zu erstreben ist das Gleiche. Auch die Sutras und den Pfad studieren bedeutet, Handeln als Ursache und Wirkung zu schaffen. Für den Buddha und die Meister gibt es nichts zu tun. Soweit es sie betrifft, ist es gereinigtes Karma, ob es Geistesplagen und Handeln gibt oder ob es keine Geistesplagen und kein Handeln gibt.

Da gibt es eine Gruppe blinder Kahlköpfe, die sich, nachdem sie sich satt gegessen haben, zur Meditation hinsetzen. Sie zügeln ihr Denken und lassen Gedanken nicht aufkommen. Sie können den Lärm nicht ertragen, doch mögen sie die Stille. Ihre Art zu praktizieren unterscheidet sich nicht von der Art, in der Nicht-Buddhisten praktizieren. Ein Meister sagte: ›Diejenigen, die üben, den Geist zu konzentrieren, um Stille zu kontemplieren, die dann den Geist außerhalb des Geistes kontemplieren lassen oder den Geist im Inneren sammeln oder den Geist anhalten, um in *samadhi* einzutreten, sie alle tun etwas und praktizieren noch nicht Nicht-Tun.‹

Ihr, die ihr hier seid, um dem Dharma zu lauschen, was könnt ihr tun, damit euer Mensch üben, die Früchte der Übung realisieren und ein schöner Mensch sein kann? Euer Mensch ist nicht in der Lage, zu üben, zu realisieren oder schön zu werden. Könnt ihr jemanden lehren, schön zu werden, dann kann alles schön werden. Geht nicht in die Irre.

Meine Freunde, wenn ihr an den Worten der Zen-Meister festhaltet und sagt, sie begründeten den wahren Pfad; wenn ihr meint, diese Meister seien gute spirituelle Freunde von unfassbarer Kompetenz, und wenn ihr gleichzeitig euren Geist für so profan haltet, dass ihr es nicht wagen könnt, sie zu beurteilen, dann seid ihr wirklich blind. Ihr werdet diese Befangenheit euer ganzes Leben mit euch herumtragen. Ihr erkennt nicht, was eure eigenen Augen euch zeigen könnten. Ihr seid wie junge Affen, die auf Eis stehen, zitternd vor Angst. Ihr sagt: ›Ich würde es nicht wagen, schlecht von diesen guten spirituellen Freunden zu sprechen, aus Angst, schlechtes Rede-Karma zu schaffen.‹ Meine Freunde, nur wenn jemand ein großer spiritueller guter Freund ist, wagt er es, schlecht von Buddha und den Meistern zu sprechen, am Leben etwas auszusetzen zu haben, die Lehren des Tripitaka zu boykottieren, mit anderen zu schimpfen, so wie ihr Kinder ausschimpft, und in allen Umständen, seien sie günstig oder ungünstig, den wahren Menschen zu entdecken.

Wenn ich auf mein Leben zurückblicke, kann ich in den vergangenen zwölf Jahren nichts entdecken – und sei es so klein wie ein Senfkorn –, das die Natur karmischer Vergeltung hätte. Die Zen-Meister, die ihr normalerweise trefft, sind wie Bräute, die gerade erst in das Haus ihrer Ehemänner gekommen sind: immer in Angst, dass sie aus dem Kloster getrieben werden und nichts zu essen haben. Darum können sie keinen Frieden oder keine Freude haben. Den Älteren, die an der Spitze stehen, wurde – in der Vergangenheit wie auch heute – von niemandem geglaubt. Sie wurden vertrieben, und dann erst wurde ihr Wert erkannt. Wenn die Leute sofort Vertrauen zu euch haben, wo ihr auch hingeht, was werdet ihr jemals tun können? Sobald der Löwe brüllt, platzt der Schädel des Schakals.

Meine Freunde, überall sagen die Leute, es gebe einen Pfad, der praktiziert werden, ein Dharma, das erkannt werden solle. Was ist das Dharma, das erkannt, der Pfad, der praktiziert werden soll? In eurem gegenwärtigen, alltäglichen Leben, was fehlt euch da? Was muss bewahrt werden? Die Mönche, die gerade erst geboren wurden, verstehen das nicht in aller Tiefe, so laufen sie immer hinter einer Meute Fuchsgeister her. Sie erlauben diesen Geistern, über Dinge zu prahlen, die andere fesseln. Sie sagen: ›Das Prinzip und die Praxis müssen miteinander übereinstimmen, und dann, wenn ihr die drei Handlungen befolgt, könnt ihr Buddha werden.‹ Sie grübeln und grübeln über solche Ideen. Sie sind wie Sprühregen im Frühjahr.

Der tugendhafte alte Meister sagte: ›Wenn du auf deinem Weg jemanden triffst, der den Pfad realisiert hat, dann ist es am besten, nicht über die Praxis mit ihm zu sprechen.‹

Aus demselben Grund hat jemand gesagt: ›Wenn ihr beabsichtigt, den Weg zu praktizieren, dann wird der Weg es euch nicht erlauben zu praktizieren; alle möglichen schlechten Umstände werden in ihrem Entstehen miteinander wetteifern. Sobald das Schwert der Weisheit aufblitzt, bleibt nicht ein Ding. Solange sich das Licht nicht zeigt, zeigt sich die Dunkelheit als Licht.‹

Darum sagten die Alten: ›Der Weg ist der alltägliche Geist.‹

Mönche, wonach sucht ihr? Gegenwärtig steht ihr vor mir und lauscht dem Dharma. Es ist leuchtend und klar. Ihr braucht von nichts abhängig zu sein, und weil es euch an nichts fehlt, müsst ihr nach nichts suchen. Wie ich es sehe, gibt es nicht viel zu tun. Seid ganz natürlich – legt eure Robe an, esst euer Essen und verbringt die Zeit damit, nichts zu tun.

Wenn ihr wollt, dass nichts zwischen euch und den Buddhas und Meistern steht, müsst ihr das erkennen. Zweifelt nicht mehr, geht nicht mehr in die Irre. Könnt ihr euch diese Einsicht bewahren, seid ihr lebende Meister.

Könnt ihr euch diese Einsicht nicht bewahren, wird es einen Unterschied zwischen Wesen und Erscheinung geben. Wenn der Geist diese Einsicht bewahrt, dann sind Wesen und Erscheinung nicht zwei verschiedene Dinge.«

19

Jemand fragte: »Was ist mit dem Geist, der diese Einsicht bewahrt, gemeint?«

Der Meister antwortete: »Indem du diese Frage stellst, unterscheidest du bereits und trennst das Wesen von der Erscheinung.

Meine Freunde, geht nicht in die Irre. Alle Erscheinungen, ob weltlich oder überweltlich, sind ohne Selbst-Natur. Sie sind alle ungeboren, und darum sind sie bloße Bezeichnungen, leere Namen. Der Name ›bloße Bezeichnung‹ selbst ist leer. Warum haltet ihr den Namen für die Wahrheit? Tut ihr das, so geht ihr in die Irre.

Selbst wenn ihr sagt, dass Phänomene existieren, so existieren sie nur als Manifestationen, die in wechselseitiger Abhängigkeit voneinander entstehen, was *paratantra* genannt wird. Dies gilt für das Erwachen *(bodhi)* und für Nirwana und auch für das Wissen um die Objekte, die Bodhisattvas und Buddhas. Was sucht ihr in diesen Buddha-Feldern, die sich abhängig von anderen Faktoren manifestieren? Die Drei Fahrzeuge und die Zwölf Abteilungen der Lehren sind nichts als Toilettenpapier (Kotstöcke). Der Buddha ist ein illusorischer Körper. Die Meister sind alte *bhikshus*. Und ihr seid Sprösslinge eurer Mutter. Wenn ihr euch auf die Suche nach Buddha begebt, wird eure Seele von Mara-Buddha ausgesaugt. Wenn ihr euch auf die

Suche nach den Meistern begebt, werdet ihr von den Mara-Meistern gefesselt. Je mehr ihr sucht, desto mehr werdet ihr leiden. Am besten ist es, nichts zu tun. Es gibt eine Gruppe von Mönchen mit geschorenem Kopf, die zu Schülern des Weges sagen: ›Buddha ist das letztendliche Ziel. Ihr müsst drei große *asamkhya kalpas* praktizieren, um die Früchte eurer Übung zu realisieren und Buddha zu werden.‹

Meine Freunde, wenn ihr sagt, der Buddha sei das letztendliche Ziel, warum musste dann der Buddha mit nur achtzig Jahren zwischen zwei Sala-Bäumen in den Wäldern bei der Stadt Kushinagar auf der Seite liegen und sterben? Wo ist der Buddha jetzt? Wir sollten klar sehen, dass der Buddha geboren wurde und dass er starb, so wie wir auch. Wenn ihr sagt, dass der Buddha die zweiunddreißig Hauptmerkmale und die achtzig offenkundigen Zeichen trage, dann müsst ihr auch sagen, dass der Chakravartin ebenfalls Buddha sei. Daher solltet ihr wissen, dass alles illusorisch ist. Ein alter Lehrer sagte: ›Der Tathagata erschien in körperlicher Form, weil er das tun wollte, was die Welt erwartete. Er fürchtete, dass Leute nihilistischen Theorien folgen würden, und verwendete als Hilfsmittel die bloßen Bezeichnungen. Als solches Hilfsmittel gelten uns die zweiunddreißig Merkmale. Die achtzig Zeichen sind auch nur leere Geräusche. Der Körper ist nicht erwachte Natur. Das Zeichenlose ist die wahre Form.‹

Ihr sagt, dass die sechs übernatürlichen Kräfte zum Buddha gehören. In diesem Fall müssten auch die Götter, Geister, Asuras und Hungrigen Geister von großer Stärke, die ebenfalls über sechs übernatürliche Kräfte verfügen, Buddha sein. Freunde, geht nicht in die Irre. Als die Armee der Asuras von der Armee des Gottes Indra im Kampf geschlagen wurde, zusammen mit 8400 Anhängern, da drangen sie in die Faser einer Lotoswurzel ein, um sich zu verbergen. Das war ein Wunder, doch könnt ihr nicht sagen, dass Asuras Buddhas oder Heilige seien. Meiner Auffassung zufolge sind all diese Wunder karmische Resultate und hängen in ihrem Entstehen von Ursachen und Bedingungen ab.

Die sechs Wunder des Buddha sind ganz anders – der Buddha betritt die Welt der Farben und Formen, wird von ihnen aber nicht getäuscht; er betritt die Welt der Klänge, Gerüche, Geschmäcker und Berührungen und wird von ihnen nicht getäuscht; er betritt die Welt der Geistesobjekte und wird von ihnen nicht getäuscht – denn der Buddha hat die Einsicht erlangt, dass die sechs Sinnesobjekte alle die Natur der Leerheit manifestieren. Sie können den Praktizierenden, der sich nicht in ihnen verfängt, nicht fesseln.

Praktizierende unserer Zeit können das Wunder, auf der Erde zu gehen, vollbringen, auch wenn noch Unreinheiten in ihren fünf Skandhas sind.

Freunde, der wahre Buddha hat keine Form, das wahre Dharma hat kein Zeichen.

Warum verlasst ihr euch auf Illusionen, um Lehmformen zu schaffen, nach denen ihr dann greift? Wenn ihr es fertig bringt, nach irgendetwas zu greifen, so ist das nur ein Fuchsgeist. Es ist nicht der wahre Buddha; es ist nur die Einsicht eines Häretikers. Ein wahrhaft Praktizierender ergreift nicht Buddha, Bodhisattva oder Arhat. Er greift nicht nach dem, was in den Drei Bereichen als schön und gut bezeichnet wird. Er weiß, wie er allein in Freiheit leben kann. Nichts behindert ihn. Selbst wenn Himmel und Erde auf den Kopf gestellt würden, würde kein Gefühl des Zweifels mich trüben. Selbst wenn die Buddhas der Zehn Richtungen vor mir erschienen, würde ich kein Gefühl der Freude aufkommen lassen. Selbst wenn die Höllenbereiche und die drei unheilsamen Schicksale vor mir erschienen, würde ich kein Gefühl der Angst aufkommen lassen. Warum? Weil ich die leere Natur aller Erscheinungen erkannt habe. Manifestieren sie sich, heißt es, sie existieren. Wenn sie sich nicht manifestieren, heißt es, sie existieren nicht. Alle Drei Bereiche entstehen aus dem Geist. Alles, was existiert, entsteht im Bewusstsein. Das alles sind nur illusorische Träume, unwirkliche Staubkörnchen, die vor uns niederrieseln. Warum sollten wir uns damit ermüden, ihnen hinterherzulaufen?

Nur euer wahrer Mensch, der in diesem Augenblick hier dem Dharma lauscht, kann ins Feuer gehen und verbrennt nicht, kann ins Wasser gehen und wird davon nicht mitgerissen, kann in die Höllenbereiche und die drei unheilsamen Schicksale gehen wie jemand, der einen Spaziergang durch einen Park macht. Er kann die Welt der Hungrigen Geister und Tiere betreten, ohne die Vergeltung dieser Welten zu erleiden. Warum? Weil er nicht gegen etwas ist. Wenn ihr noch immer das Heilige liebt und das Profane hasst, dann werdet ihr weiterhin im Ozean von Geburt und Tod treiben und darin versinken. Geistesplagen entstehen im Geist. Wenn da kein Geist ist, wie können uns dann die Geistesplagen binden? Wenn ihr eure Zeit nicht mit Unterscheidungen verschwendet, nicht in Zeichen verfangen seid, dann werdet ihr die Frucht des Pfades automatisch und augenblicklich realisieren.

Aber wenn ihr weiterhin umherwandert und jemandem hinterherlauft, von dem ihr die Praxis erlernen wollt, dann werdet ihr, selbst wenn ihr zahllose Äonen lang studiert, am Ende doch in der Welt von Geburt und Tod ein- und ausgehen. Ihr werdet nicht dem Menschen ebenbürtig sein, für den es, wenn er den Tempel betritt und sich in der Lotosposition niedersetzt, nichts zu tun gibt.

Meine Weggefährten, angenommen, ein Schüler kommt von irgendwoher, um den Weg zu erlernen. Nachdem Gastgeber und Gast einander wahrgenommen haben, sagt der Gast etwas, um den vor ihm sitzenden, guten spirituellen Freund auszufragen. Der Gast schleudert dem guten spirituellen Freund einen gefährlichen Satz entgegen. Die Vorstellung, die dem zugrunde liegt, lautet: ›Lehrer, versteht ihr?‹ Wenn der spirituelle Freund weiß, dass dies nur ein Objekt ist, wird er es sofort ergreifen und in den See werfen. Der Schüler wird zu seinem alltäglichen Selbst zurückfinden und den guten spirituellen Freund bitten, etwas zu sagen. Der spirituelle Freund wird weiterhin das tun, was er bisher getan hat, und das Verlangen des Schülers, nach etwas zu suchen, abschneiden. An dieser Stelle wird der Schüler sagen: ›Lehrer, ihr seid wirklich herausragend, wahrhaftig weise, ein großer spiritueller Freund.‹ Und der spirituelle Freund wird sagen: ›Mein Freund, du verfügst über keinerlei Fähigkeit, Gutes von Schlechtem zu unterscheiden.‹

Oder der gute spirituelle Freund wird ein Objekt zum Vorschein kommen lassen und damit vor dem Schüler herumspielen. Der Schüler vermag es als Objekt zu erkennen und geht nicht in die Falle dieses Objektes, und er ist dann nicht mehr Gast, sondern Gastgeber. Der gute spirituelle

Freund erscheint nun als halber Körper, und der Schüler stößt einen Schrei aus. Im Gegenzug nutzt der gute spirituelle Freund in hundert verschiedenen Weisen Worte und Ausdrücke, um den Schüler herabzusetzen. Doch der Schüler sagt vielleicht: ›Dieser glatzköpfige Mönch weiß nicht, gut und schlecht zu unterscheiden.‹ Der spirituelle Freund lobt den Schüler sofort: ›Du bist wirklich ein wahrer Praktizierender.‹

Es gibt Lehrer hier, die Falsches nicht von Richtigem unterscheiden können, wenn Schüler zu ihnen kommen und sie über Bodhi, Nirwana und die Drei Körper befragen; diese blinden Älteren versuchen, sofort zu erklären. Werden sie von ihren Schülern kritisiert, nehmen sie den Stock und schlagen diese, wobei sie sagen: ›Du willst die Praxis erlernen, aber du kennst keine guten Manieren.‹ Ihr solltet euch über sie nicht ärgern, weil sie, auch wenn sie Lehrer genannt werden, nicht das Auge des Verstehens haben.

Es gibt eine Reihe von glatzköpfigen Mönchen, die nicht wissen, was gut und schlecht ist. Sie zeigen den Osten und deuten auf den Westen. Sie mögen Regen, und sie mögen Sonnenschein. Sie preisen diese Laternen als schön und jene Säulen als hübsch. Schaut sie an und seht, wie viele Haare in ihren Augenbrauen noch übrig sind. Es gibt einen triftigen Grund dafür, dass sie ihre Augenbrauen verlieren. Der Schüler versteht nicht, und seine Weisheit wird durch seine Vernarrtheit in den Lehrer davongetragen. Solche Lehrer sind nichts anderes als eine Meute Fuchsgeister. Wahre Dharma-Schüler glucksen vor Verachtung und sagen, dass diese Gruppe von blinden, glatzköpfigen Mönchen Verwirrung schafft und die Menschen täuscht.

Freunde, junge Mönche und Nonnen müssen studieren und praktizieren. Als ich jung war, habe ich tagtäglich voller Eifer den Vinaya und gute Umgangsformen studiert. Ich habe geforscht, wollte verstehen und habe zahllose Sutras und Kommentare zu Rate gezogen. Nach einer Weile erkannte ich, dass sie nur in theoretische Begriffe gefasste Mittel waren, um Menschen zu helfen. Da habe ich sie ein für allemal weggeworfen, um loszuziehen und große Meister zu befragen und Meditation zu praktizieren. Glücklicherweise traf ich mir überlegene spirituelle Freunde, so hatte ich also Dharma-Augen, die es mir ermöglichten, klar zu sehen und die großen Lehrer auf dieser Erde zu erkennen, aber auch die, die unecht waren. Diese Einsicht hatte ich nicht von Geburt an, doch sie entwickelte sich durch Polieren, Verfeinern, Schulung, Erfahrung und Erforschung, und dann, eines Tages, brach ich zur Wahrheit durch.

Meine Freunde, wenn es euch nach korrekter Einsicht in die Wahrheit verlangt, dann lasst euch nicht von anderen täuschen. Was immer zu euch kommt, sei es von außen oder von innen, tötet es sofort. Wenn ihr den Buddha trefft, tötet den Buddha. Wenn ihr den Meister oder einen Arhat trefft, tötet ihn. Wenn ihr eure Eltern trefft, tötet eure Eltern. Nur dann könnt ihr befreit sein. Lasst euch nicht von Dingen binden, dann werdet ihr frei und ungezwungen sein.

Unter den Schülern, die aus den vier Gegenden hierhergekommen sind, gab es keinen einzigen, der nicht mit einer Anhaftung an etwas oder jemanden kam. Wenn dieser Bergmönch das Objekt der Anhaftung erkennen kann, wird er es sofort schlagen. Wenn sie ihr Objekt mit ihren

Händen beschreiben, schlage ich ihnen auf die Hände. Wenn sie es mit ihrem Mund beschreiben, schlage ich ihnen auf den Mund. Wenn sie es mit ihren Augen beschreiben, schlage ich ihnen auf die Augen. Bisher ist niemand gekommen, der in der Lage war, zu beweisen, dass er frei und unabhängig ist. Sie sitzen alle in Fallen, die von den alten Lehrern aufgestellt wurden. Ich selbst habe kein einziges Dharma, das ich euch geben könnte. Alles, was ich tun kann, ist, bei der Heilung eurer Krankheit zu helfen und die Knoten zu lösen, die euch fesseln.

Ihr Schüler, die ihr aus unterschiedlichen Orten kommt, versucht, nicht von irgendetwas abhängig zu sein. Ich möchte euch etwas erzählen. In den letzten fünfzehn Jahren habe ich keinen Menschen getroffen. Ich habe nur Geister getroffen, die in Bambus oder Gehölzen, Gräsern oder Blättern leben. Sie sind Fuchsgeister, die gestört sind und auf Dungklumpen herumkauen. Sie sind wirklich ein Haufen blinder Menschen. Sie verprassen die Gaben, die ihnen überall von Gönnern dargeboten wurden. Sie sagen: ›Wir sind junge Mönche, die in der Hauslosigkeit leben.‹ Ihre Einsicht umfasst nicht mehr als das.

Was ich euch sagen will, ist, dass es keinen Buddha, kein Dharma, keine Praxis, keine Realisierung gibt. Wonach sucht ihr bei anderen Menschen? Was fehlt euch? Seid nicht wie blinde Menschen. Es ist so, als wolltet ihr euch auf euren eigenen Kopf noch einen weiteren setzen. Meine Freunde, euer wundervolles Wirken unterscheidet sich in diesem Augenblick nicht vom wundervollen Wirken der Meister und der Buddhas. Nur weil euch das Vertrauen fehlt, haltet ihr nach etwas außerhalb von euch Ausschau. Macht keinen Fehler, es gibt kein Dharma außerhalb von euch, dem ihr nachlaufen könntet, es gibt kein Dharma in euch, das zu erlangen wäre. Es wäre besser, meinen Worten zu lauschen, euch auszuruhen und Nicht-Tun zu praktizieren. Ist etwas entstanden, versucht nicht, es fortzusetzen. Ist etwas nicht entstanden, dann versucht nicht, es entstehen zu lassen. Solches Tun ist wertvoller als zehn Jahre Pilgerschaft.

Meiner Einsicht zufolge gibt es nichts, das ihr tun müsstet. Ihr müsst nur als ganz normale Menschen leben. Tragt eure Robe, esst euer Essen. Seid tagein, tagaus ein Mensch, für den es nichts zu tun gibt. Die Schüler, die aus den vier Gegenden hierherkommen, halten sich alle für Leute, die Buddha, Dharma, Befreiung, einen Ausweg aus den Drei Bereichen suchen. Törichte Leute. Wenn ihr die Drei Bereiche verlasst, wohin wollt ihr dann gehen? ›Buddha‹ und ›Meister‹ sind nur verbale Ausdrücke, in die sich die Leute verstricken. Wisst ihr, was die Drei Bereiche sind? Sie sind der Grund eures eigenen Geistes, sie sind die Menschen, die jetzt, in diesem Augenblick, hier sitzen, um das Dharma zu hören. Wenn ihr einen Gedanken der Begierde aufkommen lasst, ist das der Bereich der Begierde. Wenn ihr Wut aufkommen lasst, ist das der Bereich der Form. Wenn ihr einen Moment des Zweifels aufkommen lasst, ist das der formlose Bereich. Diese verschiedenen Geisteszustände sind die Tische, Stühle, Matten und Betten eures eigenen Hauses. Die Drei Bereiche sagen niemals: ›Wir sind die Drei Bereiche.‹ Ihr selbst hier habt das klare Licht, das alles, was ist, erleuchten und reflektieren kann; ihr seid diejenigen, die die Welt ermessen und jedem der Drei Bereiche einen Namen geben wollen.

Mönche! Dieser Körper, diese vier Elemente hier, sind unbeständig, einschließlich Milz, Magen, Leber, Gallenblase, Haare, Zähne, Nägel. Wenn ihr in euch hineinschaut, seht ihr nur die Leerheit eines jeden Teils. Könnt ihr jede Vorstellung in eurem Geist anhalten, so ist das Bodhi, Erwachen. Ist die Vorstellung noch nicht zur Ruhe gekommen, ist das Dunkelheit. Dunkelheit hat keinen Wohnsitz, hat keinen Anfang und kein Ende. Könnt ihr euren Geist nicht zur Ruhe bringen, werdet ihr den Baum des Nicht-Erwachens erklettern, in die sechs Schicksale eintreten, in die vier Arten des Geborenwerdens, ihr werdet einen Pelzmantel und Hörner tragen. Seid ihr imstande innezuhalten, werdet ihr sofort im Bereich des reinen Dharma-Körpers ankommen. Wenn ihr den Zustand erreicht, in dem nicht ein einziger Gedanke entsteht, seid ihr in der Lage, die Bodhi-Bäume zu erklettern, und ihr könnt das Wunder vollbringen, überall dort in den Drei Bereichen zu erscheinen, wo das gebraucht wird. Ihr könnt den Transformationskörper benutzen, der aus dem Geist entsteht. Ihr könnt die Dharma-Freude erleben und die Glückseligkeit der Meditation. Ein Lichtschein wird von eurem Körper ausstrahlen. Wenn ihr darüber nachdenkt, was ihr anziehen sollt, werden euch hunderttausend Brokatlängen zugänglich sein; denkt ihr an etwas zu essen, so werden hundert Delikatessen vorhanden sein. Ihr werdet nie an einer ernsten Krankheit leiden. Bodhi, Erwachen, hat keinen Wohnort und wird deshalb ›nicht zu erlangen‹ genannt.

Meine Freunde, was gibt es für euch als große Menschen darüber hinaus zu bezweifeln? Das wundervolle Wirken, das im gegenwärtigen Moment geschieht – wer vollzieht es? Ergreift es und benutzt es und verfangt euch nicht in Worten. Das wird ›das geheimnisvolle Prinzip‹ genannt. Wer auch immer über diese Einsicht verfügt, wird nicht länger von Hindernissen behindert. Die Menschen aus alter Zeit sagten: ›Der Geist verändert sich in Übereinstimmung mit den zehntausend Objekten, und was ist Seltsames mit diesem Wandel?‹ Ihr solltet diesen Wandel geschehen lassen, um eure wahre Natur zu erkennen. Sobald ihr sie erkannt habt, seid ihr frei von aufgeregter Freude und von Furcht.

Meine Freunde, gemäß der Einsicht der Meditationsschule folgen Geburt und Tod aufeinander.

Wir sollten mit ganzem Herzen und Geist dabei sein, wenn wir uns mit einem guten spirituellen Freund beraten. Wenn Gastgeber und Gast einander begegnen, werden Worte zwischen ihnen hin- und hergehen. Der Meister mag reagieren, indem er verschiedene Formen manifestiert, oder er nutzt seine ganze Person, um dem Gast zu begegnen. Manchmal benutzt er vielleicht Hilfsmittel wie Freude oder Wut, oder er zeigt die Hälfte seiner Person, oder er sitzt auf dem Rücken eines Löwen oder Elefantenkönigs. Ist der Schüler aufrichtig, könnte er einen Schrei ausstoßen oder eine Falle vor dem guten spirituellen Freund aufstellen. Ist der Gastgeber nicht in der Lage, das Objekt, das ihm gezeigt wird, zu erkennen, und geht er in die aufgestellte Falle, wird er auf diese Falle vertrauen, um sich alle Arten von Lehmmodellen auszudenken. Dann könnte der Schüler einen weiteren Schrei ausstoßen. Ist der gute spirituelle Freund noch immer nicht imstande loszulassen, dann haben wir es mit einer schwer heilbaren Krankheit zu tun. Das wird ›der Gast prüft den Gastgeber‹ genannt.

Oder aber der gute spirituelle Freund bietet gar nichts an. Er wartet darauf, dass der Schüler etwas vorbringt, und entreißt es ihm dann. Der Schüler mag von allem beraubt sein, was er vorbringen wollte, widersteht aber noch immer und würde lieber sterben, als loszulassen. Das wird ›der Gastgeber prüft den Gast‹ genannt.

Oder aber der Schüler steht vor dem guten spirituellen Freund und bietet Reinheit als Objekt. Der gute spirituelle Freund erkennt dieses Objekt, ergreift es und wirft es in ein tiefes Loch. Der Schüler sagt: ›Welch großer Lehrer seid ihr!‹ Der gute spirituelle Freund erwidert: ›Gütiger Himmel, du kannst gut nicht von schlecht unterscheiden.‹ Der Schüler verbeugt sich. Dies wird ›der Gastgeber prüft den Gastgeber‹ genannt.

Oder der Schüler präsentiert vor dem guten spirituellen Freund einen Menschen in Ketten. Wenn der gute spirituelle Freund das sieht, holt er noch mehr Ketten und fesselt ihn noch mehr. Der Schüler ist außer sich vor Freude und kann nicht mehr unterscheiden, wer Gast und wer Gastgeber ist. Dieser Fall wird ›der Gast prüft den Gast‹ genannt.

Ehrenwerte Mönche, ich habe euch das nur gesagt, damit ihr die Teufel und falschen Pfade erkennen und Richtiges von Falschem unterscheiden könnt.

Freunde, es ist schwer, die Wahrheit zu entdecken. Das Buddhadharma ist sehr tief und geheimnisvoll. Nichtsdestotrotz können wir uns in dieses Territorium begeben, um Einsicht zu erlangen. Tag für Tag sitze ich hier und gebe Unterweisungen und erteile Schläge, doch kaum jemand in der Gruppe meiner Schüler ist geneigt, davon groß Notiz zu nehmen. Tausendmal, zehntausendmal halten sie sich an dunklen Orten auf und sind nicht in der Lage, etwas unabhängig und mit Klarheit und Unterscheidungskraft zu erkennen. Weil es ihnen an der Tugend des Selbstvertrauens mangelt, suchen sie weiterhin nach Einsicht, Weisheit und geschriebenen Worten. Ihr halbes Leben ist vorbei, und sie verlassen sich noch immer auf jemand anderen, und während sie sich in der Menschenwelt bewegen, schleppen sie ihren Leichnam wie eine schwere Bürde mit sich herum. Früher oder später werden sie den Preis für die Schuhe, die sie getragen haben, zahlen müssen.

Mönche, es gibt Schüler, die mich missverstehen, wenn ich sage, dass es für sie nichts außerhalb ihrer selbst zu suchen gebe, und die dann in ihrem Inneren nach etwas Ausschau halten. Sie sitzen bewegungslos in Meditation, das Gesicht zur Wand gerichtet, die Zunge an den Gaumen gepresst. Sie sagen, dies sei das von Buddha und den Meistern gelehrte Dharma-Tor. Welch großer Fehler. Behauptet ihr, wenn das Sinnesobjekt ruhig und unbeweglich sei, handle es sich um den Pfad, so habt ihr die Verblendung zu eurem Meister gemacht. Ein Lehrer alter Zeit sagte: ›Stille Ruhe ist ein tiefes schwarzes Loch, ein beängstigender Zustand.‹ Glaubt ihr andererseits, Bewegung sei der Pfad, sind dann auch die Pflanzen, die sich da draußen im Windhauch bewegen, der Pfad? Bewegung ist das Luftelement, Bewegungslosigkeit ist das Erdelement, und beide, Bewegung und Bewegungslosigkeit, sind ohne Selbst-Natur. Wenn ihr es in der Bewegung sucht, wird es seine Position in der Bewegungslosigkeit einnehmen. Wenn ihr es in der Bewegungslosigkeit sucht, wird es seine Position in der Bewegung einnehmen, so wie ein Fisch in einem Gewässer Wellen schlägt, wenn er emporspringt.

Mönche, Bewegung und Bewegungslosigkeit sind nur zwei Zustände. Der Praktizierende, der sich nicht in ihnen verfängt, kann beide, Bewegung und Bewegungslosigkeit, nutzbringend verwenden.

Kommen Schüler zu mir, so nutze ich drei Kategorien, um mit den drei Arten von Befähigungen umzugehen. Wenn ein Schüler mit unterdurchschnittlicher Befähigung kommt, nehme ich das Objekt weg, aber nicht seinen Übungsweg. Kommt ein Schüler mit überdurchschnittlicher Befähigung, nehme ich sowohl das Objekt weg als auch seinen Übungsweg. Wenn jemand mit einer scharfsinnigen, aufgeweckten Befähigung kommt, werde ich weder das Objekt noch den Übungsweg, noch das Subjekt wegnehmen. Kommt ein Mensch mit außergewöhnlicher Einsicht, trete ich ihm mit meiner ganzen Person gegenüber und ordne ihn in keine dieser Kategorien ein.

Mönche, im letzteren Falle kann die Dharma-Kraft dieses Schülers jedem Sturm widerstehen, und die Geschwindigkeit seiner Dharma-Kraft ist größer als der Funke eines Feuersteins oder ein Blitzstrahl. Dieser Schüler muss nur blinzeln, und die wechselseitige Beziehung geht verloren; er muss nur eine Idee aufkommen lassen, und schon wendet er sich in die falsche Richtung. Ob er versteht oder nicht, wird sich in diesem Augenblick entscheiden.

Mönche, ihr kommt zu einem Lehrer, eure Schale, euren Beutel und eine Darmlänge voller Exkremente mit euch herumtragend, und fragt nach dem Buddhadharma. Wisst ihr, wer dieser Mensch ist, der kommt und fragt? Er ist vital, lebendig und haftet an keiner Wurzel an. Wollt ihr ihn hineintreiben, wird er nicht hineingehen. Wollt ihr ihn hinaustreiben, wird er nicht hinausgehen. Je mehr ihr ihm nachjagt, desto weiter wird er von euch entfernt sein. Wenn ihr nicht nach ihm sucht, wird er direkt vor euch stehen. Der Klang seiner Stimme ertönt direkt in euren Ohren. Wenn ihr dem nicht genug vertraut, lebt ihr euer Leben umsonst.

Freunde, wir können in einem Augenblick den Avatamsaka-Bereich oder den Bereich von Buddha Vairochana betreten. Wir können alle Bereiche der Befreiung, der Wunder und Reinheit betreten. Wir können den Dharma-Bereich betreten, die Welt der Befleckung und die der Reinheit, die des Profanen und die des Heiligen, den Bereich der Hungrigen Geister oder den der Tiere. Nirgendwo werdet ihr das finden, was ihr Geburt und Tod nennt. Das sind nichts als leere Worte, illusorischer Staub, der vor euch herabrieselt. Sie sind es nicht wert, dass man hart arbeitend nach ihnen sucht. Wenn wir das erkennen, werden wir in der Lage sein, alles Erlangte und alles Nicht-Erlangte, alles Richtige und alles Falsche loszulassen.

Meine Freunde, mein Verständnis des Buddhadharma habe ich von Upadhyaya Magu, Danxia, Daoyi, Lushan und Shitou. Die Überlieferung der Praxisschule fand unter den Menschen weite Verbreitung, doch weil niemand genügend Vertrauen besaß, sie zu empfangen, wird sie von allen weiterhin verleumdet. Obwohl die Absicht von Meister Daoyi so einfach und gradlinig war, vermochte keiner der 350 Schüler, die zu ihm kamen, um bei ihm zu lernen, sie zu erfassen. Obwohl Meister Lushan frei und vollkommen aufrichtig war sowie in der Lage zu erfassen, wann es notwendig ist, sich zu fügen, und wann, sich etwas zu verweigern, blieben seine Schüler voller Verwirrung und vermochten nicht die Grenzen seines erwachten Verständnisses auszuloten. Das Gleiche gilt für Meister Danxia. Er spielte mit einer Perle; manchmal verbarg er sie, manchmal zeigte er sie; er tadelte jeden Schüler, der zu ihm kam. Die Handlungen von Meister Magu sind so bitter wie die Rinde einer Berberitze. Keiner kann ihm je nahe kommen. Meister Shitous Geheimnis bestand darin, dass er auf einer Pfeilspitze nach Menschen Ausschau hielt. Das ängstigte alle.

Was das Verhalten dieses Bergmönchs betrifft – es ist wahrlich erschaffend und zerstörend. Ich spiele mit spirituellen Transformationen. Ich bin in der Lage, alle möglichen Umstände zu durchdringen, und wo immer ich auch bin, bewahre ich die Übung des Nicht-Tuns. Das Objekt kann meine wahre Natur nicht entfernen. Wenn jemand nach mir Ausschau hält, gehe ich nach draußen, um ihn mir anzusehen. Der Besucher kennt mich nicht. Ich lege sofort eine meiner vielen Roben an. Der Schüler sieht die Robe und entwickelt die eine oder andere Idee darüber.

Im Nu verfängt er sich in meinen Worten und Sätzen. Welche Schande für den glatzköpfigen Mönch, der blind ist und keine Augen hat zu sehen. Er verwechselt die Robe mit mir. Er sagt, ich sei gelb oder blau oder weiß oder rot. Wenn ich das sehe, ziehe ich meine Kleidung aus und manifestiere meine Reinheit. Sieht das der Schüler, ist er sehr erfreut und voller Verlangen. Dann lege ich auch die Robe der Reinheit ab. Jetzt fürchtet er sich, läuft verwirrt und den Kopf verlierend davon und sagt: ›Warum seid Ihr ganz nackt?‹ Ich sage dann zu ihm: ›Kennst du den Menschen in mir, der die Kleidung trägt?‹ Er wird sich sofort umdrehen und mich erkennen.

Mönche, verfangt euch nicht in Kleidung. Roben sind bewegungslos; es muss jemanden geben, der die Kleidung trägt. Es gibt die Kleidung der Reinheit, des Erwachens, des Nirwana, des Meisters oder des Buddha.

Mönche, diese Dinge sind nur Klänge, Äußerungen und Worte. Sie sind lediglich sich verändernde Manifestationen wie verschiedene Kleidungsstücke. Sie entstehen durch die Luft aus dem *qihai*-Punkt unterhalb des Nabels, und die zusammen- und auseinanderklappenden Kiefer produzieren die Sätze und Ideen. Ihr solltet ganz klar sehen, dass dies nur magische Tricks sind.

Mönche, Aktivität im Äußeren schafft Klänge und Worte. Aktivität im Inneren ist der Geist, der Ideen hervorbringt. Sie alle sind nur verschiedene Arten von Kleidung. Warum nehmt ihr diese Kleidung als echte Einsicht wahr? Wenn ihr so fortfahrt, werdet ihr, selbst wenn ihr Millionen Lebzeiten als Mönche durchlauft, nicht mehr erreicht haben, als fortlaufend neue Kleidungsstücke anzuziehen. Das ist nicht die geheimnisvolle Durchdringung der Wahrheit, sondern das Tragen verschiedenster Kleidungsstücke. Ihr werdet nicht über Geburt und Tod hinausgelangen, ihr werdet euch nicht mit dem Menschen messen können, für den es nichts zu tun gibt. ›Wenn sie sich treffen, erkennen sie sich nicht. Sie kennen nicht den Namen ihres Gesprächspartners.‹

In unserer Zeit sind die Mönche nicht in der Lage, den Pfad zu realisieren, weil sie Worte und Redeweisen mit Einsicht verwechseln. Sie schreiben sich Dinge auf, die gesagt wurden; die Worte irgendwelcher verstorbener alter Männer schreiben sie in ein großes Buch, das sie in drei oder vier Lagen von Stofftüchern verbergen. Sie erlauben niemandem, es zu sehen, und sagen, das Niedergeschriebene sei das ›geheimnisvolle Prinzip‹; dann verstecken sie es und hüten es sorgfältig. Ein großer Fehler. Wie kann diese Gruppe blinder Menschen in diesem Haufen trockener Knochen einen Tropfen kalten Wassers finden? Es gibt eine andere Gruppe, die nicht weiß, was gut und was schlecht ist. Sie entnimmt den Lehren geheimnisvolle Redewendungen, denkt darüber nach und macht aus ihnen Schriften und Dogmen. Es ist so, als nähme man Exkremente in den Mund, spuckte sie aus und legte sie anderen in den Mund. Da besteht kein Unterschied zu weltlichen Menschen, die Chinesisches Flüstern spielen. Ihr Leben vergeht, wird vertan, aber sie sagen weiterhin: ›Wir sind Mönche, die in der Hauslosigkeit leben.‹

Bei einigen Menschen, die herkommen und nach dem Buddhadharma fragen, ist der Mund verschlossen, und sie haben kein Wort zu sagen. Sie öffnen ihre Augen, die so leer und schwarz sind wie rauchige Löcher. Ihre Münder hängen herab wie eine Tragestange mit einer Last an jedem Ende. Selbst wenn jetzt Maitreya geboren würde, sie würden in eine andere Welt oder in die Höllenbereiche getrieben werden, um ihre Strafe an Leiden zu übernehmen.

Mönche, was hofft ihr zu finden, wenn ihr in der Welt umherwandert, bis eure Füße plattgetreten sind? Wo ist der Buddha, den ihr sucht, der Pfad, den ihr realisieren wollt, das Dharma, das ihr erlangen wollt? Der Buddha mit den wunderschönen Kennzeichen, nach dem ihr sucht, ist kein bisschen wie ihr. Wenn ihr euren eigenen ursprünglichen Geist erkennen wollt, müsst ihr diesen Buddha sehen und erkennen, dass ihr weder miteinander vereint noch getrennt voneinander seid.

Liebe Freunde, der wahre Buddha hat keine Form, kein Bild. Der wahre Pfad hat keine Substanz, das wahre Dharma hat kein äußeres Zeichen. Diese drei passen zusammen und werden eins. Diejenigen, die das nicht erkennen, sind weiterhin Geburt und Tod unterworfen, weil ihr Bewusstsein immer noch entsprechend der Ansammlung vergangener Aktivitäten, Karma, operiert.«

20

Ein Mönch fragte: »Bitte, wird der ehrenwerte Meister erklären, was der wahre Buddha, das wahre Dharma, der wahre Pfad sind?«

Der Meister antwortete: »Der wahre Buddha ist unser reiner Geist. Das wahre Dharma ist das Licht des Körpers. Der wahre Pfad ist das unbehinderte reine Licht, das in alle Richtungen ausstrahlt. Sie sind alle eins, sind bloße Bezeichnungen ohne reale Existenz. Jemand, der sich auf dem Pfad korrekt schult, hat auf diese drei Objekte seine fortwährende rechte Achtsamkeit zu richten. Der erste Zen-Ahne, Bodhidharma, kam aus Indien mit nur einer Absicht hierher: einen Menschen zu finden, der sich nicht von anderen täuschen ließ. Er traf schließlich Huike, den zweiten Zen-Ahnen. Durch nur einen Satz konnte er Zen-Ahne Huike helfen, zur Erleuchtung durchzubrechen und zu erkennen, dass die tägliche Praxis, die er zuvor geübt hatte, nutzlos gewesen war. Meiner Einsicht zufolge sind wir nichts anderes als die Meister und der Buddha. Wenn ihr in der Lage seid, den ersten Satz zu verstehen, seid ihr der Lehrer der Meister und des Buddha; und wenn ihr es erst beim zweiten Satz versteht, könnt ihr immer noch der

Lehrer von Göttern und Menschen sein. Versteht ihr es jedoch erst beim dritten Satz, werdet ihr noch nicht einmal euch selbst retten können, geschweige denn ein Lehrer anderer Menschen sein.«

21

Ein Mönch fragte: »Was war Bodhidharmas Absicht, als er hierherkam?«

Der Meister antwortete: »Wenn er eine Absicht gehabt hätte, so hätte er sich nicht einmal selbst retten, geschweige denn andere zum Ufer des Erwachens führen können.«

Ein Mönch fragte: »Wenn er keine Absicht hatte, wie konnte dann der zweite Zen-Ahne Erwachen erlangen?« Der Meister erwiderte: »Erlangen ist Nichterlangen.« Ein Mönch fragte: »Wenn Erlangen ohne Erlangen ist, wie kann dann ›ohne Erlangen‹ irgendeine Bedeutung haben?« Der Meister erwiderte: »Weil Huike überall nach dem Geist suchte und damit nicht aufhören konnte, sagte Bodhidharma: ›Um Himmels willen, was für ein Mann! Warum suchst du weiter nach einem Kopf, wenn du doch bereits einen Kopf hast?‹ Wenn wir diesen Satz hören und das Licht auf unseren Geist zu richten vermögen, dann werden wir niemals mehr irgendetwas suchen. Wir wissen dann, dass sich unser Körper und Geist nicht vom Körper und Geist der Meister und des Buddha unterscheiden, und wir können sofort den Zustand realisieren, dass es für uns nichts mehr zu tun gibt. Das kann als Realisierung der Lehren bezeichnet werden.

Mönche, weil ich dieses Mal nur widerstrebend spreche, ist das, was ich sage, weder elegant noch kultiviert.

Missversteht mich deshalb nicht. Soweit ich es sehe, gibt es für mich keinen Pfad, den ich euch lehren könnte. Wenn ihr etwas tun müsst, tut es; wenn nicht, ruht euch aus.

Überall sagen die Leute, dass die zehntausend Übungen der sechs Paramitas das Buddhadharma seien. Ich jedoch sage, dass sie nur Hilfsmittel sind, die als Verzierung benutzt werden und als Wege, die Arbeit des Buddha zu tun. Sie sind nicht das Buddhadharma. Wenn von daher Handlungen, wie nur vor der Mittagszeit zu essen, die Gelübde einzuhalten, eine Schale mit Öl so zu tragen, dass kein Tropfen verschüttet wird, euer Dharma-Auge nicht erstrahlen und klar werden lassen, dann werdet ihr am Ende den Preis für das Essen, das ihr empfangen habt, zahlen müssen. Warum?

> Er trat in den Pfad ein, doch durchdrang er das Prinzip nicht.
> Er wurde erneut in Samsara geboren, um für die Spenden zu zahlen, die er empfangen hatte.
> Wenn der Geschäftsmann einundachtzig Jahre geworden ist,
> wachsen aus dem toten Baum Pilze.

Selbst wenn ihr ganz allein auf einem abgelegenen Berggipfel sitzen, nur eine Mahlzeit am Tag zu euch nehmen, die ganze Nacht meditieren, euch nie hinlegen, zwölf Stunden am Tag hingebungsvoll üben würdet, schüfet ihr damit nur weiteres Karma. Selbst wenn ihr Städte und Länder, Frauen und Kinder, eure Hände, Augen, euer Gehirn, Elefanten, Häuser, die sieben kostbaren Juwelen weggeben würdet, bis ihr nichts mehr hättet, würdet ihr am Ende doch nur Probleme für euren Körper und Geist geschaffen haben. Deren Vergeltung wird Leiden sein. Jemand, der solche Opfergaben darbringt, ist einem Menschen nicht gewachsen, für den es nichts zu tun gibt und der weiß, wie man einfach und ohne Verwirrung ist. Selbst wenn ein Bodhisattva, der alle zehn Bodhisattva-Stufen erklommen hat, mit ganzem Einsatz nach den Spuren suchte, die jemand hinterlassen hat, für den es nichts zu tun gibt, er würde keine finden. Welchen Grund gibt es, dass solch ein Mensch von den Göttern gepriesen wird, seine Füße von den Erdgeistern angehoben werden und er von den Buddhas der Zehn Richtungen gelobt wird? Weil solche Menschen genau jetzt dasitzen, dem Dharma lauschen und keine Spuren von sich hinterlassen.«

22

Ein Mönch fragte: »›Der Buddha des Unübertroffenen Verstehens des Großen Durchdringens saß zehn Kalpas lang am Ort der Erleuchtung, und das Buddhadharma enthüllte sich ihm nicht, und er war nicht in der Lage, den Pfad des Buddha zu realisieren.‹ Was bedeutet dieser Satz?«

Der Meister erwiderte: »›Großes Durchdringen‹ bedeutet, dass wir überall die Wahrheit, der zufolge alle Erscheinungen ohne Selbst-Natur oder ihr eigenes Zeichen sind, realisieren können. ›Unübertroffenes Verstehen‹ bedeutet, dass wir, wo immer wir auch sind, keinen Moment des Zweifels haben und nirgends sehen, dass wir irgendeine Praxis realisiert haben. ›Buddha‹ bedeutet die Reinheit des Geistes; das klare Licht dieser Reinheit versteht durch und durch die Dharma-Bereiche. ›Saß zehn Kalpas lang am Ort der Erleuchtung‹ bezeichnet die Praxis der zehn Paramitas. ›Das Buddhadharma enthüllte sich ihm nicht‹ meint, dass der Buddha ungeboren, das Dharma unsterblich ist, wie könnten sie sich ihm also enthüllen? ›Er war nicht in der Lage, den Pfad des Buddha zu realisieren‹, bedeutet, dass Buddha nicht Buddha werden muss. Die Lehrer alter Zeit sagten: ›Der Buddha ist immer in der Welt, aber er wird nicht von den Erscheinungen der Welt beschmutzt.‹ Meine Freunde, wenn ihr Buddha werden wollt, so unterjocht euch nicht den Erscheinungen. Wenn Geist entsteht, entstehen die Objekte des Geistes. Wenn Geist nicht entsteht, entstehen die Objekte des Geistes nicht. Wenn keine Gedanken entstehen, dann können uns die Erscheinungen nichts anhaben.

Weder in der irdischen Welt noch in der überirdischen Welt gibt es Buddha und Dharma. Sie existieren in diesem Moment nicht wirklich, und sie werden in Zukunft nicht aufhören zu existieren. Worüber ihr auch immer als real existierend sprecht, es sind nur Worte, Redewendungen, Abschnitte. Sie können nur Kinder anleiten. Geschickte Mittel sind als Arznei gedacht, um Krankheiten zu heilen. Das Auslegen von Worten und Redewendungen ist Teil dieser geschickten Mittel. Ihr seid diejenigen, die in diesem Augenblick mit ihren lebendigen Sinneswahrnehmungen des Sehens und Hörens gegenwärtig sind, so klar wie eine brennende Fackel, die in ihrer Umgebung alles erhellt – ihr seid diejenigen, die all die Worte und Redewendungen auslegen.

Mönche, nur wenn ihr die fünf unsühnbaren Verbrechen begeht, werdet ihr befreit sein.«

23

Jemand fragte: »Was sind die fünf unsühnbaren Verbrechen?«

Der Meister antwortete: »Die fünf unsühnbaren Verbrechen sind: Vatermord, Muttermord, das Bluten eines Buddha verursachen, eine Spaltung der Sangha verursachen und Schriften und Bilder verbrennen. ›Vater‹ bedeutet in diesem Fall Verblendung. Wenn ihr aufhört zu suchen, und sei es für einen Augenblick, ist das Schaffen und Zerstören von Erscheinungen wie ein Klang, der seinen Widerhall in den leeren Raum entsendet. Wenn es für euch unter allen Umständen nichts zu tun gibt, wird dies ›den Vater, die Verblendung, umbringen‹ genannt. ›Mutter‹ ist Gier. Wenn ihr auf der Suche nach dem Objekt des Verlangens den Bereich des Verlangens betretet und in der Lage seid zu erkennen, und sei es für einen Augenblick, dass alle Erscheinungen leer sind, und ihr an welchem Ort auch immer ohne Anhaftung verbleiben könnt, wird dies ›die Mutter, die Gier, umbringen‹ genannt. ›Buddha‹ bedeutet hier, in unterscheidenden Vorstellungen verfangen zu sein. Wenn ihr die reinen Dharma-Bereiche betretet und keinerlei unterscheidende Vorstellungen aufkommen lasst, und sei es für einen Augenblick, wenn ihr Nicht-Unterscheidung bewahrt, wo immer hier seid, dann verursacht ihr das Bluten des Buddha der geistigen Konstrukte. ›Sangha‹ meint hier die Anhaftung an die Vorstellung von Geistesplagen und das Objekt der Zuflucht. Wenn ihr die Einsicht realisiert, und sei es für einen Augenblick, dass alle Geistesplagen und alle inneren Gestaltungen leer sind und keinen Zufluchtsort haben, dann habt ihr die Sangha der

Geistesplagen, inneren Gestaltungen und der Abhängigkeit zerstört. ›Schriften und Bilder‹ bezieht sich hier auf Vorstellungen über Ursachen und Bedingungen, den Geist und die Objekte des Geistes. Wenn ihr, und sei es für einen Augenblick, die Leerheit von Ursachen und Bedingungen, den Geist und die Objekte des Geistes erkennen könnt, habt ihr die Schriften und Bilder der Konzepte, des Geistes und der Objekte des Geistes verbrannt.

Mönche, wenn ihr das könnt, werdet ihr euch nicht länger in den Begriffen ›profan‹ und ›heilig‹ verfangen.

Mönche, bei jeder eurer Vorstellungen seid ihr daran gewöhnt, eine leere Hand zu betrachten oder einen deutenden Finger und davon auszugehen, dass dies die Wahrheit wäre. Ihr stützt euch auf die Sinnesobjekte, um täuschende Phänomene heraufzubeschwören, die keine reale Existenz haben. Ihr habt einen Minderwertigkeitskomplex, und deshalb erschauert ihr und weicht zurück und behauptet immer wieder: ›Ich bin nur ein ganz profaner Mensch, während er einer der Heiligen ist.‹ Kahlgeschorene Narren! Warum lauft ihr in solcher Hast umher und sucht nach dem Tod, indem ihr euer Herz in Löwenfell hüllt und wie Schakale heult? Ihr seid wahre Ehrenmänner, warum könnt ihr nicht den starken Charakter wahrer Ehrenmänner ausatmen? Ihr habt kein Vertrauen in das, was ihr bereits in eurem Haus vorfinden könnt, und sucht danach im Hause eines anderen. Warum geratet ihr weiterhin in die Falle der Begrifflichkeiten der Lehrer von einst? Wann hört ihr damit auf, Zuflucht in *yin* zu suchen, euch auf *yang* stützend? Am Ende könnt ihr von euch aus nichts erreichen. Welchen Umständen ihr auch begegnet, ihr haltet daran fest. Auf welches Objekt ihr auch trefft, ihr greift danach. Womit auch immer ihr in Berührung seid, es täuscht euch. Ihr selbst verfügt in eurer Auffassung über keinen Maßstab.

Freunde, verfangt euch nicht in den Worten des Bergmönchs. Warum? Weil die Worte, die ich sage, keine feste Grundlage haben. Sie sind wie Bilder, die, obwohl sie Farbe und Form haben, nur einmal in den Raum gemalt werden. Meine Freunde, macht Buddha nicht zu einem absoluten Kriterium. So, wie ich es sehe, ist die Vorstellung, die wir von Buddha haben, wie eine Latrinengrube, und in diesem Sinne sind Bodhisattvas und Arhats nur Leute, die euch in Ketten legen. Darum gibt es das Phänomen, dass Manjushri den Buddha mit einem Schwert töten und Angulimala Shakyamunis Kopf mit einem Messer abschneiden wollte.

Freunde, ihr könnt den Buddha nicht erfassen und auch nicht die Lehren der Drei Fahrzeuge, die fünf Naturen, plötzliche Erleuchtung, vollständige Erleuchtung, die historische und die letztendliche Dimension. Sie sind nur Arzneien und Krankheiten, die zusammen entstehen und als jeweilige Gegenmittel verwendet werden. Sie sind keine realen Objekte, die wirklich existieren. Selbst wenn es etwas Wirkliches gäbe, wäre dies nur eine Falle, die so erschiene, als wäre sie wirklich, eine zeitweilige Manifestation, die Form eines Vertrages für die Öffentlichkeit, die nur vorläufig zu verwenden ist. Es ist nur eine Sache von Worten.

Freunde, es gibt eine Reihe von Mönchen, welche die tägliche Übung, sich nach innen zu wenden, praktizieren und glauben, sie strebten nach den überweltlichen Dharmas. Sie irren sich! Wenn ihr nach Buddha strebt, verliert ihr Buddha. Strebt ihr nach dem Weg, verliert ihr den Weg. Strebt ihr danach, Meister zu sein, verliert ihr den Meister. Macht diesen Fehler nicht! Ihr müsst mir keine gute Erläuterung der Sutras oder Shastras geben. Für mich braucht ihr kein König oder hoher Würdenträger zu sein. Ihr müsst für mich nicht wortgewandt sein und ununterbrochen reden wie ein Wasserfall. Noch müsst ihr wundervoll ergründend und weise sein. Ihr müsst nur korrekte Einsicht darin haben, wie die Dinge sind.

Selbst wenn ihr imstande wäret, über hundert Sutras und Shastras zu lehren, könntet ihr euch nicht mit einem ganz normalen Mönch messen, der als jemand lebt, für den es nie etwas zu tun gibt. Wortgewandt die Sutras und Shastras zu lehren wird euch nur überheblich machen, was eure eigenen Errungenschaften angeht, und andere werdet ihr missbilligen. Das ist der Geisteszustand der Asuras, die nur daran interessiert sind, wer jeweils den anderen besiegt.

Verblendung und egoistische Streitereien vermehren nur die Strafe, die zur Hölle führt. Bhikshu Sunaksatra konnte die Zwölf Abteilungen der Lehre sehr sprachgewandt unterrichten, und doch musste er in die Höllenbereiche und konnte nicht auf der Erde bleiben. Das Beste ist, nichts zu tun und alles Suchen aufzugeben. Wenn ihr hungrig seid, solltet ihr essen; wenn ihr schläfrig seid, schließt eure Augen. Törichte Menschen mögen über euch lachen, doch der Weise versteht.

Freunde, sucht nicht nach Dingen, die in Worten beschrieben sind. Das wird euren Geist nur mehr aufrühren, euren Intellekt ermüden, und eure Lungen müssen viel kalte Luft einatmen, und alles ist umsonst. Es ist sehr viel besser, in nur einem Augenblick zu erkennen, dass alle Erscheinungen, die aus Ursachen und Bedingungen entstehen, ungeboren sind, und über die Bodhisattvas, die in der Lehre der Drei Fahrzeuge Autoritäten sind, hinauszugehen.

Mönche, verharrt nicht in einem Zustand der Zögerlichkeit und lasst die Tage und Monate vergehen. Als ich früher den Übungsweg noch nicht klar gesehen habe, war ich in tiefer Finsternis. Ich wagte es nicht, in Untätigkeit meine Zeit zu vergeuden; heißes Blut in mir trieb mich an, umherzuziehen und nach jemandem Ausschau zu halten, von dem ich den Weg erlernen könnte. Dank der Kraft des Verstehens, das ich später erlangte, kann ich jetzt hier sitzen und zu euch sprechen. Ich rate euch, eure Zeit nicht mit Essen, Kleidung und Ehrungen zu verplempern. Einen guten spirituellen Freund zu treffen ist etwas sehr seltenes, so selten, wie eine geöffnete Udumbara-Blüte[3] zu sehen. Die Menschen kommen aus allen Richtungen her, weil sie von dem alten Mönch Linji gehört haben. Sobald sie mich gefunden haben, wollen sie mich testen, indem sie mir Fragen stellen. Damit wollen sie mir eine Falle stellen, um mich zu verlocken, eine Unterweisung zu geben; doch scheitern sie damit. Wenn dieser alte Mönch sich mit seiner ganzen Person zeigt, um die Wirkung herauszustellen, sitzen sie da mit großen Augen, sprachlos wie ein Fisch und sind vollkommen verwirrt, was sie mir antworten könnten. Ich sage euch: ›Der Esel kann es nicht ertragen, von dem Drachenelefanten niedergetrampelt zu werden.‹

Solche Menschen sind überall, sie deuten auf sich selbst, schlagen sich auf die Brust und behaupten, sie hätten Zen und den Weg der Übung verstanden. Früher oder später kommen auch sie hierher, manchmal zwei von ihnen, manchmal auch drei auf einmal. Sobald sie hier sind, entdecken sie, dass sie letzten Endes nichts haben, was sie zur Schau stellen könnten. Oh je! Sie haben weiterhin Körper und Geist überall dabei, um mit den Lippen zu klappern und die Dorfbewohner zu täuschen. Es wird der Tag kommen, an dem sie geschmolzenes Eisen essen müssen. Sie sind keine wahren Mönche. Tatsächlich werden sie in den Asura-Bereich getrieben werden.

Die wahre Bedeutung des Pfades liegt nicht im Nachgrübeln und Debattieren, das euren eigenen Unterweisungen einen hohen Rang verschaffen und Menschen, die anderen spirituellen Wegen folgen, überzeugen soll. Die Buddhas und die Meister folgten in diesem Geiste aufeinander, und sie hatten kein anderes Ziel. Wenn sie Lehren und Übungen einführten, gehörten diese Lehren zur Sphäre von Erziehungsmodellen. Sie führten Menschen in den Bereich der Drei Fahrzeuge, der fünf Naturen und der Vergeltung, als Menschen oder Götter wiedergeboren zu werden. Die Lehren und Übungen der vollständigen und plötzlichen Erleuchtung sind anders. Der Junge Sudhana hat als Teil seiner Suche niemals Fragen gestellt.

Mönche, gebraucht euren Geist nicht in falscher Weise. Der große Ozean wird nie einen Leichnam aufnehmen. Wenn ihr auf eurer Suche nach etwas die schwere Bürde eurer Psyche mit euch herumtragt und damit überall in der Menschenwelt umherwandert, so ist das für euch nur ein weiteres Hindernis dabei, direkt in euren Geist hineinzuschauen. Ist die Sonne nicht von Wolken verdunkelt, scheint sie überall am Himmel. Sind die Augen nicht ausgewischt, wird das illusorische Stäubchen nicht vor euch niederrieseln.

Meine Freunde, wenn ihr im Geist des Dharma leben wollt, müsst ihr nur euren Zweifeln ein Ende machen. Ausgedehnt ist es weit genug, um alle Dharma-Bereiche zu umfassen. Zusammengezogen ist es nicht zu klein, um sich in einer Haarsträhne zu versammeln. Es leuchtet aus sich selbst heraus, und nie hat es ihm an etwas gemangelt. Ein Mann alter Zeit sagte: ›Zu sagen, es sei etwas, ist nicht korrekt.‹ Ihr solltet selbst hineinschauen, um zu erkennen, ob es sich davon irgendwie unterscheidet. Ich könnte endlos weiterreden, doch wichtig ist, dass ihr euch selbst bemüht. Ich sage euch auf Wiedersehen.«

4
Kommentare zu den Aufzeichnungen des Meisters Linji

Zen-Gefechte

1. Kommentar

Der Präfekt Wang kam, begleitet von anderen Politikern, Intellektuellen oder Beratern, oft zu Meister Linji, um den Weg mit ihm zu studieren. Er lud den Zen-Meister ein, den Dharma-Sitz einzunehmen, das heißt, er lud ihn ein, eine Unterweisung zu geben. Man kann sich das vielleicht so vorstellen: Die Mönche standen alle, während der Präfekt und seine Begleiter saßen. So wurde das gehandhabt; nur die Ehrengäste durften sitzen.

Als der Meister hinaufgestiegen war, sagte er: »Heute bin ich, wenn auch ungern, dem Brauch gefolgt und habe den Sitz eingenommen.« Er sagte damit: »Ich möchte das eigentlich gar nicht. Ich möchte nicht auf dem Dharma-Thron Platz nehmen und die Rolle eines Zen-Meisters spielen. Ich mag das nicht. Doch weil die Menschen das von mir erwarten, tue ich es.«

Warum wollte Meister Linji keinen Dharma-Vortrag halten? Vielleicht glaubte er, die Erwartungen der Anwesenden nicht erfüllen zu können. Es mangelte ihm dafür nicht an geistigem Vermögen oder an Intelligenz, aber er wusste, dass der Präfekt und seine Begleiter von ihm etwas erwarteten, das er ihnen nicht geben konnte. Sie wollten Wissen über das Buddhadharma, darüber, wie sie Erleuchtung erlangen könnten. Und der Meister wusste, dass dies ihre Geistesplagen nicht transformieren würde – ihr Verlangen, ihre Wut und ihren Hass –, so viel sie auch studieren und den Unterweisungen lauschen mochten. Deshalb wollte er ihnen kein weiteres Wissen geben.

Meister Linji willigte ein, den Sitz einzunehmen und zu lehren, aber er tat es nicht so, wie die Leute es erwarteten. Er wollte nicht ihren Erwartungen genügen; er wusste, dass das sinnlos war. Er sprach also nicht formal über die großen Errungenschaften der Zen-Schule. Ihm war klar, dass das, was die Zuhörer suchten, nicht durch Worte und Konzepte zu realisieren war. Hätte er Wissen angeboten, wo Wissen erwartet wurde, dann hätte er den Bereich des Zen-Meisters, des »guten spirituellen Freundes«, verlassen. Das Dharma ist keine Angelegenheit von Vorträgen – wenn ihr Wissen aus Vorträgen oder Büchern ziehen wollt, könnt ihr an eine Universität oder ein buddhistisches Institut gehen und einen Abschluss in buddhistischen Studien machen. Doch in einem Tempel, einem Praxiszentrum bieten wir das nicht an. Das Dharma bedeutet, zu atmen, zu gehen, zu essen und in jedem Augenblick in Freude und Frieden zu leben. Meister Linji wusste, dass seine Worte nicht helfen würden. Alles, was er tun konnte, war, dort zu sitzen und zu lächeln. Doch wenn er das fortgesetzt hätte, dann hätte niemand mehr gewusst, wo er eine Stütze für die Füße hätte finden können, und der Präfekt hatte seine Bitte doch schon so oft geäußert! Wie sollte da der Meister nicht sprechen?

Er fragte, ob irgendein Krieger bereit sei, auf das Schlachtfeld zu treten, um ein Zen-Gefecht zu beginnen, ein Gespräch zwischen Meister und Schüler. Vielleicht wird aus dieser Unterhaltung ein Funke erwachsen, der den Schleier der Verblendung in unserem Herzen in Brand setzt und niederbrennt. Ein solches Gefecht ist eine Demonstration von Stärke zwischen Meister und Schüler. Da mag es Zerstörung geben. Vielleicht sind aber auch beide siegreich.

Ein sehr mutiger Mönch trat nach vorn und fragte: »Was ist die letztendliche Bedeutung des Buddhadharma?« Er wollte wissen, was die Essenz, das Herz der Lehren des Buddha ist. Vielleicht hat dieser Mönch den Buddhismus schon seit vielen Jahren studiert und kann wundervolle Vorträge über die Essenz des Buddhadharma halten, doch er ist noch immer verwirrt und kennt nicht die wirkliche Essenz des Buddhadharma. Wer ist dieser Mönch? Bist Du es?

Jeder Zen-Übende, der auch nur ein bisschen über Buddhismus weiß, kann die Frage des Mönchs beantworten. Wir könnten sagen, Buddhismus sei ein Weg, Menschen zu helfen, im gegenwärtigen Moment in Gewahrsein, Frieden und Freude zu leben. Dies helfe uns, Konzentration und Einsicht zu entwickeln sowie die Fähigkeit, tief mit der Natur der Wirklichkeit von Nicht-Geburt, Nicht-Tod in Berührung zu sein und sie zu verstehen. So können wir über Trauer, Furcht und Ängstlichkeit hinausgelangen.

All das könnten wir sagen, und es wäre richtig. Aber würde es jemandem nutzen? Kann der Mensch, zu dem wir so gesprochen haben, es tatsächlich als Praxis umsetzen und in seinem täglichen Leben anwenden, wenn er die

Dharma-Halle verlassen hat? Manchmal legen wir unser ganzes Herz in die Beantwortung einer Frage, und obwohl die andere Person genau zugehört hat, hat sie die Antwort nur als eine Idee aufgenommen und nicht wirklich verstanden. Wir haben alles gegeben, um den Gehalt zu präsentieren, doch sie hat gar nichts verstanden. Und wenn sie dann erneut eine Frage stellt, fühlen wir eine leichte Verzweiflung – wir haben das Gefühl, gescheitert zu sein.

Wir können also verstehen, dass Meister Linji davon wohl genug hatte. Als Antwort auf die Frage des Mönchs stieß er einen Schrei aus. Der Schrei war wie ein Schwert, das der Frage den Kopf abschlug – das unsere Neigung abschlug, mit dem Intellekt allein nach Antworten zu suchen und Wissen anzuhäufen. Der Schrei vermittelte viele Dinge: »Brauchst du wirklich eine weitere Definition von Buddhismus, um sie mit der zu vergleichen, die du bereits hast? Wird dir das helfen? Ich bin kein Verkäufer von Definitionen. Versuch nicht, diese Dinge von mir zu kaufen. Ich bin kein Händler. Verstehst du?« Als Antwort verbeugte sich der Mönch. Wir wissen nicht, ob er verstand oder nicht. Wir wissen nicht, wie er danach war. Diese Verbeugung mag Erwachen gewesen sein, sie kann Angst gewesen sein; wir wissen es nicht.

Dann sagte der Meister: »Dieser Mönch hat die Fähigkeit zu sprechen.« Das war sehr mitfühlend von ihm. So als käme jemand zu uns und sänge uns etwas schräg ein Lied vor und wir sagten: »Das ist ja nett«, um ihn zu ermutigen.

Ein anderer Mönch trat nach vorn und fragte: »Zu welcher Tradition gehört das Lied, das der Meister singt, und welche Zen-Richtung setzt er fort?« Der Schüler war auf die Wurzeln und die Zweige der Dharma-Tore, auf die Ursprünge der Lehren und Übungen Meister Linjis, fixiert. Er fragte nach Meister Linjis Zeugnissen. Die Leute wollen identifizieren und etikettieren, um einen Menschen in eine der Schubladen einordnen zu können, die sie bereits im Kopf haben. »Welche Art Buddhismus praktizierst du? Gehörst du zur Vipassana-Schule oder der Linji-Schule, der Reinen-Land-Schule oder der Soto-Schule? Ich weiß alles darüber.«

Diese Etiketten liegen in unserem Kopf auf kleinen Häufchen, und wir heften sie den Dingen an. Daran sind wir gewöhnt. Wir sind froh, wenn wir sagen können: »Das ist ein Amerikaner. Das ist eine Holländerin. Das ist ein Mexikaner.« Wir kleben das Etikett auf, als wüssten wir, was wir mit Mexikaner, Holländerin, Amerikaner meinen. Das ist eine Kommunistin, dies ist ein Republikaner, das ist eine Kapitalistin. Tatsächlich hat das Etikett keine Bedeutung. »Das ist ein Mensch, den ich liebe; das ist einer, den ich hasse.« Kleben wir ein Etikett auf, können wir die Person nicht mehr sehen. Wenn jemand uns als Terroristen bezeichnet, erschießt er uns vielleicht. Doch wenn er sieht, dass wir ein Mensch sind, der sein eigenes Leiden zu tragen hat, der Kinder und einen Partner, eine Partnerin hat, um die er sich kümmert, dann kann er uns nicht mehr erschießen. Nur wenn er uns ein Etikett verpasst, kann er sagen: »Du bist ein Terrorist, deine Gegenwart wird in dieser Welt nicht gebraucht; wenn es dich nicht gäbe, wäre die Welt ein besserer Ort.« Es ist alles eine Frage der Etikettierung eines Menschen. Doch wenn wir den realen Menschen sehen, können wir ihm kein Etikett mehr zuordnen. Wir etikettieren nur, um zu lobpreisen oder um zu zerstören. Wir haben einen ganzen Sack voller Etiketten – und wissen nicht einmal, woher sie überhaupt kommen. Wenn wir sie Menschen anheften, schneiden wir uns von ihnen ab und können nicht mehr wissen, wer sie wirklich sind. Meister Linji hielt nach dem wahren Menschen Ausschau, nicht nach dem Etikett. Er sagte: »Tu das nicht, mein Kind. Klebe den Menschen keine Etiketten auf. Wenn du etwas lernen willst, musst du mit dieser Gewohnheit aufhören. Gönne dir die Freiheit, mit dem wahren Menschen in Berührung zu sein.« Dieser Mönch glaubte, dass er den Zen-Meister besser verstehen würde, wenn er wüsste, zu welcher Zen-Richtung er gehört.

Der Meister antwortete: »In der Vergangenheit, als ich noch bei Meister Huangbo war, da stellte ich dreimal eine Frage und wurde dreimal geschlagen.« Ich mag Meister Linji für diesen Satz sehr, nicht weil er geschlagen wurde, sondern wegen seiner geschickten Antwort. Er hätte dem Mönch auch sagen können: »Willst du Schläge?« Im Prinzip hätte er für diese Frage Schläge verdient gehabt, denn er suchte nur in Worten und Begriffen nach einer Antwort. Doch Meister Linji war sehr freundlich. Er sagte: »In der Vergangenheit tat ich genau das, was du getan hast, und wurde dafür geschlagen.« Der Mönch hielt inne, um nachzudenken. Er verstand nicht. Er versuchte noch immer, die Antwort mit seinem Kopf, statt mit seinem Herzen zu finden. Meister Linjis Antwort hätte eine gewisse Einsicht im Mönch detonieren lassen können. Aber das geschah nicht, da der Mönch weiterhin nachdachte.

Als Nächstes stieß der Meister einen Schrei aus. Seine erste Waffe, ein sehr leichter, sehr freundlicher Satz, hatte nicht funktioniert. So versuchte er es mit einer zweiten, etwas stärkeren Waffe. Er stieß einen Schrei aus, damit der Mönch zu denken aufhörte. Als der Mönch immer noch nicht verstand, schlug ihn der Meister, um ihn zu erwecken. Erst versuchte er es mit einer freundlichen, sanften Antwort, dann mit einem Schrei, dann mit einem Schlag. Alles schlug fehl.

Zu wem gehört das Scheitern? Es gibt viele Unterhaltungen, die scheitern, so wie diese zwischen Zen-Meister und Zen-Schüler. Wenn wir dieses Gespräch mit wachem Verstand lesen, können wir mehr zustande bringen als der fragende Mönch. Der Fragende ist hier, sitzt unter uns. Das passiert nicht nur im 9. Jahrhundert; es geschieht jeden Tag. Der Lehrer hilft uns dreimal, und dreimal scheitern wir daran, es zu verstehen. Wenn wir das Mitgefühl Meister Linjis erkennen, sehen wir, dass es sehr groß ist.

Als der Meister den Mönch schlug, sagte er: »Mönch, hoffe nicht darauf, einen Pflock in leeren Raum zu treiben.« Wenn ihr ein Pferd oder eine Kuh festbinden wollt, müsst ihr einen Ort finden, in den ihr einen Pflock einschlagen könnt. Genauso ist es, wenn ihr euer Zelt irgendwo aufschlagen wollt. Ihr könnt einen Pflock nicht in Wasser oder in Luft einschlagen; ihr müsst ihn in Erde einschlagen. Wenn ihr im Feld abstrakter Konzepte nach einer soliden Basis sucht, ist das so, als triebet ihr einen Pflock in leeren Raum. Euer Zelt würde nicht stehen.

Meister Linji wurde von einem Mönchsälteren gefragt: »Es gibt keinen Grund, warum die Lehren der Drei Fahrzeuge und Zwölf Abteilungen unsere Buddha-Natur nicht erstrahlen lassen, oder?« Er stellte diese Frage, weil er als Mönchsälterer Dharma-Lehrer war. Zu lehren erfordert, dass wir Vertrauen in das Dharma haben und daran glauben, dass die Lehren helfen können, unsere Buddha-Natur erstrahlen zu lassen. Ohne dieses Vertrauen hätte der Mönch nicht lehren können. Es würde auch niemand für einen Dharma-Vortrag Eintritt bezahlen, wenn er nicht glaubte, dieser könnte ihm helfen, seine Buddha-Natur erstrahlen zu lassen. So müssen also sowohl Dharma-Lehrer als auch Zuhörerschaft das Vertrauen haben, dass die Lehren ihre Buddha-Natur erstrahlen lassen. Das ist sehr vernünftig.

Als der Meister antwortete: »Du hast noch nicht das Unkraut im Garten deines Geistes umgegraben«, sagte er dem Mönch damit: »Du magst vielleicht in der Lage sein, wortgewandt über die Drei Fahrzeuge und die Zwölf Abteilungen[4] der Lehren des Buddha zu sprechen, aber all deine Geistesplagen, deine Illusionen, deine Wut, dein Misstrauen, deine Zweifel, deine Eifersucht sind immer noch die gleichen. Was lehrst du also? Deine Lehren haben nichts mit deinem eigenen Lebensglück zu tun. Du hast dich noch nicht daran gemacht, das achtsame Atmen zu praktizieren, achtsame Schritte zu machen, deine geistigen Gebilde[5] zu erkennen und dich von ihnen zu befreien. Dein Geist, deine geistigen Gebilde, sind der Garten, um den du dich kümmern musst. Doch er ist voller Unkraut. Wie kann da die Buddha-Natur erstrahlen? Du lehrst seit dreißig Jahren über die Buddha-Natur, aber es hat keinen Unterschied gemacht.«

Bei einem gewissen Maß an Erwachen aufseiten des Mönchs wäre dieser eine Satz Meister Linjis ausreichend gewesen, um ihn zu erwecken. Doch der Mönch fuhr fort: »Es gibt keinen Grund, warum der Buddha die Menschen getäuscht haben könnte.« Der Mönch war wirklich dickköpfig. Es gab keinen Grund für den Buddha, falsche Waren zu verkaufen und die Menschen zu täuschen. Der Buddha hat 45 Jahre lang das Dharma gelehrt, und seine Worte sind im Tripitaka niedergeschrieben worden, den drei Körben der Lehre. So sagte der Meister: »Wo ist Buddha?« Ist der Buddha eine Wirklichkeit außerhalb von dir, oder ist er in deinem Inneren? Was weißt du über Buddha, um sagen zu können, dass der Buddha Menschen getäuscht habe? Es gibt ein berühmtes Zen-Koan: »Wer ist es, der den Namen des Buddha rezitiert?« Wer ist es, der die Sutren rezitiert? Wer sitzt in Meditation? Diese Fragen laden uns ein zu entdecken, wer wir sind, wenn wir den Namen des Buddha rezitieren. Sie helfen uns, unser wahres Gesicht zu entdecken. Dieses Koan schlägt auch eine wichtige Brücke zwischen der Reinen-Land-Schule und dem Zen-Buddhismus. Im Zen rezitieren wir üblicherweise nicht den Namen des Buddha. Derjenige, der dieses Koan geschaffen hat, erkannte, dass Praktizierende des Reinen Landes Zen üben konnten und dass Zen-Praktizierende Reines Land üben konnten; dieses Koan kann von beiden Seiten verwendet werden.

Die Frage des Meisters soll uns helfen, unsere eigene Natur zu entdecken. Wir glauben zu wissen, wer wir sind. Wir meinen zu wissen, wer der Buddha ist. Wenn der Meister fragt: »Wer ist Buddha?«, sagt er damit: »Du weißt nicht, wer du bist; du weißt nicht, wer Buddha ist; beides musst du entdecken: Wenn du weißt, wer du bist, weißt du, wer Buddha ist. Wenn du weißt, wer Buddha ist, weißt du, wer du bist. Findest du dich selbst, findest du den Buddha. Findest du den Buddha, findest du dich selbst.« Buddha ist keine äußere Wirklichkeit, nach der wir suchen könnten. Wenn der Meister fragt: »Wer ist Buddha?«, fragt er auch: »Weißt du irgendetwas über den Buddha, um das sagen zu können? Wenn du zu wissen glaubst, wer Buddha ist, dann irrst du dich.« Mit dieser Antwort hat er der Frage des Mönchs den Kopf abgeschlagen. Der Schüler kann nicht länger im Bereich des Denkens und der Worte wirken; der Meister hat den Gedankenpfad abgeschnitten. Was könnte der Schüler noch sagen? Er vermochte nicht zu antworten. Der Meister sagte: »Du wolltest diesen alten Mönch wohl in Gegenwart des Präfekten zum Narren halten, oder? Du wolltest im Bereich des Denkens spielen? Geh, geh! Mach Platz, damit andere Fragen stellen können.« Der Mönch wollte sein Wissen über das Buddhadharma demonstrieren, aber die Antwort Meister Linjis war: »Du vergeudest meine Zeit und die aller anderen auch.«

Dann sagte der Zen-Meister: »Das Dharma-Festmahl ist heute aus einem wichtigen Grunde abgehalten worden. Gibt es noch jemanden, der etwas fragen oder sagen möchte? Tretet schnell vor. Ich will euch schon im Voraus wissen lassen, dass ihr nur den Mund aufmachen müsst, und schon ist die Nachricht verlorengegangen. Warum? Habt ihr gehört, dass der Buddha sagt, das Dharma sei nicht in Worten und Vorstellungen gefangen, und es entstehe nicht aus einer Ursache, und es entstehe nicht aus Bedingungen?«

Die Politiker haben nicht viel Zeit, und er wünscht sich ein gutes Festmahl, aber er bekommt nicht die köstlichsten Speisen. Doch niemand traut sich hervorzutreten, alle haben Angst.

Vorträge und Diskussionen sind nicht das Dharma, denn das Dharma ist nicht in Worten und Konzepten gefangen, und es entsteht nicht aus Ursachen und Bedingungen. Sobald wir zu sprechen beabsichtigen, ist die Wahrheit verloren gegangen, denn wir verlassen uns auf Worte. Das Dharma ist nichts, nach dem wir uns auf die Suche machen, das wir entdecken könnten. Es ist bereits da. Es ist eine Wahrheit, die sich entweder in diesem Augenblick manifestiert oder nicht.

Haben wir Vertrauen in uns, Vertrauen in unsere Buddha-Natur? Wenn wir Vertrauen haben, dann brauchen wir nicht in den Pfaden des Wissens und der Konzepte nach ihr zu suchen. Wenn wir den Buddha als etwas außerhalb von uns betrachten und das Gefühl haben, nichts wert zu sein, dann werden wir nicht erfolgreich sein können. Die Basis unseres Erfolgs ist Selbstvertrauen. Wenn wir uns selbst als einen Menschen begreifen, der das Dharma, die Weisheit einfach von außen empfängt, dann werden wir nicht erfolgreich sein. Alles was geschehen ist, geschah, weil wir nicht genügend Vertrauen in uns hatten. Alles, was wir heute sagen konnten, waren ein paar Worte hier, ein paar Worte da, ein paar parasitäre Weinranken, die sich am Stamm des prächtigen Baumstammes emporwinden und ihn bedecken, »deren einzige Funktion es ist, den Weg des Präfekten und der anderen Beamten zu blockieren und eure Buddha-Natur noch mehr zu verdunkeln. Es wäre besser, sich zurückzuziehen.«

Dieses Dharma-Gespräch scheint ein Fehlschlag gewesen zu sein. Doch wir haben den Vorteil von Zeit und Raum. Heute können wir in dem Gespräch Dinge erkennen, welche die Anwesenden vielleicht übersehen haben, so dass wir es besser machen können. Wir können erfolgreich sein, weil wir gemeinsam mit dem Meister da sind, und der Meister stößt einen Schrei aus und erweckt uns. Und wir können uns glücklich schätzen zu sitzen; erinnern wir uns, dass die Mönche damals alle stehen mussten. Meister Linjis letzter Schrei war: »Für die, deren Vertrauen schwach ist, ist es nutzlos, einen ganzen Tag damit zu verbringen, Worte wie diese auszutauschen. Ihr habt lange gestanden, eure Beine müssen müde sein. Lebt wohl einstweilen.«

2. Kommentar

Der Meister ging nach Hefu, wo der Präfekt Wang ihn einlud zu lehren. Einer der älteren Schüler des Meisters, der ehrwürdige Magu, trat nach vorn und fragte: »Von all den tausend Augen und tausend Armen des Bodhisattva des Mitgefühls, welches ist das wichtigste Auge?«

Der Meister sagte: »Von all den tausend Augen und tausend Armen des Bodhisattva des Mitgefühls, welches ist das wichtigste Auge?[6] Sprich schnell.« Magu zog den Meister vom Podium herunter und setzte sich selbst darauf. Der Zen-Meister trat nah an ihn heran und sagte: »Du verstehst nicht.« Da zögerte der ehrwürdige Magu. Der Meister zog den Mönch vom Dharma-Thron herunter und setzte sich selbst wieder. Der ehrwürdige Mönch verließ die Dharma-Halle, und der Zen-Meister stieg von seinem Dharma-Sitz herab.

Als der Zen-Meister sagte: »Du verstehst nicht«, fragte er tatsächlich: »Wie geht es dir? Ist alles in Ordnung mit dir?«

Wenn wir diesen Wortwechsel lesen, sind wir *in* der Situation, wir sind nicht mehr außerhalb. Sind wir der ehrwürdige Magu? Sind wir Meister Linji? Zwischen dem 9. und dem 21. Jahrhundert haben viele Menschen diese Worte gelesen. Aber haben sie sie auch verstanden? Jedes der zehntausend Augen und jede Hand des Bodhisattva sind gleich wichtig. Avalokiteshvara hat zehntausend Augen, um sehr weit zu sehen, und zehntausend Arme, um gleichzeitig unterschiedlichen Wesen in unterschiedlichen Situationen helfen zu können.

Statt die Eingangsfrage des Mönchs zu beantworten, wiederholte der Zen-Meister diese nur und sagte: »Sprich schnell«, was bedeutet, »sprich, ohne zu denken«, so dass der Mönch die Antwort selbst hätte finden können, ohne sich dabei auf jemand anderen zu stützen.

»Sprich schnell! Sprich schnell!«, sagte der Zen-Meister. »Lass nicht deinen denkenden Geist antworten, sonst wirst du nichts erkennen. Du hast den Buddha in dir; du hast die Weisheit in dir. Warum fragst du mich? Wenn ich dir antworte, wirst du dich nur in meinen Worten verfangen.«

Die Weisheit ist in uns. Warum kehren wir nicht zu uns selbst zurück, um sie zu entdecken? Warum suchen wir durch Worte und Ansichten? Warum suchen wir in einem anderen Menschen nach Weisheit? Wir müssen Vertrauen haben, dass die Weisheit in uns ist. Darum richtet der Meister die Frage an den fragenden Mönch zurück. Die meisten von uns sind faul. Wir finden gern jemanden zum Befragen. Natürlich glaubt der Mönch, dass sein Lehrer über Weisheit verfügt, doch wenn ein Lehrer antwortet, so aus seiner eigenen Weisheit heraus. Egal, wie oft uns jemand etwas erklärt, die einzige Möglichkeit, wirklich Weisheit zu erlangen, ist, sie selbst zu erfahren. Antworten erfordern zudem Worte, in die sich der Schüler verstricken kann. Jeder muss die Brücke selbst überqueren, um zu wissen. Als Eltern und Lehrer machen wir diese Erfahrung oft. Wir lieben unsere Kinder und wollen ihnen unsere Erfahrungen vermitteln, so dass sie davon lernen können, doch unsere Erfahrungen sind für unsere Kinder nur vage Vorstellungen. Kinder sehen, dass Feuer schön ist, doch erst wenn sie das Feuer berührt und sich verbrannt haben, verstehen sie dessen Hitze. So sehr wir unsere Kinder auch lieben und ihnen unser Wissen mitgeben wollen, wir können es nicht mit Worten vermitteln.

Eine Frage zurückzugeben ist ein geschicktes Mittel, das von vielen Zen-Meistern genutzt wird. Die Antwort einer anderen Person enthält deren Begrifflichkeit und Ansicht; wenn wir selbst antworten, ist unser Verstehen gewisser. Wir sollten Antworten nicht immer von einem anderen Menschen erwarten – selbst wenn er uns liebt, kann er uns keine Antworten geben. Manchmal mag es, wenn uns jemand etwas fragt, für uns angemessen sein, diese Methode zu nutzen, und der oder die andere wird es uns danken.

Als Meister Linji dem Mönch dessen Frage zurückgab, wechselte er die Rolle. Er sagte damit: »Jetzt bist du der Gastgeber, und ich bin der Gast.« Darum zog der ehrenwerte Magu den Zen-Meister vom Podium und setzte sich selbst darauf. Das ist Zen-Sprache für: »Gut, ich bin der Gastgeber, du bist der Gast, dann muss ich auch auf dem Thron des Gastgebers sitzen.« Doch weil der Mönch zögerte, verlor er seine Richtung, und Meister Linji zog ihn herunter, denn er war als Gastgeber gescheitert.

Der ehrwürdige Magu zögerte. Beim Denken benutzte

er seinen Intellekt, statt seinen Instinkt, und das war sein Fehler. Meister Linji zog den ehrwürdigen Magu vom Podium herunter und nahm dessen Platz ein und versetzte den Mönch wieder in die Rolle des Gastes und sich selbst in die Rolle des Gastgebers. Das Ganze war also ein Misserfolg, und der Mönch ging hinaus, gefolgt vom Zen-Meister. Als Schüler können wir in die Rolle des Gastgebers versetzt werden. Doch aus dieser Gastgeberrolle heraus können wir leicht wieder zum Gast werden.

Der Zen-Meister benutzt unzählige geschickte Mittel, um dem Schüler zu helfen, und das schließt die Umkehr einer Frage ein. Sprich schnell – erlaube nicht deinem denkenden Geist zu arbeiten. Sprich schnell, damit du keine Zeit hast, Vernunft und Logik zu benutzen, und dann kann die Antwort nicht aus Ideen und Ansichten hervorgehen.

3. Kommentar

Der Zen-Meister kam in die Dharma-Halle und sagte: »Auf diesem Klumpen aus rotem Fleisch gibt es einen wahren Menschen ohne Position, der direkt vor euch ein- und ausgeht. Wer diesen Menschen noch nicht gesehen hat, sollte genau hinschauen. Schaut gut hin.« Einige Unterweisungen erfolgen, wenn ein Mönch dem Meister eine Frage stellt oder jemand den Meister bittet zu lehren. Hier spricht der Meister ganz spontan, von sich aus. Er gibt uns ein Koan, einen Gegenstand für unsere Meditation, ein Objekt, das wir tiefer betrachten können.

Der Ausdruck »Position« wird meist im Sinne eines gesellschaftlichen Ranges oder Status verstanden. In diesem Fall ist damit auch unsere genaue Verortung in Raum und

Zeit gemeint. Sind wir mit einem Boot auf dem Meer unterwegs und haben die Orientierung verloren, können wir Längengrad und Breitengrad bestimmen, um zu wissen, wo wir sind. Doch der wahre Mensch ohne Position kann nicht in Raum und Zeit lokalisiert werden. Das bedeutet nicht, dass er nicht da wäre, es bedeutet nur, dass er nicht erfasst werden kann. Wir benutzen die Kategorien von Raum und Zeit, Kommen und Gehen, Geburt und Tod, um den wahren Menschen zu erfassen. Wir können ein Kaninchen packen oder eine Katze greifen, aber wir können nicht den wahren Menschen fangen. Der Buddha kann nicht erfasst werden.

Der ehrenwerte Anuradha, ein Schüler des Buddha, wurde einmal von einer Gruppe Mönche anderer Traditionen aufgesucht, die den Tathagata[7] zu erfassen suchten, indem sie ihn in eine der vier Kategorien einordnen wollten: seiend, nicht-seiend, seiend und nicht-seiend, weder seiend noch nicht-seiend.[8] Ihre Frage lautete: »Ehrenwerter Anuradha; der Tathagata wird oft gepriesen, weil er die höchste Frucht des Erwachens erlangt haben soll. Er muss euch sein Verständnis der folgenden vier Behauptungen dargelegt werden: Nach dem Tod existiert der Tathagata weiterhin; nach dem Tod hört der Tathagata auf zu existieren; nach dem Tod existiert der Tathagata weiterhin, und er hört auf zu existieren; nach dem Tod existiert der Tathagata weder weiterhin, noch hört er auf zu existieren. Bitte sagt uns, welche der vier Behauptungen wahr ist.«

Der ehrenwerte Anuradha erwiderte: »Freunde, der Tathagata, der Welt-Verehrte, hat diese vier Behauptungen niemals aufgestellt noch über sie gesprochen.« Als die Einsiedler gegangen waren, dachte der ehrenwerte Anuradha:

»Wenn mir weiterhin solche Fragen gestellt werden, wie kann ich da mit meiner Antwort die Wahrheit ausdrücken und nicht die Lehren des Buddha falsch wiedergeben?« Dann suchte er den Buddha auf, verbeugte sich vor ihm, sprach seine Begrüßungsworte und erzählte dem Buddha, was ihm widerfahren war.

Der Buddha fragte ihn: »Anuradha, was glaubst du, kannst du den Tathagata in der Form finden?«

»Nein, Von-der-Welt-Verehrter.«

»Kannst du den Tathagata außerhalb der Form finden?«

»Nein, Von-der-Welt-Verehrter.«

»Kannst du den Buddha in Gefühlen, Wahrnehmungen, geistigen Gebilden oder Bewusstsein finden?«

»Nein, Von-der-Welt-Verehrter.«

»Glaubst du dann, Anuradha, dass der Tathagata Gefühle, Wahrnehmungen, geistige Gebilde oder Bewusstsein transzendiert?«

»Nein, Von-der-Welt-Verehrter.«

»Anuradha, wenn du den Tathagata nicht einmal während seiner Lebzeit finden kannst, vermagst du ihn dann innerhalb der vier Behauptungen zu finden?«

»Nein, Von-der-Welt-Verehrter.«

»Ganz recht, Anuradha.«

Der Buddha lächelte und sagte: »Ich sitze hier, und doch kannst du mich nicht finden. Die wahre Natur des Buddha kann nicht erfasst werden.« Und Meister Linji sagt dasselbe. Dieser Haufen Fleisch hier, mit Blut, Knochen und Mark ist nicht der wahre Mensch.

Im 13. Jahrhundert schrieb der vietnamesische König Tran Thai Tong darüber ein Gedicht:

Der wahre Mensch ohne Position
liegt auf dem Haufen von rotem Fleisch.
Die rosarote Farbe und die weiße Farbe von Fleisch
 und Knochen
mögen uns täuschen.

Er sagt damit, dass uns die Farbe unseres Fleisches vielleicht fälschlicherweise annehmen lässt, wir wären dieser Körper. Wir sehen unser Fleisch und identifizieren uns mit unserem Körper. Wenn jemand sagt, unser Körper sei nicht so schön, dann glauben wir oft, wir seien nicht schön. Unsere Stimmungen wechseln, und wir identifizieren uns mit unseren Gefühlen. Sind wir traurig, sagen wir: »Ich bin traurig.« Sind wir glücklich, sagen wir: »Ich bin glücklich.« Doch unser wahrer Mensch ist nichts davon, noch ist er außerhalb davon.

Wir haben unseren wahren Menschen, doch leben wir nicht mit ihm, wir erkennen unseren wahren Menschen nicht. Wir leben nur mit den Dingen, von denen wir meinen, sie wären unser wahrer Mensch. Wir leben das ganze Leben lang in dieser Verblendung, glauben, unsere Gefühle und unser Fleisch wären die Gesamtsumme unseres wahren Menschen. Unser wahrer Mensch hat keine Position, ist weder innerhalb noch außerhalb, wird nicht von Geburt und Tod, Kommen und Gehen, Haben und Nicht-Haben, von dem, was wir tun oder nicht tun, getäuscht. Ob wir Schach spielen, den ganzen Tag im Bett bleiben oder die ganze Nacht meditieren, dies ist nicht unser wahrer Mensch.

Unser wahrer Mensch kann nicht durch unseren Verstand, durch Nachgrübeln gefunden werden. Auf diesem

Haufen von rotem Fleisch gibt es einen wahren Menschen. Alle, die diesen Menschen nicht gesehen haben: Schaut sorgsam hin. Lebt achtsam. Unser wahrer Mensch ist unser eigener wundersamer Buddha, der in unserer wunderbaren Beziehung zu allen Dingen gegenwärtig ist. Unser Buddha ist nicht die fünf Skandhas, jene fünf Elemente, die ein menschliches Wesen ausmachen: Form, Gefühle, Wahrnehmungen, geistige Gebilde und Bewusstsein; das ist nicht unser wahrer Mensch. Wir sind die Wolken, der Himmel, alle unsere Vor- und all unsere Nachfahren. Unser wahrer Mensch ist ein Wunder. Wenn wir das erkennen, geht es uns gut. Wir haben noch immer unsere Aufs und Abs, aber wir identifizieren uns nicht mehr mit ihnen, wir wissen, wir sind mehr als sie. Unser großer Erfolg als Praktizierende ist es, unseren wahren Menschen zu realisieren.

Der Mönch, der Meister Linji fragte: »Was ist der wahre Mensch ohne Position?«, fragte nach einer weiteren Definition. Er tat dem Meister leid, und so kam dieser herab, packte ihn und ließ ihn nicht los: »Sprich, sprich«, als wollte er sagen: »Wer ist der Mensch ohne Position? Warum musst du mich das fragen?« Vielleicht schüttelte der Zen-Meister ihn auch ein wenig, um ihn nicht zum Denken kommen zu lassen. Und so wie in der vorangegangenen Unterweisung zögerte der Gast. Dieses Zögern ist der Tod. Indem Meister Linji die Frage an den Mönch zurückgab, reichte er ihm eine Rettungsleine, gab ihm eine zweite Chance. Doch wenn der andere sie nicht ergreift, lässt der Zen-Meister los. Zen benutzt eine Methode und eine Sprache, die nicht das Medium des Denkens und Nachgrübelns verwenden.

Der Zen-Meister sagte dann: »Der wahr Mensch ohne Position ist nicht mehr als getrocknete Exkremente an einem Stock.« Diese Worte sind sehr berühmt, vielleicht wegen der Fäkalien. In jenen Tagen hatten die Leute keine Toiletten. Sie gingen nach draußen, erledigten ihr Geschäft, und nach einer Weile trockneten die Haufen. Die Gelehrten sind sich noch immer nicht sicher, ob »ein Stock getrockneter Fäkalien« bedeutet, dass die Fäkalien austrockneten und hart wurden wie ein Stock oder dass die Mönche Stöcke als eine Art Toilettenpapier benutzten. Der Zen-Meister drückte seine Enttäuschung aus, doch auf der anderen Seite benutzte er ein Bild, das so ganz anders ist als das Bild, das wir von einem wahren Menschen haben. Wir halten einen wahren Menschen für rein und edel, für etwas Außergewöhnliches. Und der Zen-Meister verwendet hier das Bild eines getrockneten Haufens Fäkalien oder von getrockneten Exkrementen an einem Stock, um unsere Sicht zu neutralisieren. Wenn wir eine feste Vorstellung davon haben, was ein wahrer Mensch ist, dann hat diese Auffassung keinen größeren Wert als ein Haufen getrockneter Fäkalien.

4. Kommentar

Der Zen-Meister hatte seinen Dharma-Sitz eingenommen, ein Mönch trat hervor, verbeugte sich und fragte nichts. Vielleicht hatte er eine Frage, vielleicht auch nicht. Aber etwas motivierte ihn hervorzutreten. Als Antwort stieß der Zen-Meister einen Schrei aus, um in dieser Konfrontation mit dem Mönch zu sehen, was in dessen Geist vor sich ging. Vielleicht war der Mönch nur hervorgetreten, um gesehen zu werden, und hatte gar keine besondere Frage. Möglicherweise veranlasste ihn Meister Linjis Schrei dazu, seine Motivation zu überprüfen. Vielleicht brachte der Schrei ihn auch durcheinander; er hatte nichts gesagt, und doch wurde er angeschrieen. So sagte er: »Upadhyaya, bitte testet mich nicht.« Er hatte vielleicht das Gefühl, nicht über genügend Stärke zu verfügen, um mit der spirituellen Kraft des Meisters umgehen zu können.

Der Zen-Meister fragte: »Mönch, sag mir, wohin ist der Klang dieses Schreis gefallen?« Das heißt, welche Wirkung hatte er? Und der Mönch stieß einen Schrei aus. Er war in der Position des Gastes, eines Lernenden, und er schrie zurück, um die Rolle des Gastgebers zu spielen.

Ein anderer Mönch trat hervor und fragte: »Was ist die essentielle Lehre des Buddhadharma?« Wenn wir die Gelegenheit haben, dem Zen-Meister eine Frage zu stellen, und wir nicht wissen, welche wir stellen sollen, können wir diese Frage stellen. Wichtig ist dabei vielleicht gar nicht so sehr die Frage, sondern die Möglichkeit, mit dem Lehrer in Kontakt zu sein, so dass er in unseren Geist schauen und ihn erhellen kann, damit wir den Pfad klarer sehen können.

Eine ähnliche Frage, die Zen-Meistern häufig gestellt wird, lautet: »Welche Absicht hatte Bodhidharma, als er von Indien nach China kam?«[9] Kürzlich habe ich folgende Antwort vorgeschlagen: »Kümmere dich um deine eigenen Angelegenheiten!« Was hat die Absicht des Meisters, der von Indien nach China kam, mit dir zu tun? Warum machst du keine Gehmeditation, warum atmest du nicht? »Kümmere dich um deine eigenen Angelegenheiten!«, ist eine ökonomische Antwort. Sie spart uns eine Menge Zeit.

Der Schrei des Zen-Meisters war auch eine ökonomische Antwort. Möglicherweise bedeutete sein Schrei: »Warum fragst du das, was nützt es dir?« Vielleicht half dieser Schrei dem Schüler zu erkennen, welch wertvolle Gelegenheit dieser Moment war, in dem er mit dem Lehrer in Kontakt sein konnte, und dass er ihn nicht vergeuden sollte, indem er nach äußerem Wissen fragte. Der Zen-Meister fragte: »Worin liegt der Mangel?« Das bedeutet: »Warum habe ich dich angeschrien? Kannst du mir das sagen?« Und der Mönch erwiderte: »Wenn jemand wieder Anstoß erregt, wird es nicht vergeben.« Das bedeutet, dass er eine solch sinnlose Frage nicht noch einmal stellen würde. Der Meister schrie wieder. Der Mönch ist bereits auf »das nächste Mal« ausgerichtet und nicht im gegenwärtigen Moment.

Dann kam ein Mönch zum Zen-Meister und erzählte ihm, dass die beiden Hauptmönche der Meditationshallen im Westen und Osten bei ihrer Begegnung zur gleichen Zeit einen Schrei ausstießen. Er fragte den Meister: »Gibt es in diesem Fall einen richtigen Gastgeber und einen richtigen Gast?« Der Meister sagte: »Wer Gastgeber und wer Gast ist, das ist eindeutig. Edle Sangha, wenn ihr die Prinzipien der vier Beziehungen zwischen Gastgeber und Gast erfahren wollt, dann geht zu den Hauptmönchen und fragt sie.« Nach diesen Worten stieg er herab.

Traditionellerweise war die Westhalle für die Mönche und die Osthalle für die Gäste vorgesehen. Der Meister riet, die beteiligten Mönche zu fragen, denn sie würden es aus erster Hand wissen. Die vier Situationen von Gast und Gastgeber, die vier Interaktionsweisen, sind Methoden, anderen in der Tradition Meister Linjis zu helfen. Der

Gastgeber weiß, was vorgeht, und der Gast kommt, um zu lernen. Und es gibt Zeiten, in denen der Gast die Rolle des Gastgebers und der Gastgeber die Rolle des Gastes spielt. Wer war in diesem Beispiel, bei dem beide Mönche zur gleichen Zeit schrien, der Gastgeber, wer der Gast? Vielleicht waren beide in diesem Moment entweder Gastgeber *oder* Gast oder Gastgeber *und* Gast. Der Methode Meister Linjis folgend, müssen wir unterscheiden, wer Gastgeber und wer Gast ist. In all diesen Zen-Dialogen müssen wir wissen, wer wer ist.

Im letzten Teil der Unterweisung kam der Zen-Meister in die Dharma-Halle, und ein Mönch fragte: »Was ist der Kern des Buddhadharma?« Der Meister hob seinen Fliegenwedel. Der Mönch stieß einen Schrei aus, und der Meister schlug ihn. Die erste Antwort des Zen-Meisters war das Heben des Fliegenwedels, worauf der Fragende mit einem Schrei reagierte. Der Schlag war des Meisters zweite und letzte Antwort.

5. Kommentar

Ein anderer Mönch trat hervor und fragte: »Was ist die Essenz des Buddhadharma?« Der Meister hob seinen Fliegenwedel. Der Mönch stieß einen Schrei aus, und Meister Linji stieß ebenfalls einen Schrei aus. Bei der vorangegangenen Unterweisung stieß der Mönch einen Schrei aus, als der Zen-Meister seinen Fliegenwedel hob, und wurde geschlagen. Doch in dieser Unterweisung stößt der Meister einen Schrei aus. Er antwortet in diesen beiden Situationen unterschiedlich. Das kann hilfreich für uns sein, denn oft versuchen wir herauszufinden, wie wir uns verhalten sollen, indem wir nach äußeren Anhaltspunkten schauen. Wir denken: Wenn wir dies oder jenes tun, wird der Zen-Meister auf diese oder jene Weise reagieren. Doch so mechanisch funktioniert das nicht. Jede Antwort hängt von der speziellen Situation ab, von der Person, die in diesem Augenblick fragt, und von der antwortenden Person.

Warum wurde der Mönch geschlagen, als er zögerte? Dieses Zögern bedeutete, dass er verwirrt war und die Absicht seines Lehrers nicht verstand. Der Schlag war wie eine Stange, die der Lehrer dem Schüler reichte, um ihn an das andere Ufer zu ziehen. Benutzte der Schüler seinen Verstand, um zu antworten, würde ihm die Stange aus der Hand fallen, und er würde ertrinken. Verstehen und Weisheit erwachsen nicht aus Denken und Erwägen, sondern aus direkter Erfahrung.

Der Zen-Meister sagte: »Edle Sangha, wenn das Dharma auf dem Spiel steht, dann fürchtet man nicht um seinen Körper und sein Leben.« Will jemand wirklich die Wahrheit erfahren, fürchtet er oder sie sich nicht vor dem Sterben, hat keine Angst vor dem Leiden.

Meister Linji fuhr fort: »Vor zwanzig Jahren lebte ich noch im Kloster des früheren Meisters Huangbo. Dreimal fragte ich ihn nach der essentiellen Lehre des Buddhadharma und dreimal versetzte er mir einen Schlag, als riebe er meinen Kopf mit einem Zweig Beifuß. Noch heute spüre ich leichte Sehnsucht nach dem Tag, an dem er mich schlug. Gibt es hier jemanden, der zu mir kommen und mir helfen würde, diesen Augenblick erneut zu erleben?«

Meister Linji bezieht sich hier auf einen Vorfall aus seiner Jugend, als er als Novize von einem Mönchsältesten gedrängt wurde, seinem Lehrer eine Frage zu stellen, obwohl er keine im Sinn hatte. So stieg er hinauf und stellte die ewige Frage nach der Essenz des Buddhadharma. Als er das erste Mal fragte, schlug ihn der Lehrer mit einem Stock. Er fragte zwei weitere Male und wurde zwei weitere Male geschlagen. Ein anderer Mönch, der Linjis Enttäuschung bemerkte, sagte zu dem Zen-Meister: »Dieser Novize Linji scheint sehr ernsthaft und klug zu sein; er wird vielleicht zukünftig ein Dharma-Instrument sein. Vielleicht könnt Ihr das nächste Mal etwas zu ihm sagen und ihn ein wenig ermutigen.«

So fragte der Lehrer Linji: »Wohin gehst du?«

Linji antwortete: »Ich bin nicht sicher, ich weiß es nicht.«

Der Lehrer wies ihn an, bei dem ehrenwerten Dayu zu studieren.

Der ehrenwerte Dayu fragte ihn: »Warum hast du deinen Meister verlassen, um hierherzukommen?«

Linji antwortete: »Ich habe bei meinem Meister einige Jahre gelebt. Als ich ihm eine Frage gestellt habe, hat er mich dreimal geschlagen. Ich fühle mich so entmutigt.«

Der ehrenwerte Dayu sagte: »Das Mitgefühl deines Meisters ist so groß, aber du erkennst es nicht. Du bist so unwissend, so naiv.«

Dank Meister Dayu verstand Linji und sagte: »Ah, ich verstehe. Wie sich herausstellt, gibt es in der Lehre von Meister Huangbo nicht sehr viel.«

Der ehrenwerte Dayu seufzte: »Solch ein Kind! Erst hast du dich beschwert, dass du nicht verstehst, und warst entmutigt, und nun wagst du es, das zu sagen.«

Dann schlug Linji den ehrenwerten Dayu dreimal. Warum schlug er diesen Menschen, der ihm den Weg gewiesen und ihm geholfen hatte, klarer zu verstehen? Wir müssen sagen, dass diese drei Schläge aus Mitgefühl heraus erteilt wurden.

Nach diesen drei Schlägen sagte der ehrenwerte Dayu: »Damit habe ich nichts zu tun, in Ordnung? Du bist der Schüler dieses Mönchs.« Auch wenn es uns nicht so erscheinen mag, war es doch sehr liebevoll von Dayu, Linji zurück zu seinem ursprünglichen Lehrer zu schicken, denn er sah, dass Linji bei diesem noch viel lernen konnte. Dayu sandte Linji also zurück zu seinem einstigen Lehrer Huangbo. Bei seiner Rückkehr fragte ihn Meister Huangbo, wo er gewesen sei und warum er zurückkomme. Linji erzählte ihm die ganze Geschichte und sagte dann: »Als mir Dayu sagte, ich solle zu Euch zurückkehren, verstand ich Euer Mitgefühl, Eure essentielle Lehre.« Meister Huangbo war darüber erfreut und sagte: »Dieser komische Dayu! Warte, bis ich ihn sehe.«

Und Linji sagte: »Lieber Lehrer, Ihr müsst nicht warten, bis Ihr ihn seht. Er ist hier.« Dann schlug er seinen Lehrer dreimal. Er hatte erkannt, dass die Schläge Huangbos aus Liebe, nicht aus Wut erfolgt waren. In Vietnam gibt es einen Ausspruch, der lautet: »Wenn du liebst, benutzt du den Stock, wenn du hasst, benutzt du süße, freundliche Worte.« Er erkannte also, dass der Lehrer ihn sehr liebte und dass seine Liebe, als er ihn geschlagen hatte, so sanft gewesen war, als berührte er ihn leicht mit einem Zweig Beifuß auf dem Kopf.

Nachdem er diese Geschichte erzählt hatte, fragte Meister Linji:

»Gibt es hier jemanden, der zu mir kommen und mir helfen würde, diesen Augenblick erneut zu erleben?« Ein Mönch stieg empor und sagte: »Ich könnte es.« Der Meister gab ihm den Stock, doch der Mönch zögerte. Er war nicht imstande, seinen Lehrer dreimal zu schlagen, und so schlug der Zen-Meister ihn. Bedeutet dies, dass der Lehrer in seiner Liebe zu dem Schüler klarer war als der Schüler in seiner Liebe zu dem Lehrer? Wie anders verstehen wir doch diese Situation, wenn wir jeden Schlag als einen Akt der Liebe ansehen.

Viele von uns – und das betrifft Mönche, Nonnen und Laien – lernen über das Buddhadharma, ohne dass sich in unserem Leben etwas ändert. Unsere Persönlichkeit bleibt unverändert, weil wir das Gelernte nicht verdauen und anwenden. Was wir gelernt haben, hilft uns nicht, und so können wir auch anderen nicht helfen. Zen ist kein Weg, durch Schriften und Worte zu lernen; es stützt sich auf die direkte Übertragung vom Lehrer auf den Schüler.

6. Kommentar

Als der Mönch fragte: »Was hat es mit der scharfen Spitze der Schwertklinge auf sich?«, bezog er sich auf Manjushris Weisheitsschwert, das alle Illusionen durchschneidet. Meister Linji sagte: »Es ist nicht sicher! Es ist nicht sicher!« und schlug den Mönch, als dieser zögerte.

Armer Mönch! Er hatte keine Chance. Viele von uns sind wie dieser Mönch. Wir erwarten eine Antwort, und zwar eine, die unser Denken nicht herausfordert, und wenn uns eine andere Antwort gegeben wird, wissen wir nicht, wie wir darauf reagieren sollen. Wenn der Gastgeber etwas sagt, was der Gast nicht erwartet, erstarrt der Gast.

Viele von uns hören Dharma-Vorträge auf diese Weise. Und genauso hören wir unseren Lieben zu. Beim Hören suchen wir nach etwas, dem wir zustimmen können und das mit unserem gewohnten Denken übereinstimmt. Das ist nicht wirklich Zuhören.

Es gibt ein berühmtes Koan: »Wer ist es, der sich an den Buddha erinnert?« Nehmen wir an, der Lehrer fragt stattdessen: »Wer ist der Buddha, an den du dich erinnerst?« Wir wissen nicht, was wir von einem solchen Satz halten sollen. Auch wenn unser Gegenüber vielleicht unsere Sprache spricht, klingen diese Worte in unseren Ohren fremd, weil wir an ein solches Denken nicht gewöhnt sind. Wir glauben, wir wüssten, wer der Buddha ist, auch wenn wir gleichzeitig akzeptieren, nicht genau zu wissen, wer wir selbst sind. Doch der arme Mönch, der auf das Schlachtfeld vor Meister Linji trat, bekam eine zweite Chance. Vielleicht gab ihm der Schlag die Möglichkeit, zu dem durchzubrechen, was er nicht verstanden hatte.

Nach diesem Schlag kam, davon nicht abgeschreckt, ein anderer Mönch nach vorn und fragte nach dem Laien-Praktizierenden Shi Shi, einem ehemaligen Mönch und Zeitgenossen von Meister Linji. Aufgrund der Buddhisten-Verfolgung in der Tang-Dynastie hatte der Kaiser Shi Shi gedrängt, die Robe abzulegen und ins Laienleben zurückzukehren. Doch Shi Shi gab damit das monastische Leben nicht auf, sondern arbeitete in der Küche von Meister Linjis Kloster.

Während er Reis zerstampfte, rutschte sein Fuß vom Pedal des Mörsers. Das war ein Moment der Achtlosigkeit, der Unachtsamkeit. Darum sagte Meister Linji: »Er ertrank in einem tiefen Brunnen.«

Wo gehen wir hin, wenn wir achtlos sind? Das ist egal. Wir sollten uns nicht zu sehr um Augenblicke der Achtlosigkeit scheren. Wir können immer wieder zu uns selbst zurückkehren und wieder achtsam sein. Und diese achtlosen Momente können uns helfen, jene anderen Momente der Achtsamkeit tiefer wertzuschätzen. Die achtsamen Momente werden noch wundervoller.

Für einen Augenblick achtlos zu sein bedeutet nicht, für immer achtlos zu sein. Wir sollten nicht so streng mit uns sein. Sind wir es, dann werden wir diesen Achtsamkeitskram bald zu schwierig für uns finden und aufgeben. Doch es liegen noch viele wundervolle Momente der Übung vor uns. Wir können unserer Achtlosigkeit gewahr werden, ohne sie zu verurteilen oder auf sie zu reagieren. Auf diese Weise wird es viele weitere erleuchtete und wundervolle Momente geben.

Wir brauchen uns und andere nicht wegen Momenten der Achtlosigkeit zu kritisieren. Wir müssen nicht einmal versuchen, uns zu bessern. Das Einzige, das wir tun müssen, ist, im gegenwärtigen Augenblick zu sein, denn der nächste wird ganz anders. Darum ermahnt Meister Linji seine Schüler fortwährend, nicht nach etwas zu suchen. Der gegenwärtige Augenblick umfasst alles, was wir brauchen.

Wenn ein Schüler zu einem Zen-Meister kommt, weil er auf Zustimmung aus ist oder weil er irgendetwas sucht, ist er bereits verloren. Meister Linji weiß das. Er kann sofort sehen, was die Schüler erreichen wollen, und gibt dem Gast aus Mitgefühl keine Chance, diese Art des Suchens fortzusetzen. Ließe er ihn weiterhin suchen, dann ließe er ihn weiterhin wunderbare, gegenwärtige Momente verschwenden. Das Schreien, Unterbrechen und Schlagen sind Methoden, den Schüler, der auf die Hilfe des Meisters vertraut, nicht zu betrügen.

Die Äbtissin Dieu Nhan, eine vietnamesische Zen-Lehrerin im 11. Jahrhundert, schrieb unmittelbar vor ihrem Tod das folgende Gedicht:

Geburt, Krankheit, Alter und Tod
Waren immer ein normaler Teil des Lebens.
Ist es dein Begehr, ihnen zu entkommen,
Fesselst du dich umso fester an sie.
Es ist verblendet, den Buddha
Oder die Meditation außerhalb von dir zu suchen.
Meditation und Buddha sind keine Objekte,
nach denen man suchen könnte.
Warum noch mehr Zeit damit verschwenden, über
das Unsagbare zu sprechen?

Meister Linji lehrte, dass wir Zeit verschwenden und wundervolle Momente verlieren, wenn wir bereits feste Vorstellungen haben oder wissen, dass wir zwar noch keine Idee haben, aber nach einer suchen. Wenn wir an Vorstellungen über das Unsagbare festhalten, bleiben wir weiterhin gefesselt.

7. Kommentar

Es gibt in dieser Unterweisung nur eine Aussage, und sie enthält eine Frage. Dieser Dharma-Vortrag dauerte vermutlich weniger als eine Minute. Ich weiß nicht, was die Sangha mit dem Rest ihrer Zeit anfing.

Ein Mensch stand auf dem Gipfel eines einzelnen Berges, ohne dass es in der Nähe einen anderen Gipfel gab, auf den er hätte springen können. Es existierte kein Weg hinab. Jemand anderes stand in der Mitte einer Straßenkreuzung. Er war vollkommen verwirrt und wusste nicht, welche Richtung er einschlagen sollte, und so konnte er nicht vorwärts und nicht zurück. Er war in derselben Situation wie die erste Person. Der Zen-Meister fragte die Versammelten: »Wer von diesen beiden wird zuerst kommen, wer danach?« Dann verließ er das Podium und ging in sein Zimmer.

Wir alle waren schon in einer solchen Situation. Es ist sehr gefährlich, wenn es für uns keinen Ort gibt, zu dem wir gehen oder an den wir uns zurückziehen können. Wir haben vielleicht das Gefühl, sterben zu müssen. Es gibt keinen Ausweg, und wir sind erstarrt. Wie überleben wir? Der Meister warnt uns, uns nicht wie Meister Fu oder Vimalakirti zu verhalten, zwei sehr wortgewandte buddhistische Laien-Praktizierende. Er warnt uns, nicht durch Reden oder Denken einen Ausweg aus unserem Dilemma zu suchen.

Wie also können wir entkommen? Wir können es nicht. Alles, was wir in der Situation tun können, ist, aufzugeben und vollständig im gegenwärtigen Augenblick zu sein, ohne vorzugeben, wir wüssten den Ausweg. So finden wir die Wahrheit. Sobald wir uns der Situation hingegeben haben, sehen wir den Weg. Waren wir zuvor gefangen, sind wir nun befreit.

8. Kommentar

Der Zen-Meister ging in die Dharma-Halle und sprach zwanzig Sekunden lang, er verschwendete keine Zeit. Vielleicht sparte er sie für die Arbeitsmeditation!

Er sprach von jemandem, der niemals sein Zuhause verlassen hatte, aber immer auf dem Weg war. Wer war dieser Mensch? Er sprach auch von jemandem, der sein Zuhause verlassen hatte, aber nicht auf dem Pfad war. Das kann von vielen Mönchen und Nonnen gesagt werden. Ein Mönch oder eine Nonne lässt das Zuhause und die Familie hinter sich und gibt alle früheren Anhaftungen auf, um ein freier Mensch zu werden. Zumindest formal ist ein Mönch oder eine Nonne auf dem Pfad, während er oder sie wesensmäßig das Zuhause noch nicht verlassen haben mag. Auch wenn er oder sie eine Robe trägt und das Haar geschoren hat, mag er oder sie es noch nicht aufgegeben haben, weltliche, materielle und emotionale Annehmlichkeiten erreichen zu wollen. Doch eine Person, die das Leben eines Laien führt und dieses Zuhause verlassen hat, kann in der Essenz zu einem Mönch, einer Nonne geworden sein. Ihr Geist ist ruhig, und sie hat alles losgelassen.

Welcher von beiden hat die Opfergaben von Göttern und Menschen verdient? Diese Unterweisung ist sehr kurz, aber auch sehr tiefgehend. Wir können uns selbst anschauen und fragen, ob wir unser Zuhause verlassen haben. Wie können wir das Haus der Geistesplagen, der Leidenschaften, Begierden, des Hasses, Grolls und der Verblendung verlassen?

In der vorangegangenen Unterweisung sprach Meister Linji von dem Reisenden auf dem Gipfel eines einsamen Berges, der nicht herauszufinden wusste, wie er vorwärtsgelangen oder sich zurückziehen könnte. Wenn wir kämpfen, stecken wir noch mehr fest. Wir neigen zu dem Denken: »Ich muss etwas tun.« Doch je mehr wir tun, desto tiefer versinken wir im Morast.

Dem Buddha zufolge gibt es in jeder Situation einen Ausweg. Als der Buddha unter dem Bodhi-Baum saß, steckte er fest. Er wusste nicht, was er sonst tun sollte, außer zu sitzen und nichts zu tun. Und das ist die erste Antwort – nichts tun, nur still sitzen. Das ist sehr schwierig. Wir haben das Gefühl, wir säßen auf den heißen Kohlen von Groll, Hass und Verzweiflung.

Der Buddha lehrt uns, dass wir als Erstes uns selbst meistern müssen. Bevor wir handeln können, müssen wir diese Kohlen unter uns abkühlen. Erfolgreich zu sein bedeutet nicht, über den zu triumphieren, der unser Leid verursacht hat, sondern über unsere eigene Ignoranz und unseren Groll. Egal, was uns angetan wurde oder welches Unrecht uns geschehen ist, wir sind immer für mindestens fünfzig Prozent, wenn nicht mehr, unseres Leidens verantwortlich.

Wenn wir uns vor dem Buddha mit unserem Leiden niederknien, werden wir den Buddha sagen hören: »Du verdienst es, geliebt zu werden.« Sitzen wir still und atmen und hören weiter zu, wird der Buddha uns sagen: »Auch deine Kinder verdienen es, geliebt zu werden.« Und wenn wir weiterhin sitzen und lauschen, werden wir hören: »Und auch die Person, mit der du gekämpft hast, verdient es, geliebt zu werden.«

Wenn wir dem Buddha wirklich zuhören, werden wir imstande sein, uns niederzuwerfen, die Erde zu berühren und zu sagen: »Ich will so leben, dass ich meine Fähigkeit, jeden Menschen zu lieben, mehre. Nur dann verdiene ich es, ein Schüler, eine Schülerin des Buddha zu sein.«

Der Pfad ist kein Traum. Er ist kein Wunsch. Der Pfad ist konkrete Praxis. Und diese wird unser Leben retten. Sie wird unsere Kinder retten. Sind wir auf dem Pfad, so wird aus unserem Inneren ein Strom von Mitgefühl und liebender Güte erwachsen, und unser Leiden wird schwinden. Mit dieser Einsicht und diesem Mitgefühl wird der Berggipfel für uns zu einem sehr angenehmen Ort. Wir müssen nicht woanders hingehen. Die Lösung liegt an keinem anderen Ort. Wenn wir in diesem Augenblick nicht erfolgreich sein können, dann werden wir auch morgen keinen Erfolg haben. Können wir auf diesem abgelegenen Berggipfel nicht glücklich werden, werden wir auch unten im Tal das Glück nicht finden.

9. Kommentar

Ein Mönch fragte Meister Linji: »Was ist der erste Satz?« Meister Linji erwiderte: »Wenn das Siegel der Drei essentiellen Prinzipien entfernt ist, ist der rote Stempel klar. Da gibt es kein Zögern – Gastgeber und Gast können unterschieden werden.«

Die Drei essentiellen Prinzipien des Zen sind: das Studium des Dharma, die Zen-Richtlinien und die Zen-Praxis. Meister Linji sagt, dass in einem Gespräch mit dem Zen-Meister der erste Satz eure einzig wirkliche Chance ist. Viel Glück! Verpasst ihr diese Chance, bedeutet das aber nicht das Ende der Welt. Rauft euch nicht die Haare und schlagt euch nicht auf die Brust deswegen.

Der Schüler fragte: »Was ist der zweite Satz?« Und Meister Linji erwiderte: »Die wundervolle Erklärung ist nicht verdunkelt, in der Beantwortung der Frage hat sie keine Hindernisse. Die Realisierung der geschickten Mittel teilt nicht den Strom.«

Muss der Zen-Meister einen zweiten Satz verwenden, gibt es eine zweite Chance, aber sie ist nicht wirklich eine Chance, wie der erste Satz es war. Der Schüler sollte nicht allzu viel Zeit damit verbringen. Fokussiert euch nicht darauf, es immer und immer wieder zu versuchen.

Doch der Schüler fragte weiter und wollte wissen: »Wie ist es mit dem dritten Satz?« Und der Meister muss wohl Mitgefühl empfunden haben, denn er antwortete erneut: »Betrachte das Spiel der Marionetten. Da ist jemand, der innen die Fäden zieht.« Dieses Mal tröstete er den Schüler nur. Wenn ihr dreimal fragen müsst und der Meister euch dreimal antwortet, ist das ein Trostpflaster. Der Meister empfindet Liebe und gibt den Schüler nicht auf. Wirkliche Liebe des Lehrers für den Schüler ist nicht Erbarmen.

Viele von uns fühlen sich in ihrer Praxis entmutigt. Wir glauben, nicht gut genug zu sein oder nicht über ausreichende Informationen zu verfügen. In solchen Zeiten haben wir nicht das Gefühl, wir wüssten die Antwort. Wir müssen nicht aus unserer Selbstgefälligkeit herausgeschüttelt werden. Wir sind stattdessen mutlos und brauchen einige Ermutigung, um in neuer Weise fortzufahren.

Im letzten Abschnitt geht es darum, dass diese drei Sätze tatsächlich ein Satz sind und es zwischen ihnen keinen Unterschied gibt. Meister Linji lehrt: »Jeder Satz muss drei wundervolle Eingänge haben. Jeder Eingang muss die Drei essentiellen Prinzipien haben. Da muss es geschickte Mittel und Wirken geben. Wie versteht ihr das?« Nach dieser Frage steigt Meister Linji herab und verlässt die Halle.

Der letzte Abschnitt unterscheidet sich von den übrigen *Aufzeichnungen des Meisters Linji.* Das erinnert uns daran, dass Meister Linji kein einziges dieser Worte selbst niedergeschrieben hat. Er äußerte sie, und seine Schüler zeichneten sie auf. Vielleicht hat einer seiner Schüler aus der Besorgnis heraus, dass seine Unterweisungen nicht klar genug waren, diesen Abschnitt angefügt.

Hier erläutert Meister Linji das Dharma in sehr abstrakter, theoretischer Weise. Es klingt mehr nach der traditionellen, wenig wirkungsvollen Lehrweise der Zen-Meister seiner Zeit. Meister Linji war nicht der Typ, der Vorlesungen im Stil eines Universitätsprofessors hielt. Er wollte den Menschen keine festgelegten Wahrheiten erzählen. Stattdessen hoffte er, die Leute so wachzurütteln, dass sie für sich selbst die Schönheit, im gegenwärtigen Moment präsent zu sein, erfahren konnten.

Manchmal schauen wir alle außerhalb von uns nach Antworten, doch selbst wenn wir sie hören und selbst wenn die Erläuterung unseres Lehrers sehr elegant und nach akademischen Standards »richtig« ist, können wir daraus nichts lernen. Wir müssen die Dinge für uns selbst erfahren, um sie zu verstehen. Darum kommt Meister Linji immer und immer wieder auf den Gedanken zurück, dass es nichts für uns zu erlangen und anzustreben gibt. Vollkommen präsent zu sein ist genug und kann uns unser ganzes Leben beschäftigen.

Abendvorträge

10. Kommentar

Dieser Teil der Unterweisungen wird »die Vier Wege, Menschen zu helfen« oder »die Vier Arrangements« genannt. Jedes dieser Arrangements beinhaltet eine andere Weise, auf einen Schüler zu antworten. Das Arrangement, das ihr als Antwort benutzt, hängt von der Situation und der Praxisebene des Schülers ab. Die vier Arrangements sind: das Wegnehmen des Subjekts, ohne das Objekt wegzunehmen; das Wegnehmen des Objekts, ohne das Subjekt wegzunehmen, das Wegnehmen sowohl von Subjekt als auch von Objekt; weder Objekt noch Subjekt wegnehmen.

Das erste Arrangement

Ein Mönch fragte: »Was bedeutet es, die Person wegzunehmen, doch nicht ihre Objekte?« Er fragt, wie wir das Subjekt (die Person) entfernen können, ohne das Objekt zu entfernen. Der Meister antwortete: »Die Sonne geht auf, lässt die Erde zu einer Stickerei werden. Die Haare des Kindes hängen herab, so weiß wie Seidenfäden.«

Wir neigen dazu, uns auf das Objekt auszurichten, und nennen es Wirklichkeit. Wir bemerken gar nicht, wie sehr unser Geist auf unsere Wahrnehmung einwirkt. In der Philosophie wird das »naiver Realismus« genannt. So sehen wir zum Beispiel eine Blume als unabhängige Wirklichkeit. Manchmal ist es am besten, Menschen, die sich erst mit dem Buddhismus vertraut zu machen beginnen, diese Art des Denkens fortsetzen zu lassen. Wenn uns zum Beispiel jemand fragt: »Warum gibt es so viel Leiden in meinem Leben?«, und wir das erste Arrangement nutzen wollen, sagen wir nicht: »Dein Geist lässt diese Gefühle des Leidens entstehen.« Wir richten uns stattdessen auf die konkreten Objekte im Leben dieses Menschen aus, die sein Leiden verursachen, und helfen ihm, diese Wahrnehmungsobjekte besser zu verstehen.

Der Meister sagte nicht, dass die Konzentration auf das Objekt eine schlechte Sache sei. Das Frühlingssonnenlicht, das Blühen der Blumen und die grünen Bäume erschaffen eine Landschaft, die wie eine Schmuckstickerei aussieht. Das ist ein Objekt der Wahrnehmung, und es ist ein wunderbares Objekt für unsere Aufmerksamkeit. Mittlerweile spielt ein kleines Kind in der Sonne, und das Haar dieses Kindes ist wie weiße Seide. Im alten China war das Haar eines Kindes immer schwarz. Der Meister wies also darauf hin, dass Widersprüche entstehen, wenn wir uns auf das Objekt ohne das Subjekt konzentrieren. Das bedeutet, wenn wir nicht die Rolle unseres Geistes in Betracht ziehen und uns auf das, was wir sehen, als unabhängige Wirklichkeit ausrichten, dann wird es Widersprüche geben.

Der vietnamesische Dichter Nguyen Du sagte: »Ist ein Mensch unglücklich, so ist die Landschaft niemals glücklich.« Wie wir fühlen, bestimmt, wie wir die Welt sehen. Warum können manche Menschen Glück erfahren, wenn sie den Mond betrachten und dessen Schönheit sehen, während andere denselben Mond als traurig oder bedrückend erleben? Diese Frage kann nur dann beantwortet werden, wenn wir Subjekt und Objekt in Betracht ziehen.

Das zweite Arrangement

Der Mönch fragte: »Was bedeutet es, das Objekt der Person wegzunehmen, doch nicht die Person?« Er fragte nach dem Entfernen des Objekts, ohne das Subjekt zu entfernen. Das wird Manifestation genannt. Dieser Sichtweise zufolge entsteht alles aus dem Geist. Das ist die Perspektive der buddhistischen Psychologie. Der Meister antwortete: »Die Befehle des Königs sind an jeden Ort der Welt weitergemeldet worden. Die Offiziere im Grenzgebiet haben die Rauchwolken zerstreut.«

Alles, was wir sehen, fühlen und hören, ist eine Manifestation unseres Bewusstseins. In diesem Fall bringen wir die Frage zu unserem Geist zurück. Die Dinge, die wir sehen, hören, fühlen, verursachen unser Leiden, bewirken, dass wir davon mitgerissen werden. Sie sind aber keine unabhängigen Wirklichkeiten außerhalb von uns, sie sind von unserem Geist geschaffen. Bei diesem Arrangement kehren wir zu unserem Geist zurück, um ihn zu betrachten, und wir halten die Objekte außerhalb des Geistes nicht für real. Wir nehmen die Wirklichkeit des Objekts weg, so dass die Person zu ihrem Bewusstsein zurückkehren kann.

Um diesen Punkt zu illustrieren, benutzte Meister Linji das Beispiel des ganzen Landes, das in Alarmbereitschaft gebracht wird, obwohl die Grenzsoldaten keine Staubwolken sehen können – die Zeichen des Krieges. Meister Linji lebte im Nordwesten Chinas, nicht weit von der Grenze entfernt, wo immer wieder Banden eindrangen und die Sicherheit des Landes bedrohten; so war das Bild von Rauch und Staub praktisch und real für ihn, es war etwas, das er gesehen und erfahren hatte. Die Soldaten kletterten auf die Festungsspitze, um den Horizont abzusuchen. Staubwolken deuteten auf einmarschierende Armeen hin, und es wurden dann Rauchzeichen ausgesandt, um die Gefahr anzuzeigen. Die Soldaten verbrannten trockenen Wolfsdung, weil der zu besonders dunklem Rauch führte. Der Rauch konnte noch bis zur nächsten Festung, zehn oder zwanzig Kilometer entfernt, gesehen werden, und dort wurde dann ein weiteres Signalfeuer für die nächste Festung entfacht und so weiter, bis die Nachrichten auf diese Weise den königlichen Palast erreichten.

In Meister Linjis Antwort gibt es einen Widerspruch. Auf der einen Seite sollen sich alle auf den Krieg vorbereiten; auf der anderen Seite gibt es keine Kriegsanzeichen. Zu behaupten, dass es nur Geist gebe und kein Objekt des Geistes, ist auch nicht korrekt. Geist kann es nicht ohne ein Geistobjekt geben. Geist und Geistobjekt entstehen zusammen. Wenn es kein Objekt gibt, kann es auch kein Subjekt, keinen Geist, geben. Und wenn es keinen Geist gibt, wie könnte es da ein Objekt geben? Subjekt und Objekt existieren immer zusammen. Sagen wir, »ich sehe«, dann sehen wir etwas. Sagen wir, »ich höre«, hören wir etwas. Sagen wir, dass wir denken, denken wir etwas. Subjekt und Objekt sind untrennbar. Abhängig von der Situation benutzen wir diese Art des Betrachtens, bei der wir entweder das Objekt oder das Subjekt wegnehmen, als ein Werkzeug sowohl in unserer eigenen Praxis als auch in der Anleitung eines anderen Menschen.

Der Mönch fragte: »Was bedeutet es, sowohl die Person als auch das Objekt wegzunehmen?« In diesem Fall werden sowohl Subjekt als auch Objekt entfernt. Der Meister antwortete: »Die beiden Distrikte Bun und Phan stehen nicht in Verbindung. Die Menschen sind in ihrer eigenen Welt isoliert.«

Meister Linji verwendet ein weiteres Bild von Krieg und Isolation, bei dem der Kontakt zwischen zwei Grenzgebieten unterbrochen war. Die Menschen jedes Gebietes waren in ihrer eigenen Welt isoliert. Sie konnten keine Nachrichten senden oder Befehle von der Zentralregierung empfangen. Es gab keinen Kontakt mit der Wirklichkeit. Der Mensch saß auf dem Berg und hatte sich in seiner Meditation verloren, wusste nicht, was ihm und was seiner Umgebung geschah. In diesem dritten Arrangement sind sowohl Subjekt als auch Objekt entfernt. Es kann keine Wahrnehmung geben, wenn das Subjekt und das Objekt der Wahrnehmung nicht da sind. Was wir für wirklich halten, ist in Wahrheit nicht real, nicht da.

Und was wir Geist nennen, den Ursprung aller Dinge, existiert auch nicht. Wie kann es Geist ohne Geistesobjekte, die Dinge, geben? Und wie kann es Objekte des Geistes ohne den Geist selbst geben?

Das ist kein guter Dauerzustand. Für die beiden Gebiete war es gefährlich, keine Verbindung untereinander zu haben. Aber für den Moment kann uns das Entfernen sowohl von Subjekt als auch von Objekt helfen, die Dinge anders zu sehen. Zum Beispiel in einem sehr tiefen Meditationszustand, einer tiefen Sammlung, die Zustand von

Nicht-Wahrnehmung und Nicht-Nicht-Wahrnehmung genannt wird. Nach diesem konzentrierten Zustand fühlen wir uns oftmals belebt und sehen die Dinge klarer.

Das vierte Arrangement

Der Mönch fragte: »Was bedeutet es, weder die Person noch das Objekt wegzunehmen?« In diesem Fall sind Subjekt und Objekt aktiv. Der Meister antwortete: »Der König geht in den Juwelenpalast. Alte Männer auf dem Land singen.«

Das ist der vierte Fall, bei dem weder die Person noch das Objekt entfernt werden. Das Bild beschwört Frieden nach einer Zeit des Kriegs herauf. Der König trifft sich mit seinen Untergebenen und besteigt den Thron. Überall auf dem Land singen die Menschen. Selbst die alten Männer gehen auf die Straße, um mit den Kindern zu singen. Das ist die Wiederherstellung der Beziehung zwischen Subjekt und Objekt. Es gibt zwischen ihnen keine Trennung mehr. Subjekt und Objekt sind beide da, doch wir sind nicht darin verfangen, entweder nur das Subjekt oder nur das Objekt wie in Fall eins und zwei zu betrachten, noch sind wir im Nihilismus des dritten Falles gefangen.

In Zen-Kreisen wird gesagt: »Bevor ich praktizierte, sah ich Berge als Berge und Flüsse als Flüsse. Als ich zu praktizieren begann, sah ich Berge nicht mehr als Berge und Flüsse nicht mehr als Flüsse; ich sah ihre Natur des Interseins, die Natur ihrer wechselseitigen Durchdringung und Bedingtheit. Nachdem ich den Pfad erlangt hatte, sah ich Berge wieder als Berge und Flüsse als Flüsse, doch jetzt ist meine Sicht klarer und mein Verständnis erhellt. Ich bin nicht länger in der Sicht verfangen, dass der Berg nur der Berg und der Fluss nur der Fluss ist. Nun sehe ich sie wirklich; ich sehe ihre wahre Natur.«

Gewöhnliche Menschen neigen dazu, sich in den Objekten des Geistes zu verfangen; Praktizierende des Weges neigen dazu, sich im Geist selbst zu verfangen. Wenn sowohl Geist als auch Objekt entfernt sind, sobald Geist als auch die Objekte des Geistes gemeistert sind, ist das wahre Dharma gegenwärtig. Das Objekt wegzunehmen ist einfach; den Geist wegzunehmen ist sehr viel schwieriger. Es ist für uns einfach zu sagen, dass es keine Objekte des Geistes, sondern nur Geist gibt. Doch zu sagen, dass es keinen Geist gibt, ist sehr schwierig, weil wir Angst davor haben, ins Nichts zu fallen. Die Menschen trauen sich nicht, den Geist loszulassen, sie greifen nach ihm. Sie können die Objekte des Geistes loslassen, aber sie wagen es nicht, den Geist loszulassen. Warum? Weil wir Angst haben, an einen Ort zu gelangen, von dem wir glauben, dass es dort nichts zu fühlen, zu berühren, zu erfassen gibt, wir fürchten uns davor, mit nichts dazustehen. Doch bedeutet Leerheit nicht Nichts. Leerheit ist die erste wahre Dharma-Welt. Die erste wahre Dharma-Welt ist das vierte Arrangement; es ist eine Rückkehr zu einem Realismus, der weder Subjekt noch Objekt leugnet, sondern ihre wechselseitige Abhängigkeit erkennt.

11. Kommentar

In dieser Unterweisung erklärt Meister Linji uns, dass wir zu uns selbst zurückkehren und Vertrauen in uns haben müssen. Wir sollten nicht andere um Brosamen anbetteln, auch nicht die Buddhas, die Meister, die spirituellen Lehrer, die Sutras und andere Schriften. Das, wonach wir suchen, liegt dort nicht. Diese Botschaft taucht immer wieder in den Lehren Meister Linjis auf, doch an dieser Stelle in besonderer Klarheit. Wenn wir außerhalb unserer selbst nach etwas suchen, werden wir es niemals finden. In uns haben wir alle Samen der Buddhaschaft. Der Buddha und die Meister gehören nicht der Vergangenheit, der Zukunft oder einem anderen Ort an. Sie sind mit uns hier im gegenwärtigen Moment.

Meister Linji fragte: »Wollt ihr wissen, wer unser Lehrer, der Buddha, ist? Der Buddha seid ihr selbst, wie ihr hier vor mir steht und mir zuhört, wie ich das Dharma lehre.« Diese Aussage ist sehr revolutionär. Unser wahrer Mensch ist der Buddha und der Meister, und dieser wahre Mensch ist direkt in uns. Alle Buddhas und alle Welten, von denen in den Sutras gesprochen wird, sind Produkte unseres Geistes, unseres Bewusstseins. Wir sollten nicht im Raum nach ihnen suchen, und wir finden sie auch nicht in der Zeit. Wir können sie nur in unserem eigenen Bewusstsein finden. Wenn wir die Sutras und Kommentare studieren und dem Dharma lauschen, müssen wir uns unsere Freiheit bewahren. Wenn wir von Bildern, die uns andere präsentieren, angezogen, in Erregung versetzt oder angelockt werden, dann verlieren wir uns selbst.

»Freunde des Weges, die tugendhaften Mönche von einst haben den Menschen einen Pfad der Befreiung angeboten. Das Amt dieses Bergmönchs besteht nur in der Ermutigung, anderen nicht zu erlauben, euch in die Irre zu führen. Mein Rat sollte sofort umgesetzt werden. Seid nicht unentschlossen oder zweifelnd.«

Wenn Meister Linji seine Zuhörerschaft als »Freunde des Weges« bezeichnet, so meint er damit, dass sie seine Weggefährten sind; Menschen, die mit ihm auf dem gleichen Pfad gehen, wie ein fließender Strom. Mit »Bergmönch« bezeichnet er sich selbst. Die buddhistischen Lehrer der Vergangenheit haben uns Dharma-Tore gezeigt, geschickte Mittel, um uns zu helfen, einen Ausweg aus dem Leiden zu finden. Doch wenn wir diese gut gemeinten Lehren nicht verstehen, verfangen wir uns möglicherweise in ihnen, verstricken uns in Worte und Vorstellungen, und dann werden diese Lehren zu einem Hindernis.

Es gibt Lehrer, die sich darum sorgen, ihre Anhänger und ihren Tempel zu verlieren, wenn sie die Wahrheit sprechen. Sie haben Angst, ihre Telefon- und Stromrechnung nicht mehr bezahlen zu können und keinen Ort zum Leben und Praktizieren mehr zu haben, wenn sie nicht das tun oder sagen, was ihre Anhänger wollen. Diese Situation gab es in China zu Lebzeiten Linjis, und es gibt sie heute in Europa, den USA und anderen Ländern. Doch Meister Linji war nicht so wie andere Lehrer. Er hatte den Mut, die Wahrheit, die in seinem Herzen war, auszusprechen; er wollte nur der wahre Mensch sein.

Der ehrenwerte Manh Giac[10] schrieb ein Gedicht über das Lesen des *Diamant-Sutra*. Zwei Zeilen daraus lauten:

Es gibt das Diamant-Sutra nicht mehr.
Das Zen-Tor verschwindet und ich bin ohne Worte.

Um ihn zu necken, schrieb ich diese Zeilen um:

Wir sind aus dem Tempel geworfen worden.
Unser Mund ist starr, und wir können nichts sagen.

Diese Gedichte drücken aus, dass wir uns verlieren, wenn wir uns von anderen in die Irre führen lassen. Wir sollten nichts und niemandem hinterherlaufen, auch einem Zen-Meister nicht. Alles, was wir lernen und hören, muss uns zu uns selbst zurückbringen und unsere Fähigkeit, frei, glücklich und gefestigt zu sein, stärken.

Wir mögen diese Unterweisung hören und auch verstehen. Doch vielleicht sind wir noch schwach und zögerlich und denken: »Oh, morgen oder übermorgen werde ich die Dinge so organisieren, dass ich frei sein kann.« Doch ein Fluss hört niemals auf zu fließen; wenn wir zögern, haben wir niemals Freiheit. Wenn wir die Lehre verstanden haben, müssen wir sie sofort in die Praxis umsetzen.

Meister Linji sagte, der Grund, warum buddhistische Praktizierende seiner Zeit keine Erleuchtung erlangten, liege darin, dass sie kein Vertrauen hätten. Heutzutage laufen wir, genauso wie es im 9. Jahrhundert der Fall war, hinter äußeren Dingen her und fühlen uns dann von den Umständen manipuliert und kontrolliert, in die wir uns selbst hineinbegeben haben. Wenn wir imstande sind, Vorstellungen von Suchen und Hinterherlaufen zu beenden, werden wir erkennen, dass es keinen Unterschied zwischen uns und den Meistern, zwischen uns und dem Buddha gibt.

Wir führen Zeremonien durch wie die Erdberührungen, das Entzünden von Räucherwerk oder fühlen uns mit einer Statue auf dem Altar verbunden, um das Vertrauen in uns selbst zu bewahren und zu erneuern. Wir müssen unseren Respekt so erweisen und die Erde vor dem Buddha so berühren, dass wir erkennen, wir, die wir uns verbeugen, und der, vor dem wir uns verbeugen, sind eins. Wir erweisen dem Buddha in einer Weise Respekt, die den Glauben in unsere Fähigkeit, erleuchtet zu sein, glücklich zu sein, jeden Tag stärkt und anwachsen lässt.

In den buddhistischen Schriften heißt es, dass der Buddha drei Körper habe. So verlieren wir uns in den Worten »drei Körper« und suchen nach diesem oder jenem Körper und berühren niemals den Frieden, die Befreiung und die Größe des lebendigen Buddha in uns. Die drei Körper des Buddha sind der Dharma-Körper, der Retributionskörper und der Verwandlungskörper. Der Buddha hat Tausende von Verwandlungskörpern, und wenn wir nicht aufpassen, suchen wir überall nach diesen Körpern, nur nicht in uns selbst. Wir suchen nach diesen Dingen und erkennen nicht, dass sie nur Produkte geistiger Vorstellungskraft sind. Einige von uns nennen den Schöpfer den Allmächtigen; wir sehen ihn als jemanden außerhalb von uns, der alle Macht innehat. Wenn wir an dieses Bild glauben, dann glauben wir, dass wir nach unserem Tod in das Reich Gottes eingehen und dort zu Füßen des Allmächtigen sitzen. Wir glauben, dass er in einer höheren Position ist, mit der Macht, alles, was er will, zu erlangen, während wir unter ihm in einer sehr niederen Position sitzen.

Im Buddhismus ist es genauso. Wir stellen uns den Welt-Verehrten von grenzenlosem Licht und unzählbaren

Bodhisattvas umgeben vor. Dieser Buddha hat die zweiunddreißig glücksverheißenden Merkmale und die achtzig speziellen Zeichen und Tausende von Retributionskörpern, Verwandlungskörpern und Dharma-Körpern. Wohin gehen wir, um einen Buddha zu finden? Um Gott zu finden? Wir können sie nicht in wunderschönen Bildern oder Schriften finden. Die Menschen, die die Bibel niedergeschrieben haben, und die Menschen, die die Mahayana-Sutras aufgeschrieben haben, waren Künstler. Sie benutzten Bilder, um ihre Einsichten auszudrücken.

Meister Linji sagte: »Wenn ihr dem Buddha im gegenwärtigen Moment nicht persönlich zu begegnen vermögt, dann werdet ihr für zahllose zukünftige Leben in den Drei Bereichen des *samsara* wiedergeboren werden, immer auf der Suche nach etwas, das ihr festhalten könnt, um euch behaglich zu fühlen, fortwährend im Bauch einer Kuh oder eines Esels geboren.«

Genau in diesem Augenblick hören wir das Dharma, und der Buddha sitzt mit uns, sitzt in uns. Wenn wir in diesem Augenblick den Buddha nicht berühren können, sollten wir nicht über die Zukunft reden. Nur der gegenwärtige Moment ist real. Verlieren wir diesen Moment, können wir nicht in Berührung mit dem Buddha kommen, und wir werden für weitere Tausende von Lebzeiten im Kreislauf von Samsara sein: Wir werden empfangen, geboren und sterben als Menschen oder als andere Wesen.

Alle Buddha-Welten sind im gegenwärtigen Augenblick enthalten, und wir können leicht mit ihnen in Berührung sein, und das ist die wunderbare Kraft. Um sie in Anspruch zu nehmen, müssen wir nur der Glocke der Achtsamkeit lauschen und uns von ihr vollständig in den gegenwärtigen Augenblick bringen lassen. Wenn wir die Glocke hören, lassen wir alles Denken los, kehren zu unserem Atem zurück und kommen mit grenzenloser Zeit und grenzenlosem Raum in Berührung, mit der Vergangenheit, der Gegenwart und allen Welten. Es gibt keine Buddhas, mit denen wir in diesem Moment nicht in Berührung kommen könnten.

Meister Linji fragte: »In allen euren gewöhnlichen, alltäglichen Aktivitäten habt ihr da das Gefühl, es fehlte euch etwas? Gibt es einen Moment, in dem die sechs wunderbaren Lichtstrahlen nicht leuchten?« Die sechs wunderbaren Lichter sind unsere Sinnesbewusstseine: Sehen, Hören, Riechen, Schmecken, Berühren und Denken. Der leuchtende Geist manifestiert sich in unserem Bewusstsein. Benutzen wir diese sechs wunderbaren Lichter in geschickter Weise, sind wir Buddhas. Das bedeutet, dass wir das Licht der Achtsamkeit in jedem Augenblick unseres täglichen Lebens leuchten lassen müssen. Wir sehen etwas und wissen, dass wir sehen; wir hören etwas und wissen, dass wir hören. Schauen wir, schauen wir wie der Buddha. Riechen wir, riechen wir wie der Buddha. Berühren wir, berühren wir wie der Buddha. Denken wir, denken wir wie der Buddha. Wenn unsere sechs wunderbaren Kräfte in jedem Augenblick ausstrahlen, dann gibt es für uns nichts zu tun. Wir werden zu dem, was Meister Linji einen »ungeschäftigen Menschen« nennt. Das ist der Geist von Buddhas Lehre der Absichtslosigkeit oder Ziellosigkeit, *apranihita*, eines der drei Tore der Befreiung.

Meister Linji lehrte: »In den Drei Bereichen ist nichts sicher. Diese Bereiche sind wie ein brennendes Haus. Da könnt ihr nicht euer Leben lang bleiben. In jedem Augenblick streckt die Vergänglichkeit wie ein Dämon ihre Hand aus und nimmt euer Leben, ohne zwischen jung und alt, edel und nieder zu unterscheiden.«

Die drei Welten von Verlangen, Form und Nicht-Form sind ohne Frieden. Sie sind wie ein brennendes Haus, kein Ort, an dem wir es uns zu gemütlich machen, an dem wir zu lange bleiben sollten. Das brennende Haus ist ein Bild aus dem *Lotos-Sutra*. Der Dämon der Vergänglichkeit ist der Tod. In seiner Hand hält er eine Sense und zerstört in jedem Augenblick, ohne zwischen jung und alt zu unterscheiden. Wie entkommen wir dem brennenden Haus?

Meister Linji lehrte: »Wenn ihr nicht verschieden von Buddha, unserem Lehrer, sein wollt, dann lauft keinen äußeren Dingen nach. Jede Bewegung eures Geistes, die das Licht der Reinheit auszustrahlen vermag, ist der Dharma-Körper des Buddha, der hier in eurem Haus ist. Das Licht der Nicht-Unterscheidung, das in einem Moment der Sammlung entsteht, ist der glorreiche Retributionskörper des Buddha hier in eurem Haus. Das Licht der Leuchtenden Klarheit, das aus jedem Moment der Sammlung entsteht, ist der Verwandlungskörper des Buddha, der hier in eurem Haus ist. Diese drei Körper sind nicht verschieden von euch, die ihr hier vor mir steht und dem Dharma lauscht. Dieses wundervolle Wirken ist nur möglich, wenn ihr eure Energie nicht darauf ausrichtet, Dingen außerhalb eurer selbst nachzujagen.«

Wenn wir uns nicht vom Buddha unterscheiden wollen, dann sollte jeder unserer Gedanken das reine Licht hervorbringen, das der Dharma-Körper des Buddha in unserem eigenen Zuhause ist. Das Licht der Nicht-Unterscheidung, das von unserem eigenen Geist ausgeht, ist der Retributionskörper des Buddha. Das Licht der Leuchtenden Klarheit, das mit jedem Gedanken unseres Geistes entsteht, ist der Verwandlungskörper des Buddha. Der Dharma-Körper ist *dharmakaya*, die Manifestation des Buddha in verschiedenen Formen. Jede dieser Manifestationen ist ein Verwandlungskörper des Buddha, *nirmanakaya*. Der Retributionskörper, *sambhogakaya*, ist der wunderschöne Körper des Buddha, der sich aus seiner Lebensweise ergibt.

Jeder dieser Körper, jeder von uns, ist schön. Wenn der Baum ausschlägt, ist er schön. Und wenn er wächst und größer wird, ist er schön. Ist er grün, dann ist er schön. Wenn der Herbst kommt und die Blätter gelb werden, ist er auch schön. Tagtäglich enthüllt unser Retributionskörper seine Schönheit, an der wir uns erfreuen können. Dieser Körper wird außerdem Freudekörper genannt, denn auch andere können sich daran erfreuen und aus ihm Nutzen ziehen. Das Blatt ist wunderschön, und wir können es mit Freude und Vergnügen betrachten.

Die drei Körper sind schön, heilsam und vollkommen. Wir suchen nach diesen absoluten Standards für uns, denn wir halten uns, so wie wir sind, für unvollkommen. In meinem Gedicht »Nach dem Tathagata suchen« heißt es:

... weil ich so hungrig war, so durstig,
weil ich das Bild von dir finden wollte,
der für immer vollkommen ist.

Der Abstand zwischen uns ist nicht größer als ein Gedankenblitz. Und wenn wir uns selbst finden, finden wir dieses vollkommene Bild.

Meister Linji lehrte: »Ein Lehrer alter Zeit sagte: ›Die Drei Körper werden abhängig von der wahren Bedeutung errichtet. Die Buddha-Länder werden abhängig von der ursprünglichen Natur erörtert.‹ Von daher sind die Körper und die Länder hinsichtlich der Dharma-Natur lediglich Lichtspiegelungen.«

Meister Linji sagt hier, dass die Drei Körper Möglichkeiten darstellen, die wahre Natur der Dinge darzulegen, und Buddha-Länder sind Möglichkeiten, die wahre Natur zu enthüllen; und beides sind nur Reflektionen des klaren Lichtes des Geistes.

Wir benutzen das Zeichen oder die Erscheinungsform der Erleuchtung, um drei Körper zu schaffen. Und wir benutzen die wahre Natur, die Natur des Dharma, um das Land zu schaffen. Wenn wir über die Drei Körper des Buddha sprechen, sprechen wir über ihre wahre Natur. Und wenn wir über die Buddha-Länder sprechen, sprechen wir über deren wahre Natur. Die drei Körper und die Buddha-Länder haben die gleiche Wesensart.

Die Erde bringt menschliche Wesen hervor – Männer oder Frauen, wir alle sind Kinder der Erde. Shakyamuni Buddha ist ein Kind dieses Planeten Erde, so wie wir alle Kinder der Erde sind. Buddha ist der Körper, und dieser Planet Erde ist das Reine Land. Den Aspekt der wahren Natur betreffend sind Körper und Land eins. Unsere Körper hängen vom Land, von der Erde, ab, um sich zu manifestieren. Wir sind von der Erde geboren, und wenn wir sterben, kehren wir zur Erde zurück, damit wir wiedergeboren werden können. Meister Linji sagt, dass diese Drei Körper des Buddha sich in keiner Weise von euch unterscheiden, die ihr jetzt hier das Dharma lest.

Der Mensch, der mit diesen Abbildern spielen kann, ist die Wurzel aller Buddhas. Dieser Mensch können wir sein, wenn wir wissen, dass der Buddha und das Reine Land lediglich Abbilder unserer selbst sind. Wir sagen: »Ich bin angekommen. Ich bin zuhause.« Überall ist das Zuhause derer, die praktizieren. Wir gehen arbeiten, wir sind angekommen. Wir kehren nach Hause zurück, wir sind angekommen. Wir machen Gehmeditation und kommen bei jedem Schritt an.

Meister Linji lehrte: »Euer Körper, der aus den vier Elementen besteht, weiß nicht, wie er über das Dharma sprechen oder es hören könnte. Eure Milz, euer Magen, eure Leber, eure Galle können weder über das Dharma sprechen noch es hören. Was ist es also, das über das Dharma zu sprechen oder es zu hören weiß? Es ist die leuchtende Klarheit, welche ohne jede äußere Form ist, die hier vor uns steht ... Diese Einsicht gilt es fortwährend zu bewahren, lasst keine Unterbrechung zu; wann immer eure Augen damit in Kontakt sind, werdet ihr es sehen.«

Die vier Elemente sind Erde, Wasser, Feuer und Luft. Meister Linji sagt, dass wir zwar aus den vier Elementen bestehen, doch nicht dem Glauben verfallen sollten, sie wären alles, was wir sind. Und so, wie wir nicht nur die vier Elemente des Körpers sind, sind wir auch nicht nur die vier Elemente des Geistes: Gefühle, Wahrnehmungen, geistige Gebilde und Bewusstsein. Ohne Körper kann sich der Geist nicht manifestieren. Und ohne Geist kann sich der Körper nicht manifestieren. Körper und Geist hängen voneinander ab und nehmen Zuflucht zueinander, um sich zu manifestieren.

Meister Linji lehrte: »Nur weil gefühlsmäßige Anhaftung entsteht, wird das Verstehen verdunkelt. Weil sich Wahrnehmungen verändern, verändert sich die Form der wahren Natur. Darum gibt es Wiedergeburt in den Drei Bereichen, und darum sind wir so vielen Arten des Leidens unterworfen ... Bewusstsein hat keine Form. Es durchdringt frei die Zehn Richtungen. In den Augen wird es Sehen genannt, in den Ohren wird es Hören genannt; in der Nase wird es Riechen genannt; im Mund wird es Unterhaltung genannt; in den Händen wird es Greifen genannt, in den Füßen Laufen und Springen. Alle entstehen sie aus einem strahlenden Licht, das in sechs Funktionen unterteilt ist, die in Harmonie zusammenwirken. Wann immer falsches Denken *nicht* entsteht, ist Befreiung da.«

Meister Linji bezieht sich hier auf das *Surangama-Sutra*, wenn er davon spricht, dass der eine hell leuchtende Geist in sechs Bewusstseinsarten unterteilt ist. Der hell leuchtende Geist manifestiert sich als sechs wunderbare Lichtstrahlen. Wenn wir das Licht leuchten lassen, sind wir der Buddha. Überdecken wir das Licht mit unseren Geistesplagen von Gier, Hass und Verblendung, sind wir ganz gewöhnliche Lebewesen.

Die alten Lehrer wollten den Menschen helfen; so stellten sie uns als Unterstützung der Praxis hilfreiche Mittel zur Verfügung. Doch wir verfangen uns in diesen hilfreichen Mitteln. Um zum Beispiel den Buddha in uns selbst zu berühren, schufen sie Buddha-Statuen. Und sie errichteten Tempel und stellten dort die Buddha-Statuen auf. Jetzt gehen wir in den Tempel und werfen uns vor der Buddha-Statue nieder. Doch wenn wir glauben, der Buddha wäre nur im Tempel, dann irren wir uns.

Die alten Lehrer gaben uns auch die Sutras und die Lehren, um uns in unseren Studien und unserer Praxis zu helfen. Doch wenn wir diese verabsolutieren, dann haben wir alles verloren. Wir sagen zum Beispiel, dass wir Gehmeditation machen sollten, denn sie befördere unser Wohlbefinden. Doch wenn wir Gehmeditation machen, nur weil wir glauben, wir sollten es tun, und uns dabei mit langsamen, übertriebenen Schritten bewegen, dann sieht das nur komisch aus und hilft uns nicht dabei, uns glücklicher zu fühlen.

Meister Linji lehrte: »Sitzt still und schneidet die Köpfe jedes Retributions- und Verwandlungskörpers des Buddha ab.« Wer würde es wagen, solche Dinge zu sagen? Vor langer Zeit saßen einmal zwei Zen-Meister auf einem Berg und meditierten gemeinsam. Nach der Sitzmeditation unterhielten sie sich. Einer von ihnen sagte: »Ich bin frei von allen Zeichen und äußeren Erscheinungsbildern; ich habe Zeichenlosigkeit erreicht.« Der andere bezweifelte das. Als der Mönch, der behauptete hatte, frei von Zeichen zu sein, loszog, um zu urinieren, schrieb der andere Mönch das Wort *phat*, was in Vietnamesisch Buddha bedeutet, mit einem Stück Kreide auf den Felsbrocken, auf dem der andere gesessen hatte. Als der nun zurückkam und das Wort Buddha sah, wagte er es nicht, sich dort wieder hinzusetzen. Der andere Mönch lachte und sagte: »Du siehst, du bist noch immer in Zeichen verfangen – du hast keine Zeichenlosigkeit erreicht.«

Meister Linji erinnert uns daran, dass der Verwandlungs- und der Retributionskörper des Buddha in Abhängigkeit vom wahren Körper gegründet und keine objektiven Wirklichkeiten sind. Ein Zen-Meister kann eine

Buddha-Statue in Stücke zerlegen, damit der Zen-Schüler erkennt, dass der Budhha nicht aus Kupfer oder Ton besteht. Wir töten nicht den wahren Buddha, wir töten unsere Auffassung von Buddha, damit der wahre Buddha die Möglichkeit zur Manifestation hat.

Meister Linji lehrte: »Alle vollkommen Erwachten und wundervoll Erwachten sind wie Fesseln, die euch einkerkern wollen. Arhats und Pratyekas sind wie ein Latrinenloch. Erwachen (*bodhi*) und Nirwana sind wie Eselspflöcke. Warum? Weil ihr kein klares Verständnis der Leerheit der drei unberechenbar langen *kalpas* erlangen konntet, rennt ihr in die Hindernisse, die ihr gegenwärtig erfahrt ... Ist es erforderlich zu gehen, geht. Ist es erforderlich zu sitzen, sitzt. Verlangt nicht einen Augenblick lang nach Buddhaschaft.«

Dies erinnert an die Geschichte des verlorenen Sohnes im *Lotos-Sutra*. Er hatte sein Zuhause verlassen, zog umher und bettelte um Nahrung. Viele Jahre später kehrte er, ohne es zu wissen, in sein Heimatland zurück. Er kam an den Ort, an dem sein Vater lebte, aber er erkannte seinen Vater, der in Abwesenheit seines Sohnes zu Reichtum gekommen war, nicht. Da der Sohn ihm nicht glauben würde, dass er sein Vater war, sagte dieser nichts. Der Sohn arbeitete für ihn in der untersten Position, er sammelte Unrat. Allmählich gab der Vater ihm eine immer höhere Stellung. Und dann enthüllte der reiche Mann seinem Sohn die Wahrheit, und der Sohn vermochte dessen Vaterschaft anzuerkennen.

Wir sind wie dieses Kind. Wir sind Kinder des Buddha, doch weil wir uns unwürdig fühlen, können wir nicht akzeptieren, dass wir seine Kinder sind. Es gibt allmähliche und plötzliche Erleuchtung. Der Buddha schlug zehn Schritte vor, wie Aufgaben, die wir durchlaufen können, bis wir schließlich das Land der Dharma-Wolke erreichen und Buddha werden. Die zehn Aufgaben, die zehn Positionen, die der Vater nutzt, um sein Kind allmählich großzuziehen, sind nur geschickte Mittel. Wir sind bereits Buddhas, doch weil es uns an Vertrauen fehlt, glauben wir das nicht.

Buddhistische Begrifflichkeiten wie zum Beispiel *Arhat* und all die Übungsperioden sind lediglich Beschreibungen und geschickte Mittel. Die alten Lehrer geben uns solche Bilder und Begriffe, um uns in unserer Übung zu helfen. Wir hören Dinge wie: »Wir sind unabhängig, wir sind frei, wir sind Bürger, wir sind stark, wir werden weiterhin voranschreiten«, und wir nehmen solche Formulierungen auf und glauben, dies würde ausreichen. Doch das alles sind nur Worte. Wenn wir nur durch Worte und Bilder leben und Dinge außerhalb unserer selbst verehren, dann sind wir nicht in Kontakt mit der Wahrheit.

Meditation im Gehen und im Sitzen oder die Meditation im Lauschen einer Glocke – sie sind nur Mittel der Übung, um Frieden, Freude und Befreiung erlangen zu können. Doch wenn wir diese Dinge tun und uns nicht glücklich dabei fühlen, bedeutet das, dass sie nur Formen und Worte sind. Sie nutzen uns überhaupt nichts, und wir unsererseits können anderen nicht von Nutzen sein. Wir lauschen der Glocke, sind still und atmen ein und aus, doch wir erleben dabei keinen Frieden oder keine Freude. Wir bleiben ruhig, weil andere ruhig sind, doch in unserer Stille gibt es keinerlei Achtsamkeit, Sammlung, Einsicht, Frieden oder Freude. Was ist dann die Glocke?

Die Glocke ist die Latrine. Die Glocke ist der Pflock zum Anbinden der Esel. Wir können unsere Kleidung in Freiheit anziehen. Wenn wir gehen müssen, gehen wir. Wenn wir sitzen müssen, sitzen wir. Und wir verbringen keine Minute damit, nach der Frucht der Buddhaschaft zu verlangen.

Zen-Meister Mazu Daoyi, der Großvater-Lehrer von Meister Linji sagte: »Wir sollten nur die Bedingungen nutzen, die uns helfen, das alte Karma aufzulösen. Wir sitzen, um altes Karma zu verwandeln. Wir wollen nicht noch mehr Unfälle, mehr Verletzungen, mehr neue Handlungen schaffen. Stattdessen kann unsere augenblickliche Erleuchtung die Verletzungen verwandeln und auflösen, die wir in der Vergangenheit geschaffen haben. Zur selben Zeit können wir uns davor bewahren, neue Verletzungen zu schaffen.«

Ich übersetze das so: Die neuen Gefahren, die neuen Handlungen, die wir gerade geschaffen haben, sie werden Gefahren für unsere Zukunft sein. Das heißt: Es gibt kein Dharma, das die höchste Erleuchtung ist, verlangt also nicht danach.

Wenn wir hart an der Buddhaschaft arbeiten, wird der Buddha Geburt und Tod ahnen lassen. Arbeitet die Welle schwer daran, nach Wasser zu suchen, wird sie sich nur ermüden, wird sie nur mehr Geburt und Tod schaffen, denn die Welle ist bereits das Wasser. Sie muss gar nicht mehr schwer arbeiten. Sie muss nicht fürchten, emporzusteigen und niederzugehen.

Bei meiner letzten Reise in die USA bat mich ein Freund, ihm die Worte »Ruhen in Gott« zu kalligrafieren. Ich schrieb sie für ihn nieder, denn dieser Ausspruch verkörperte die Erkenntnis, dass Gott hier ist, dass er kein alter, bärtiger Mann ist, der hoch über uns im Himmel thront. Gott ist hier, ist unsere wahre Natur, unsere Soheit, so wie das Wasser die Soheit der Welle ist. Und wenn die Welle weiß, wie sie Zuflucht zum Wasser nehmen kann, wenn sie weiß, wie sie Vertrauen in das Wasser haben kann, dann verliert sie all ihre Angst, Traurigkeit und Eifersucht. Nehmen wir Zuflucht zu unserer wahren Natur, haben wir keine Angst mehr vor Gewinn oder Verlust, vor Haben oder Nicht-Haben, Leben oder Tod, Sein oder Nicht-Sein.

Zeit ist wertvoll. Lasst uns den umhereilenden Geist anhalten, der zum Nachbarhaus rennt, um Zen zu studieren, den Weg zu studieren, nach der richtigen Redewendung zu suchen, nach den Worten zu forschen, zum Buddha zu beten, zu den Meistern zu beten, diejenigen zu finden, die Gutheit kennen. Im *Surangama-Sutra* erzählt der Buddha von einem jungen Mann mit einer geistigen Erkrankung. Eines Tages erschrak er sehr, denn er stellte sich vor, dass sein Kopf nicht mehr auf seinem Hals wäre, und er lief überall umher, um nach seinem Kopf zu suchen. Wir sind wie dieser junge Mann Yajnadatta. Wir haben den Buddha und das Buddha-Land in uns, und doch suchen wir noch.

Meister Linji forderte seine Schüler auf, zurückzugehen und nachzudenken. Er bezog sich dabei auf das *Plattform-Sutra* des sechsten Zen-Ahnen, auf die Geschichte, als Huineng in der Küche des Dong-Chan-Tempels arbeitete, Reis in einem Mörser zerstampfte und der fünfte Zen-Ahne, Hongren, die Küche betrat und dreimal auf den Mörser klopfte. Huineng verstand das so, dass er zu Beginn der dritten Nachtwache in die Privaträume des fünften Zen-Ahnen kommen, ihn dort treffen und das Dharma empfangen sollte. Der fünfte Zen-Ahne wollte eine heimliche Dharma-Übertragung vornehmen, da er Angst hatte, die Sangha würde eifersüchtig sein. Shenxiu war der älteste Schüler des fünften Zen-Ahnen. Er war begabt und ein guter Schüler, und alle hatten angenommen, er werde die Übertragung empfangen; doch die Robe und die Schale wurden an Huineng übergeben.

Wir haben nur den Bericht von Schülern Huinengs darüber, was geschah. Zu dieser Zeit wurde der Buddhismus in China angegriffen – Tempel wurden zerstört, Mönche getötet, Aufzeichnungen gingen verloren, und die Nördliche Schule des chinesischen Buddhismus starb schließlich aus. Der Buddhismus war sicherer im Süden, woher Huineng auch ursprünglich kam und wohin er nach der Übertragung zurückkehrte. Sein Dharma-Bruder Shenxiu blieb im Wurzeltempel, und er hat vielleicht auch die Übertragung vom fünften Zen-Ahnen erhalten. Der Südlichen Schule zufolge ist nur Huineng der sechste Zen-Ahne, doch es ist möglich, dass wir zwei haben – einen der Nördlichen und einen der Südlichen Schule.

Meister Linji lehrte: »Ehrwürdige Mönche, ihr solltet euer Leben in ganz natürlicher Weise leben. Spielt euch nicht auf. Es gibt eine Reihe von geschorenen Köpfen, die gut von schlecht nicht unterscheiden können. Sie sagen, dass sie Geister und Dämonen sähen. Sie deuten nach Osten und nach Westen und beten um Regen und Sonnenschein. Diese Gruppe wird mit Sicherheit das zurückzahlen müssen, was sie sich geliehen hat, und eines Tages wird sie vor Yama, dem Herrscher des Todes, Klumpen von geschmolzenem Eisen schlucken. Und die aus guter Familie, die von dieser Gruppe wilder Fuchsgeister getäuscht wurden, werden auch die Schulden für den Reis, den sie gegessen haben, zahlen müssen. Sie werden das nicht vermeiden können.«

Yama ist der König der Hölle. Er richtet die Toten und wählt ihre Strafe entsprechend ihrer Verfehlungen. Meister Linji beruft sich auf ihn, weil er von seinen Mönchen enttäuscht ist, die vorgeben, mehr zu wissen, als sie tatsächlich wissen. Zu dieser Zeit, gegen Ende der Tang-Dynastie, herrschte in einigen Klöstern zunehmender Verfall. Meister Linji will deshalb die Mönche in drastischen Worten daran erinnern, dass die einzige Aufgabe eines Praktizierenden darin besteht, einfach und auf ganz natürliche Weise zu leben und sich nicht aufzuspielen. Das ist auch für uns heute noch eine grundlegende Herausforderung.

12. Kommentar

Meister Linji warnt hier die Freunde auf dem Pfad, die ernsthaft das Dharma zu leben versuchen, sich nicht von Dämonen in die Irre führen zu lassen, jenen glatzköpfigen Leuten in Mönchsroben, die im Tempel leben und sich vor dem Buddha niederwerfen, während sie noch immer nach Reichtum und persönlichem Gewinn streben.

Die Worte des 9. Jahrhunderts unterscheiden sich ein wenig von denen des 21. Jahrhunderts, doch sie haben die gleiche Bedeutung. Wir sagen: »Sei du selbst. Versuch nicht, jemand anderes zu sein.« Meister Linji sagt: »Versuch, ein ganz normaler Mensch zu sein. Ein ganz normaler Mensch ist bereits wundervoll.«

Praxis ist keine harte Arbeit. Wenn wir zu schwer an etwas arbeiten, seien es Geschäfte oder sei es Erleuchtung, können wir nicht innehalten, um alle Wunder des Lebens in uns und außerhalb von uns zu erfahren. Das *Prajna-paramita-Herz-Sutra* sagt es in aller Klarheit: »kein Erkennen, kein Erlangen«, denn ihr seid bereits, was ihr sein wollt. Es gibt nichts zu erlangen. Haltet inne. Tut nichts. Es mag so aussehen, als gingen wir nirgendwohin, aber tatsächlich sind wir tief im gegenwärtigen Augenblick, und wir sind fähig, die letztendliche Dimension zu berühren.

Unser alltäglicher Geist ist bereits der Weg. Wenn wir weiterhin daran denken, im Außen zu suchen und im Nachbarhaus etwas zu finden, dann gehen wir bereits in die Irre. Wissen wir, wer der Buddha ist? Wissen wir, wer wir sind? Wir haben vielleicht eine Vorstellung von uns, doch unsere Vorstellung ist nicht das, was wir wirklich sind. Wir haben noch nicht unser wahres Sein gefunden.

Das Wort »Buddha« ist nur ein Wort. Wir glauben vielleicht, dass Linji sagt: »Sucht nicht nach dem Buddha, sucht stattdessen nach dem Dharma.« Doch auch das ist gefährlich, denn wir haben Worte und Begriffe, die ein Bild vom Dharma heraufbeschwören und nicht dessen wahre Natur. Dharma ist das Dharma des Geistes. Geist ist ohne Form, er durchdringt die Zehn Richtungen und manifestiert seine Aktivität direkt vor uns. Wonach wir suchen, unterscheidet sich von der Wirklichkeit so, wie sich die Erde vom Himmel unterscheidet. Unser Geist ist wie ein Maler, der ein Faksimile der wahren Wirklichkeit schafft.

Letztendliche Wirklichkeit erscheint uns nur deshalb als schwierig, weil wir unterscheiden, sobald wir versuchen, sie zu erklären; dadurch verlieren wir die Essenz des Letztendlichen, die Nicht-Unterscheidung ist. Unser Geist hat die Neigung zu unterscheiden. Er teilt die Welt in Subjekt und Objekt. Ich unterscheide mich von euch, der Vater unterscheidet sich von den Kindern, die Wolken unterscheiden sich von den Flüssen.

Der Geist ist wie ein scharfes Messer, das die Wirklichkeit in abgetrennte Stücke unterteilt. Wir sagen: »Ich liebe dies, ich hasse das; ich mag das, ich mag das nicht. Ich liebe den Buddha; ich hasse Mara[11].« Wir lieben Schönheit und verabscheuen Hässliches; wir lieben das Leben und hassen den Tod. Doch Leben und Tod durchdringen und bedingen einander. In jeder Sekunde sterben viele unserer Zellen, und viele neue Zellen werden geboren. Leben und Tod sind daher nur zwei Seiten der einen Wirklichkeit. Wenn es kein dualistisches Denken gibt, wird alles klar. Das kommt in den Zeilen eines Gedichts zum Ausdruck, das dem 3. Zen-Ahnen Sengcan zugeschrieben wird.

Der große Weg, die absolute Wahrheit, ist nicht schwer.
Schwer ist er nur, weil es Unterscheidung gibt.
Wenn wir weder lieben noch hassen,
Wird er auf natürliche Weise ganz klar.

Dharma-Vorträge sind nicht die Wahrheit. Das wahre Dharma existiert als Samen im Geist der Schüler, und die Dharma-Vorträge sind wie kleine Wolken, aus denen es regnet. Dadurch treiben die Samen im Geist der Praktizierenden aus und manifestieren sich. Dharma-Lehrer können die Wahrheit nicht anders übermitteln, als Eltern ihre Erfahrungen ihrem Kind zu vermitteln vermögen. Je mehr die Eltern mit dem Kind schimpfen, desto mehr wird das Kind blockiert. Das Beste, das Eltern tun können, ist, wie diese Regenwolke zu sein und die Weisheitssamen im Kind zu nähren. Wächst das Kind heran, wird mit Problemen konfrontiert und macht seine eigenen Erfahrungen, dann wird sich die gewässerte Weisheit manifestieren.

Meister Linji lehrte: »Ich spreche vom Dharma des Erd-Geistes, um Menschen zu helfen, das Heilige und das Profane, das Reine und das Unreine, das Wahre und das Konventionelle zu durchdringen. Doch das innere Wahre und Konventionelle, Heilige und Profane kann nicht in Begriffen des Profanen, Heiligen, Konventionellen und Wahren beschrieben werden. Profanes, Heiliges, Konventionelles und Wahres verweisen nie auf sich selbst als Profanes, Heiliges, Konventionelles und Wahres.«

Obgleich wir das Letztendliche, das Gewöhnlich-Alltägliche, das Heilige und das Profane in uns haben, sollten wir diese Begriffe nicht benutzen, denn ihre Wahrheit ist etwas ganz anderes. Wenn wir an Paris denken, haben wir eine Vorstellung, ein Bild von Paris und Worte, um Paris zu beschreiben. Doch Paris unterscheidet sich sehr von diesem Bild und unseren Worten. Vielleicht kommen wir für einige Tage nach Paris zum Einkaufen und glauben, wir würden es kennen. Manche leben zehn oder zwanzig Jahre in Paris und haben nicht die ganze Wirklichkeit der Stadt entdecken können. Wir sollten nicht die Worte und Vorstellungen mit der Wirklichkeit verwechseln.

Wenn wir diesen Schlüssel, diese Essenz, erfassen können, sollten wir ihn sofort in unserem täglichen Leben anwenden. Wir sind arm, aber wir glauben, wohlhabend zu sein. Wir sind Sklaven, meinen aber, Meister zu sein.

Wir sind die Fortdauer unserer Vorfahren, aber wir glauben, allein zu sein. Wir sollten uns nicht in Worten und Begrifflichkeiten verfangen.

Meister Linji lehrte: »Das Dharma dieses Bergmönchs unterscheidet sich sehr vom Dharma der Menschen, die der Welt anhängen. Selbst wenn Manjushri und Samantabhadra in ihren verschiedenen Manifestationen vor mir erschienen und mich über das Dharma befragten, würde ich, sobald sie ihre Münder öffneten und ›verehrter Meister‹ sagten, imstande sein, sie herauszuriechen.«

Oftmals urteilen wir schon, bevor Menschen noch ihren Mund geöffnet haben. Eine Französin sitzt vor uns, und schon haben wir Vorstellungen darüber, was es bedeutet, Französin zu sein. Wir erlauben nicht, dass sich uns die Wirklichkeit dieses Menschen zeigt. Wenn wir wissen, dass jemand katholischer Priester oder buddhistischer Mönch ist, haben wir sofort eine Vorstellung davon, was dies über die jeweilige Person aussagt. Manche Menschen maskieren sich als Bodhisattva Manjushri oder Bodhisattva Samantabhadra. Geben wir unser Unterscheiden und Werten auf, können wir nicht mehr getäuscht werden.

Wenn wir den Buddhismus studieren, suchen wir nach einem Lehrer, und wir glauben, dieser Lehrer verfüge über Weisheit. Wir müssen davon überzeugt sein, dass der Lehrer heilig ist und andere Leute gewöhnlich sind, damit wir dem Lehrer folgen können. Der Lehrer legt die Robe der Heiligkeit an, und wir glauben, dass er sofort heilig wird. Das tötet uns. Es ist eine Art von Tod, wenn wir von dem Gewöhnlich-Alltäglichen weglaufen hin zu dem, was wir als heilig ansehen. Wir laufen von uns selbst weg.

Meister Linji kann nicht mehr getäuscht werden, weil

er nicht mehr zwischen dem Heiligen und Profanen unterscheidet. Ein Mensch erscheint vor ihm, und ob dieser nun behauptet, ein Bodhisattva oder ein gewöhnlicher Mensch zu sein, Meister Linji erkennt stets seine wahre Natur.

13. Kommentar

Buddhismus sollte keine harte Arbeit sein. Wenn wir Sitz- oder Gehmeditation üben und uns zu sehr anstrengen, ist das nicht das Buddhadharma. Wenn wir während des Essens versuchen, nicht zu sprechen, und bestrebt sind, die Nahrung mit dem Löffel überaus korrekt aufzunehmen, dann arbeiten wir zu hart. Wir sollten uns achtsam verhalten. Meister Linji sagte nicht, dass wir unachtsam sein, sondern dass wir unser Leben so entspannt wie möglich leben sollten.

Wenn wir die Robe anlegen wollen, legen wir die Robe an. Wollen wir unser Mahl essen, essen wir unser Mahl. Wollen wir unsere Notdurft verrichten, verrichten wir unsere Notdurft. Wenn wir müde sind, können wir uns ausruhen. Wir müssen dem Dharma-Vortrag nicht lauschen. Wir müssen nicht zum Dharma-Gespräch gehen. Meister Linji bezog sich auf das Gedicht, das ein Schüler des siebten Zen-Ahnen der Nördlichen Schule des Zen-Buddhismus, Puji, verfasst hat. Es lautet:

Wenden wir uns für unsere tägliche Praxis nach außen,
Sind wir alle verblendet.
Der Verblendete kann über mich lachen,
Doch wer Einsicht, wer Verständnis hat, wird mich verstehen.

Wir können Meister unserer Umstände sein, wo immer wir sind. Nehmen wir an, eine ältere Schwester, ein älterer Bruder ärgert uns. Wir sind vielleicht geneigt zu glauben, es wäre ihr oder sein Fehler, dass wir leiden. Doch wir können stattdessen auch die Initiative ergreifen und uns entscheiden, der Schwester, dem Bruder und uns zu helfen. Meister Linji sagt: »Ihr solltet eure Unabhängigkeit bewahren in Übereinstimmung mit dem, wo ihr euch befindet; seid der wahre Mensch, wo immer ihr seid, gestattet nicht den Umständen, euch wegzuzerren.« Wo immer wir sind, ist unser wahres Selbst gegenwärtig. Wir stehen nicht vor einer Menschenmenge und geben vor, würdevoll zu sein, und werden dann, wenn wir allein sind, achtlos. Ob wir allein oder mit anderen sind, wir sind stets unser wahres Selbst. Ob wir unsere Notdurft verrichten oder einen Dharma-Vortrag halten, wir sind dieselbe Person.

Ich kenne eine thailändische Praktizierende, die ihren Respekt für ihren Lehrer verloren hat. Als sie nach den Gründen gefragt wurde, erzählte sie, dass ihr Lehrer einmal einen Hund getreten habe, nachdem er sich umgeschaut und geglaubt habe, niemand sehe es. Oft war er sehr mitfühlend, aber an diesem Tag trat er, aus welchen Gründen auch immer, einen Hund, und die Schülerin sah es. Vielleicht hatte er sich über etwas geärgert und trat den Hund deshalb. Doch die Schülerin regte sich am meisten darüber auf, dass er sich umgeschaut hatte, ob jemand es beobachtete, wenn er den Hund träte.

Wenn wir unser wahres Selbst sein können, dann werden wir befreit sein, selbst wenn wir in diesem oder einem vergangenen Leben eines der fünf Vergehen begangen haben, die ewige Hölle zur Folge haben – Vatermord, Muttermord, Arhatmord, das Bluten eines Buddha verursachen und eine Spaltung der Sangha verursachen.

Der Meister lehrte: »Die meisten Menschen, die in unserer Zeit den Buddhismus studieren, verstehen das Dharma nicht. Sie sind wie Ziegen, die alles fressen, was ihnen gegeben wird; sie können den Meister nicht vom Diener unterscheiden, den Gastgeber nicht vom Gast. Solche Menschen begeben sich mit der falschen Motivation auf den Übungsweg, allzeit bereit, Orte des Lärms und Trubels aufzusuchen ... Wahre Mönche müssen in ihrem täglichen Leben eine rechte Sichtweise haben, wodurch sie Buddha von Mara, das Wahre vom Falschen, das Heilige vom Profanen zu unterscheiden vermögen. Nur wenn sie über diese Fähigkeit verfügen, haben sie wahrhaft auf das Leben eines Haushälters verzichtet. Können Sie Mara nicht von Buddha unterscheiden, dann haben sie nur ein Haus aufgegeben, um ein anderes zu betreten. Man kann sie Karma schaffende Lebewesen nennen, aber nicht solche, die das Haushälterleben aufgegeben haben. In unserer Zeit gibt es ein Phänomen, Buddha-Mara genannt, ein Gebilde, in dem Mara und Buddha nicht unterschieden werden können, wie Milch und Wasser, die zusammengerührt wurden. Es heißt, dass der König der Gänse aus einer solchen Mischung die Milch allein trinken kann. Meine Dharma-Freunde mit guten Augen sollten meiner Auffassung nach sowohl Buddha als auch Mara umstürzen. Wenn sie immer noch dazu neigen, das Heilige zu lieben und das Profane zu hassen, dann werden sie im Ozean von Geburt und Tod weiterhin für eine lange Zeit versinken.«

Einige buddhistische Suchende sind wie Ziegen, die alles fressen, was ihnen begegnet. Die Ziegen fressen, was ihr Maul berührt. Wir studieren japanisches Zen, wir studieren tibetischen Buddhismus, wir studieren die südliche Traditionslinie, die nördliche Traditionslinie, wir studieren Achtsamkeit, wir studieren Vipassana. Wir kauen alles, was uns in den Weg kommt, wir haben kein Urteilsvermögen.

Meister Linji bezieht sich auf eine Geschichte aus dem Mahayana, in welcher der König der Gänse die Milch trinken und das Wasser zurücklassen konnte, selbst als Milch und Wasser so zusammengemischt waren, dass sie ununterscheidbar voneinander schienen, so wie Buddha und Mara. Abfall und Blumen hängen in ihrem Wachstum voneinander ab. Tag und Nacht hängen in ihrer Existenz voneinander ab. Das ist die Weisheit der Nicht-Unterscheidung.

14. Kommentar

Wir müssen den Unterschied zwischen Buddha und Mara, den Unterschied zwischen Gut und Böse eingehend betrachten. Mara symbolisiert etwas, das trügerisch, heimtückisch ist und Leiden verursacht, während Buddha etwas Gutes, Heilsames, Strahlendes und Glückliches repräsentiert.

Das ist in der christlichen Tradition ähnlich, bei der Gott und Satan als zwei einander gegenüberstehende Kräfte verstanden werden mit dem Menschen in der Mitte. Einige christliche Traditionen, vor allem die Orthodoxen, glauben: Wir sind eins mit Gott und nicht zwei getrennte Wirklichkeiten. Doch bedeutet das dann auch, dass wir nicht Satan sind?

Das Universum und der Schöpfer des Universums sind keine zwei verschiedenen Entitäten. Manche christliche Theologen sprechen von Gott als dem Grund des Seins. Das ist dem Buddhismus sehr nahe. Doch der Buddhismus fragt dann: Wenn Gott der Grund des Seins ist, was ist dann der Grund des Nicht-Seins? In der erstgenannten Auffassung gibt es noch eine Unterscheidung zwischen Sein und Nicht-Sein. Wenn wir unterscheiden, dann existiert die Trennung zwischen Buddha und Mara, Gott und Satan weiterhin. Wenn Gott die Grundlage des Seins ist, ist dann Satan die Grundlage des Nicht-Seins?

Sind wir gezwungen, einer Seite zu folgen und gegen die andere zu kämpfen, oder haben wir noch eine andere Möglichkeit? Diese Frage bezieht sich natürlich eher auf unseren Geist als auf die Wirklichkeit des Objektes. Wir glauben, dass es in der Wirklichkeit zwei einander gegenüberstehende Kräfte, Buddha und Mara oder Gott und Satan, gäbe. Meister Linjis Lehrmethode besteht hier darin, das Objekt zu entfernen. Es gibt keinen Buddha und keinen Mara.

Wir glauben vielleicht, dass wir Mantras rezitieren müssten, um Mara davonzujagen und in Sicherheit zu sein. Doch sind wir dann wie ein Künstler, der eine Statue geschaffen hat, vor der er sich nun fürchtet und die er deshalb verehrt. Mara ist keine objektive Wirklichkeit. Mara ist ein Produkt des Geistes. Der Meister sagt: »Ist in deinem Geist ein Zweifel, ist das Mara.« Auch der Buddha ist ein Produkt des Geistes. Nachdem wir den Buddha geschaffen haben, werfen wir uns vor ihm nieder. Warum folgen wir dann dem buddhistischen Weg, wenn es gar keinen Buddha gibt, dem wir folgen können? Warum nehmen wir Zuflucht zu den Drei Juwelen, Buddha, Dharma und Sangha? Weil wir Zuflucht zu diesen Dingen in uns selbst finden, zum Buddha, Dharma und der Sangha in uns. Der Meister lernte dies vom sechsten Zen-Ahnen.

Wenn Meister Linji sagt: »Schneidet alle Köpfe der Retributions- und Verwandlungskörper ab«, bezieht er sich auf das *Prajnaparamita-Sutra*, genannt die *Vollkommenheit der Weisheit in 8000 Zeilen*. Im ersten Kapitel des Sutra gibt es an einer Wegscheide einen Zauberer, der jedem den Kopf abschneidet. Der Geist ist ein Zauberer, und die ganze Welt ist ein Phantom; selbst Nirwana ist wie eine magische Illusion, ein Traum.

Alle Dharmas, sei es ein Tisch oder ein Stuhl, eine Wolke oder die Sonne, erscheinen so, als hätten sie Geburt und Tod. Schauen wir aber tiefer, können wir ihre wahre Natur sehen. Unser Geist erkennt acht Kategorien von Vorstellungen: Geburt, Tod, Sein, Nicht-Sein, Kommen, Gehen, Gleich, Verschieden. Wir glauben, dass die wahre Natur aller Dinge in diese Kategorien passt. Doch in Wahrheit gibt es kein Objekt, kein Phänomen, das wirklich außerhalb des Geistes ist. Überall ist das Zum-Schweigen-Bringen der Vorstellungen, und das ist der Buddha.

Zum-Schweigen-Bringen bedeutet hier, ohne die acht geistigen Kategorien von Geburt, Tod und so weiter zu sein. Wir sehen in Buddha und Mara oft die Repräsentanten der Welt der Reinheit und der Unreinheit. Aber sie sind keine zwei verschiedenen Dinge, genauso wie der Buddha und die Lebewesen nicht zwei verschiedene Dinge sind. Buddha und Mara sind einander nicht entgegengesetzter als die linke der rechten Hand.

Stellen wir uns vor, in einem Theaterstück um einen Helden und einen Dieb sagt der Dieb: »Ich möchte nicht mehr den Dieb spielen, ich möchte jetzt den Helden spielen.« Sie können die Rollen tauschen. Der Dieb spielte die Rolle des Abfalls, und nun spielt er die Rolle der Blume. Aber eine Blume kann ohne den Abfall nie eine Blume sein.

Meister Linji lehrte: »Es gibt kein Davor und es gibt kein Heute.« Der historische Buddha wurde vor 2600 Jahren geboren, und viele von uns glauben, dass sie sich glücklich schätzen könnten, wären sie zur Lebzeit des Buddha geboren worden. Doch der Buddha ist heute genauso gegenwärtig, wie er es damals war. Der Buddha ist nicht durch Zeit bedingt. Auch wir müssen nicht durch Zeit bedingt sein; wir brauchen keine zehn oder zwanzig Jahre, bevor wir ein Buddha werden können. Es geht nicht darum, über die Jahre Praxis anzusammeln. Wir können in diesem Augenblick Buddha werden.

Es gibt ein Lied, »Auf der Suche nach einander«, das diese Vorstellung ausdrückt. Es geht um die Suche nach dem Tathagata:

Gesegneter, ich habe davon geträumt, Tautropfen
zu trinken,
die vom Licht weit entfernter Galaxien
funkeln.
Ich habe Fußspuren auf himmlischen Bergen
hinterlassen
und aus der Tiefe der Avici-Hölle geschrien,
erschöpft und verrückt vor Verzweiflung,
weil ich so hungrig, so durstig war.

Millionen von Lebzeiten habe ich danach verlangt,
dich zu sehen,
aber ich wusste nicht, wo ich schauen sollte.

Ich wollte das Bild von dir, der für immer vollkommen ist, finden, als ob du als Wirklichkeit außerhalb von mir existieren würdest. Wir haben den Tathagata gesucht, wir haben Wüsten und Meere durchquert, haben Berggipfel erklommen und sind allein in der Wüste gestorben; wir haben versucht, alle Tränen in unserem Herzen zu verbergen, wir sind durch viele Schwierigkeiten hindurchgegangen, weil wir den Tathagata ausfindig machen, ihn finden wollten. Doch in diesem Prozess der Suche hatte unser Herz plötzlich eine Vision, und wir spürten, dass der Buddha, der Welt-Verehrte, und wir seit anfangloser Zeit eins gewesen sind; dass die Entfernung zwischen uns nicht größer ist als ein Gedankenblitz im Geist.

Ja, mit einer geheimnisvollen Sicherheit habe ich
deine Anwesenheit immer gespürt.
Ich weiß, dass du und ich
seit Tausenden von Lebzeiten eins sind,
und der Abstand zwischen uns ist nur ein
Gedankenblitz.

Meister Linji lehrte: »Ihr alle seid die klare, ursprüngliche Natur, niemand von euch ist darin behindert, die Zehn Richtungen zu durchdringen. Ihr könnt frei in den Drei Bereichen umherstreifen. Jeder von euch kann sich frei in jeden dieser Bereiche begeben, ohne behindert zu werden. Jeder kann im Bruchteil eines Augenblicks die Dharma-

Bereiche durchdringen. Trefft ihr den Buddha, sprecht ihr mit Buddha; trefft ihr den Meister, sprecht ihr mit dem Meister; trefft ihr einen Arhat, sprecht ihr mit dem Arhat, trefft ihr einen Hungrigen Geist, sprecht ihr mit dem Hungrigen Geist. Ihr könnt euch daran erfreuen, jedes Land zu bereisen, die Lebwesen zu unterweisen, und ihr seht nicht für einen Moment, dass ihr nicht zu Hause seid. Überall ist Reinheit, das Licht der Klarheit erleuchtet die Zehn Richtungen, und ihr erkennt die Einheit von allem, was ist.«

Jeder ist frei, ohne Behinderung in alle Welten einzutreten. Buddha zu werden, in die Welten der Zehn Richtungen einzutreten kann genau im gegenwärtigen Augenblick geschehen. Wollen wir die Welt der Hungrigen Geister betreten, können wir das sofort tun. Wollen wir die Welt der Buddhas und Bodhisattvas betreten, können wir das. Wollen wir die Vergangenheit betreten, können wir die Vergangenheit betreten. Wollen wir die Zukunft betreten, können wir das sofort tun. Wollen wir Buddha Mahakashyapa treffen, können wir das sofort im gegenwärtigen Augenblick tun. Wollen wir Buddha Maitreya, den Buddha der Zukunft, treffen, können wir auch ihn sofort treffen. Diese Zukunft ruht direkt in der Gegenwart. Wenn wir in Berührung mit unseren Urenkeln sind, die noch nicht geboren sind, dann können wir mit ihnen hier und jetzt in Berührung sein.

Wo ist unser Vater, unsere Mutter, unser Großvater, unsere Großmutter? Direkt hier. Wo ist unser Reines Land? Es liegt direkt hier. Im Buddhismus gibt es die beiden Begriffe *lokadhatu*, die phänomenale Welt, und *dharmadatu*, die noumenale Welt. Lokadhatu ist die Welt der Unterscheidung, in der wir unser tägliches Leben führen. In dieser Welt kann der Vater nur der Vater und nicht der Sohn oder die Tochter sein. In dieser Welt kann die Wolke nur eine Wolke und nicht eine Tasse Tee sein. In der Welt des Dharmadatu ist der Vater im Kind und das Kind im Vater. Wir sind im Buddha, und der Buddha ist in uns. Der Abfall ist in der Blume und die Blume im Abfall.

Diese beiden Welten manifestieren sich in Abhängigkeit von unserem Bewusstsein. Wissen wir, wie wir unser Bewusstsein beeinflussen können, dann können wir alles schaffen. Unsere eigene Kraft ist sogar schneller als der Computer oder das Telefon. In null Komma nichts können wir die Welt des Dharmadhatu betreten. Der Physiker David Bohm benutzte vergleichbare Begriffe: »implizite Ordnung« und »explizite Ordnung«. In Lokadhatu ist alles außerhalb von allem anderen. In der impliziten Ordnung enthält jedes Element, wie klein auch immer es sei, in sich die Gesamtheit des Universums. Jedes Element enthält den Geist, und der Geist enthält jedes Element. Das ist die Welt des Dharmadhatu.

Meister Linji lehrte: »Nur weil euer Vertrauen unreif ist, sucht ihr weiterhin in jedem Augenblick. Ihr nehmt euren Kopf weg, und dann sucht ihr danach; und ihr könnt euch von der Suche nicht abbringen.«

Manchmal stellen wir ein Objekt vor uns, um ihm nachzujagen. Dieses Objekt mag Nirwana, Gott oder materieller Reichtum sein. Wir werden müde, diesem Objekt unseres Begehrens nachzulaufen. Meister Linji wusste, seine Zuhörer hatten die Lehren über das Nicht-Erlangen bereits empfangen, aber es waren für sie noch immer nur Vorstellungen. Darum fand er andere Worte, um die Menschen aufzuwecken und ihr Vertrauen in ihre eigene Buddha-Natur wiederherzustellen. Wir müssen nur innehalten. Wenn wir innehalten, können wir Glück erfahren. Unsere wahre Natur unterscheidet sich nicht von der Natur großer Wesen.

»Meine Freunde, wenn ihr heute große Ehrenmänner sein wollt, müsst ihr die Wahrheit der Tatsache erkennen, dass es nie etwas zu tun gab.« Wenn wir ein wahrer Mensch sein wollen, sollten wir nichts tun, nicht einmal Buddha sein. Meister Linji benutzt den Begriff »Ehrenmann«, doch das gilt auch für »Ehrenfrau«. Jeder und jede kann dieser große Mensch sein. Wir selbst sind bereits wunderbar, und wir wollen dieses Wunderbare nicht mit einem anderen Wunderbaren vertauschen, dieses Wunder nicht mit einem anderen Wunder. Wenn wir nicht mehr etwas anderes sein wollen, dann ist das Vertrauen. Manchmal wird hier auch von Glaube gesprochen, aber es ist besser, Vertrauen zu sagen. Wir brauchen Vertrauen in die Wahrheit, dass wir ein Wunder sind und alles enthalten.

»Stellt euch Bodhisattvas der vollkommenen und plötzlichen Erleuchtung vor, welche die Dharma-Bereiche manifestieren und in sie eintreten. Sie wenden sich zum Reinen Land hin. Sie mögen das Profane nicht und lieben das Heilige. Gäbe es solche Bodhisattvas, so wären sie noch immer Anhaftung und Ablehnung unterworfen. Die Vorstellung von rein und befleckt wäre noch immer in ihrem Geist. Der Einsicht der Meditationsschule zufolge ist das nicht so. Verstehen geschieht jetzt, in diesem Augenblick; ihr müsst auf keine andere Gelegenheit warten. Was ich stets sage, ist, dass alles geschieht. Die Arznei und die Krankheit, die zu heilen ist, müssen zur gleichen Zeit zusammenkommen, denn Arznei und Krankheit müssen sich aufeinander beziehen. Abgesehen davon gibt es nichts anderes, das wir Wahrheit nennen. Wenn ihr das erkennen könnt, seid ihr wahrlich jemand, der vorangegangen und der es würdig ist, jeden Tag materielle Opfergaben im Werte von zehntausend Goldmünzen zu empfangen.«

Plötzliche Erleuchtung ist wie Instantnudeln oder Instantkaffee. Wir wollen sie, und wir können sie sofort haben. Ich will Erleuchtung und will sie sofort, ohne Warten. Wir wollen plötzliche Erleuchtung, wir suchen nach Dharmadhatu und wollen die Welt des Leidens verlassen. Wir richten uns auf das Reine Land aus und hassen diese gewöhnlich-alltägliche Welt. Wir »lehnen das Profane ab und lieben das Heilige«. Im *Herz der Vollkommenen Weisheit-Sutra (Herz-Sutra)*, heißt es, dass es nichts gibt, das unrein, und nichts, das rein wäre. Wir nennen die eine Seite heilig, die andere profan.

Krankheit und Arznei müssen aufeinander abgestimmt sein, damit die Arznei wirken kann. Gibt es ein Reines Land, ist das Reine Land nur die Arznei. Gibt es Nirwana, ist auch Nirwana nur eine Arznei. Gibt es Buddha, ist auch der Buddha nur eine Arznei. All diese Heilmittel sollen das Unwohlsein beseitigen, das im gegenwärtigen Augenblick da ist; die Krankheit, die Angst und die Zweifel, unter denen wir alle leiden. Alles, was die Menschen mit der Bibel, dem Koran, den buddhistischen Schriften geschaffen haben, sind verschiedene Arzneien, unterschiedliche geschickte Mittel, mit der wir unsere Krankheit behandeln können.

Unser Leiden existiert nur im gegenwärtigen Augenblick. Wir sorgen uns darum, dass wir in der Zukunft alt und krank werden und sterben müssen. Doch sind diese

Dinge nicht real. Wir müssen ihre Köpfe abschneiden, denn sie sind Dämonen, die uns den gegenwärtigen Moment und unser Leben verlieren lassen.

»Lasst euch nicht von unechten Meistern hier und da ohne Sinn und Verstand das Siegel der Realisierung aufdrücken, um dann umherzuziehen und die Nachricht zu verbreiten: ›Ich habe Zen, ich habe verstanden, was der Weg bedeutet‹, und eine wortreiche Rede zu halten, die wie ein Wasserfall fortwährend dahinfließt, doch deren einziges Wirken es ist, das Karma zu schaffen, das zur Hölle führt … Nur die Realisierung vollkommener rechter Einsicht kann als Erfolg angesehen werden.«

Unechte Meister sind solche, die um des persönlichen Vorteils willen vorgeben zu lehren. Ihnen fehlen zum Lehren Einsicht und Erfahrung, doch weil sie Respekt, Ruhm oder Gewinn gleich welcher Art anstreben, reden sie, als hätten sie Einsicht. Wie sollen wir das erkennen, wenn wir das Dharma empfangen? Es geht nicht darum, dass wir besondere Roben oder Kleidung tragen. »Das Werk des Buddha«, all die Dinge, von denen wir meinen, »sie seien nutzbringend für alle Lebewesen«, werden von Meister Linji als Karma der Hölle bezeichnet.

Wenn der Meister sagt, wir sollten nicht hergehen und in den Fehlern der Welt graben, zitiert er das *Plattform-Sutra*. Wenn wir umhergehen und von den Fehlern und Schwächen anderer erzählen, müssen wir Tag und Nacht reden und können doch nicht damit zum Ende kommen. Die Fehler der Welt sind endlos. Vierundzwanzig Stunden am Tag, Tag für Tag, reichen nicht aus, um sie alle aufzuzählen. Wir müssen unsere Zeit nutzen, um über das zu reden, was wirklich nutzbringend ist.

15. Kommentar

Ein Schüler fragte, was mit rechter Sicht gemeint sei. Meister Linji antwortete: »Rechte Sicht ist die Fähigkeit, die Natur des Werdens, Verbleibens, Erlöschens und der Leerheit in allen Erscheinungen zu erkennen, ob ihr nun in das Heilige oder Profane, das Reine oder Befleckte eintretet oder in die Buddha-Länder oder die Paläste Sukhavatis oder die Dharma-Bereiche Vairochanas.«[12]

Diese Orte existieren in uns und um uns herum. Wir brauchen dafür kein Flugticket zu kaufen. Wenn wir diese Orte nicht aufsuchen, dann deshalb, weil wir es nicht gewohnt sind. Doch wenn wir in diese Welten gehen, sind wir imstande, die Wahrheit der vier Erscheinungsweisen zu erkennen: Werden, Bestehen, Enden und Leerheit. Man kann sie auch nennen: Manifestation, Verweilen, Auflösung und Nicht-Sein.

Diese Zeichen verursachen nicht unser Leiden, und sie sind nicht verantwortlich für unser Glück. Wenn wir unsere Mutter, unseren Vater, unsere Kinder und unsere Lehrerinnen und Lehrer betrachten und ihre wahre Natur zu erkennen vermögen, die Natur von Nicht-Geburt, Nicht-Verweilen, Nicht-Auflösung und Nicht-Tod, dann haben wir rechte Sicht.

Berühren wir eine Welle, so sind wir mit allen Wellen in Berührung. Diese Welle wird von der nächsten fortgesetzt. Eine Welle gibt vor zu erscheinen, gibt vor zu verweilen, gibt vor, sich aufzulösen, gibt vor zu verschwinden. Werden, Bestehen, Enden und Leerheit sind lediglich vier falsche Zeichen. Wenn wir die wahre Natur dieser vier Zeichen als leer erkennen, können wir die Verweilorte der

Bodhisattvas betreten. Das ist Meister Linjis erste Definition von rechter Sicht.

Dies ist die zweite Definition: »Rechte Sicht bedeutet, im Erscheinen des Buddha in der Welt, in seiner Erleuchtung, im Drehen des Dharma-Rades und in seinem Eingehen ins Nirwana die Kennzeichen von Nicht-Kommen, Nicht-Gehen, von Ungeboren und Unsterblich zu erkennen.«

Als Siddhartha geboren wurde, haben die Menschen das gefeiert – das ist Manifestation, Werden. Siddhartha wuchs zu einem jungen Mann heran, der den Weg suchte und zum Buddha wurde – das ist Bestehen, Verweilen. Siddhartha durchlebte seine letzte Krankheit und lag schließlich zwischen den beiden Sala-Bäumen – das ist Auflösung, Enden. Und als Siddhartha in das Nirwana einging, verbrannten wir ihn und weinten – das ist Nicht-Sein, Leerheit. Diese vier Dinge verursachen nicht, dass wir glücklich oder traurig sind, sie sind nur die vier Arten der Manifestation. Erkennen wir das, haben wir rechte Sicht.

Meister Linji gab noch eine dritte Definition rechter Sicht: »Ihr erkennt, dass nichts wirklich ist, so wie ihr es geglaubt habt, als ihr die Dharma-Bereiche des Ungeborenen betreten habt, zu eurem Vergnügen in den Buddha-Ländern umhergereist seid und den Avatamsaka-Bereich aufgesucht habt.« Wenn ihr in die Dharma-Welt von Nicht-Geburt und Nicht-Tod eintretet, wandert ihr in allen Buddha-Ländern umher und betretet die Blumen-Schatz-Welt.

Stellt euch einen Schatz vor, der nur mit Blumen gefüllt ist. Im *Avatamsaka-Sutra*, das auch das *Blumengirlanden-Sutra* genannt wird, wird eine Welt als ein Lotos mit tausend Blüten, als eine Welt von Blumenreihen vorgestellt. Schauen wir tief in eines der Blütenblätter hinein, dann sehen wir weitere tausend Blüten in diesem einen Blütenblatt.

Während der Tang-Dynastie suchte der Ehrenwerte Fayan die Königin auf, um sie das *Avatamsaka-Sutra* zu lehren. Um ihr zu helfen, die Blumenwelt zu sehen, errichtete er einen achteckigen Stupa aus Glas. Er brachte die Königin an diesen Ort und führte sie in die Mitte, wo sie eine Kerze entzündete. Er zeigte ihr das Bild dieser Kerze in den umgebenden Spiegeln. Wenn die Königin das Bild der Kerze in einem Spiegel sah, bat der Ehrwürdige sie, sich in eine andere Richtung zu wenden, und sie sah, dass die Kerze auch im anderen Spiegel reflektiert wurde. Die eine Kerze wurde in allen Spiegeln reflektiert. Das wird bedingtes Entstehen oder Entstehen in Abhängigkeit genannt.

Das *Avatamsaka-Sutra* berichtet uns auch von dem jungen Mönch Sudhana, der mit zehn Jahren das Dharma von dreiundfünfzig verschiedenen Lehrern lernen wollte. Einer von ihnen schickte ihn zu Mahamaya, der Mutter des Buddha. Er hielt nach ihr Ausschau, konnte sie aber nirgendwo finden. Jemand sagte zu ihm: »Junger Mann, suche nicht. Wenn du suchst, wirst du sie nicht finden. Sitz in Stille, praktiziere bewusstes Atmen, dann wirst du eine bessere Chance haben.« Sudhana setzte sich also nieder, um innezuhalten und tief zu schauen. Da sah er plötzlich einen Lotos mit tausend Blütenblättern tief aus der Erde emporwachsen. Noch wunderbarer und wundersamer war aber, dass Sudhana selbst auf einem der Blütenblätter saß. Und schaute er tief in das Blütenblatt hinein, konnte er erkennen, dass er auf dem Blütenblatt eines Lotos mit tausend Blütenblättern saß. Und als er emporschaute, sah er die Königin auf einem anderen Lotos mit tausend Blütenblättern sitzen und ihn anlächeln. Wenn wir nicht umhergehen und suchen, geraten wir nicht außer Atem und werden erkennen, dass die Königin immer da ist. Sudhana neigte sein Haupt, um Mahamaya seinen Respekt zu erweisen.

Die Mutter des Buddha sagte: »Lieber Sudhana, als ich mit Siddhartha schwanger war, war ich sehr glücklich, denn ich wusste, dass in mir der Buddha war. Die Mutter des Buddha zu sein ist ein unermessliches Glück. Ich hatte so viel Leichtigkeit, so viel Frieden und Glück.« Wenn wir den Buddha in uns haben, können wir erkennen, dass wir alles haben. Die Mutter des Buddha fuhr fort: »Ich wollte, dass er sich in mir frei und behaglich fühlte. Und in diesem Moment kamen Tausende von Bodhisattvas aus den Zehn Richtungen zu mir geflogen und sagten: ›Wir wollen Siddhartha besuchen. Bitte erlaube uns, ihn in deinem Bauch zu treffen.‹ Ich hatte gar keine Möglichkeit mehr zu antworten, denn sie waren bereits in mich eingetreten. Ich war nicht sicher gewesen, ob Siddhartha genug Raum hatte, um sich zu bewegen, aber nun sah ich, dass dort Platz für Tausende von Bodhisattvas war.

Lieber Sudhana, ich erkannte zu diesem Zeitpunkt, dass Tausende, Millionen Bodhisattvas in mir Platz finden könnten, wenn sie in meinem Bauch mit Siddhartha zusammensein wollten. Denn das ganz Kleine enthält das ganz Große, und das Eine enthält Alles. Ich war die Mutter aller Buddhas der Vergangenheit. Ich bin die Mutter aller Buddhas der Gegenwart. Und ich werde die Mutter aller Buddhas der Zukunft sein.«

Diese Bilder sollen eine Vorstellung von rechter Sicht und den Ebenen des Entstehens in Abhängigkeit vermitteln. Wir müssen keine Mutter oder Königin sein, um das zu erkennen. Wir können unzählige Buddhas in uns haben, genau so, wie wir sind. Wir müssen unser Leben nur so leben, dass wir den unzähligen Buddhas die Gelegenheit geben, sich zu manifestieren. Leben wir voller Sorgen, Eifersucht und Leiden, dann verschließen wir den Raum in uns.

Meister Linji gab die vierte Definition von rechter Sicht: »Rechte Sicht bedeutet zu erkennen, dass die Person, die keinen Ort braucht, auf den sie sich stützen kann, wenn sie das Dharma hört, tatsächlich die Mutter aller Buddhas ist. Warum? Weil alle Buddhas aus einem Ort der Unabhängigkeit geboren wurden.«

Der Geist eines Menschen mit rechter Sicht ist nicht in Form, Klang, Geruch, Geschmack, Berührbarem und Dharma verfangen. Rechte Sicht bedeutet zu sehen, dass der Mensch keinem äußeren Zufluchtsort anhaftet. Die letzten Worte des vietnamesischen Zen-Meisters Van Hanh[13] an seine Schüler waren: »Nehmt ihr Zuflucht zu etwas? Seid ihr von etwas abhängig? Ich nehme Zuflucht zu dem Ort, an dem es keine Notwendigkeit gibt, Zuflucht zu nehmen.« Alle Buddhas manifestieren sich aus dem Ort der Nicht-Zuflucht, der Nicht-Abhängigkeit heraus. Alle Buddhas manifestieren sich an einem Ort der Nicht-Anhaftung; sie sind frei von Ideologien und Glaubenssätzen, selbst von den Lehren, die ihnen von den Buddhas, welche ihnen vorausgegangenen waren, dargelegt wurden. Diese Lehren mögen geschickte Mittel sein, doch sind sie die Schale und nicht das Mark.

Solange wir an etwas festhalten, solange wir an etwas anhaften, sind wir nicht frei. Können wir erweckt werden, sehen wir, dass auch die wahre Natur des Buddha Nicht-Erlangen ist. Erkennen wir, dass Nicht-Anhaftung Nicht-Erlangen ist, dann haben wir rechte Sicht.

Meister Linji lehrte: »Praktizierende, die nicht verstehen, sind weiterhin in Worten und Redewendungen gefangen und werden von Begriffen wie heilig, profan und so weiter behindert, so dass sie ihr Weisheitsauge nicht öffnen und deshalb die wahre Natur der Dinge nicht klar sehen können. Die Zwölf Abteilungen der Lehren gibt es nur, um diese wahre Natur deutlich zu zeigen. Praktizierende, die nicht verstehen, wenden sich Worten zu und suchen irrtümlicherweise dort nach Einsicht. Diese Haltung, nach einem Ort zu suchen, den man festhalten, auf den man sich stützen kann, lässt uns in den Kreislauf von Geburt und Tod fallen und hindert uns daran, den Kreislauf von Leben und Tod in den Drei Bereichen zu verlassen.«

Die Zwölf Abteilungen der Lehre des Buddha sind: Verse, Prosa, Prophezeiungen, Zusammenfassungen in Versen, Entstehen in Abhängigkeit, Gleichnisse, spontane Äußerungen, Zitate, Geschichten von früheren Leben, wundersame Erscheinungen, ausführliche Kommentare und Verdeutlichungen durch Definitionen. Welche Form die Lehren auch immer haben, sie vermögen die Samen der Weisheit, die bereits in uns sind, zu beleben. Ein Sutra ist nur eine unterstützende Bedingung zur Manifestation unserer eigenen Weisheit. Wenn wir uns daran erinnern, werden wir uns nicht verfangen.

Meister Linji sagte sehr deutlich, dass mit anhaftendem Geist ein Sutra zu lernen oder Sitzmeditation zu üben nur noch mehr Karma schafft und uns nicht aus dem Kreislauf von Ursache und Wirkung, Geburt und Tod befreit.

Meister Linji lehrte: »Wenn ihr als freie Menschen in Geburt und Tod umherwandern wollt, solltet ihr erkennen, wer es ist, der hier dem Dharma lauscht. Obwohl dieser Mensch keine Form hat, kein unterscheidendes Merkmal, keine Basis, keinen Ursprung, keinen Ort des Verweilens, lebt er, unendlich aktiv und imstande, zehntausende wundervolle Wirkungsweisen zu entfalten, und all diese Wirkungsweisen haben die Natur des Nicht-Verweilens.«

Wenn wir vor- und zurückgehen und Geburt und Tod frei durchschreiten können, dann sind wir nicht länger Opfer von Geburt und Tod. Sie haben keinen Einfluss mehr auf uns. Wollen wir frei sein und in Geburt und Tod umherwandern, müssen wir uns erkennen. Wir tragen viele Schichten übereinander. Sie alle verdecken den wahren Menschen.

Unser Ziel als Übende ist es, unseren wahren Menschen zu finden. Sind wir erleuchtet, dann sehen wir unseren wahren Menschen und werden nicht von den Schichten, die andere tragen, getäuscht.

Unser wahrer Mensch ist wahrhaft ohne Form, ohne Zeichen, ohne Basis oder Grund, er ist nicht von Ursachen und Bedingungen geschaffen. Doch unser wahrer Mensch ist sehr lebendig. Genau in diesem Moment ist er gegenwärtig, und wir müssen imstande sein, ihn zu erkennen. Dieser Mensch kann Wunder vollbringen. Dieser wahre Mensch kann in diesem Augenblick mit den Buddhas und Bodhisattvas aller Welten in Berührung sein. Dieser Mensch kann die geschickten Mittel schaffen, die anderen helfen, ihr Leiden zu überwinden.

Im *Sutra der Hundert Beispiele* aus dem chinesischen Kanon findet sich die Geschichte eines jungen Mannes, der sehr krank war. Der Arzt verordnete ihm eine Art Vogel, der seine Krankheit zu heilen vermögen sollte. Nachdem der Arzt gegangen war, sprach der junge Mann den Namen des Vogels immer und immer wieder aus, als würde er den Namen des Buddha rezitieren. Er tat dies zwei Wochen lang, doch seine Krankheit blieb. Er glaubte, es reiche aus, den Namen des Vogels zu sagen, um gesund zu werden – doch der Arzt hatte ihm den Namen genannt, damit er den Vogel ausfindig machen und sich dann zu Hause eine Suppe daraus kochen konnte.

Ein Freund des jungen Mannes kam zu Besuch und sah, wie dieser immer und immer wieder den Namen des Vogels wiederholte. Der Freund fragte: »Was tust du da?« Und der junge Mann erwiderte: »Der Arzt hat mir gesagt, dass mich der Vogel heilen kann.« Und der Freund meinte: »Narr, du hast dich in dem Wort verfangen.« Der Freund nahm ein Stück Papier und einen Stift und malte das Bild eines Vogels und deutete darauf. »Iss diesen Vogel«, sagte er, »und dann bist du von deiner Krankheit geheilt.«

Als der Freund gegangen war, nahm der kranke junge Mann eine Schere, schnitt den Papiervogel aus und schluckte ihn hinunter. Weil er dann noch immer nicht geheilt war, bezahlte er Leute dafür, weitere dreißig Vögel zu malen, und schluckte sie alle hinunter. Noch immer war er nicht geheilt. Das Wort »Vogel« und die Zeichnung sind wie die Lehre des Buddha als geschickte Mittel gedacht, die uns helfen sollen, die Wahrheit ausfindig zu machen. Doch weil wir uns in den geschickten Mitteln verfangen, können wir das Letztendliche nicht sehen. Der Buddha verglich die Wahrheit mit dem Mond und seine Lehren mit dem Finger, der auf den Mond deutet. Der Finger ist nur dazu da, um auf den Mond zu deuten.

Eines Tages kam ein Mann vorbei und sah, dass der junge Mann Papierschnipsel aß. Er fragte ihn: »Was tust du da? Warum malst du Vögel und schneidest sie aus? Hast du vor, dein Haus zu schmücken, um Neujahr zu feiern?« Der junge Mann antwortete: »Nein, ich schneide diese Vögel aus, um sie zu essen, denn der Arzt hat gesagt, ich müsse diese Vögel essen, um gesund zu werden.«

Aus Mitgefühl nahm ihn der Mann bei der Hand, ging mit ihm zum Markt und deutete auf einen realen Vogel und sagte: »Das ist der Vogel, du musst ihn kaufen, kochen und essen.« Er schaute zu, wie der junge Mann den Vogel zu Hause tötete, kochte und aß. Dann ging der Freund, und der junge Mann war geheilt.

Dieser Freund tat etwas sehr Einfaches, doch eine klare Unterweisung wie diese ist ein Wunder. Der Buddha sagte, das Wunder der Unterweisung ist das größte Wunder, denn es kann anderen helfen, das Leiden zu überwinden. In meiner Tasche habe ich stets Streichhölzer, eine Kerze und sechs Kieselsteine. Ich kann, während ich lehre, damit Wunder vollbringen. Doch wenn jemand in meiner Tasche kramt und meine Streichhölzer, die Kerze und die sechs Kieselsteine herausnimmt, um sie zu Hause zu verehren, würde er nichts Wundersames in ihnen finden. Das Wundersame liegt nicht in den Objekten selbst, sondern in der Lehre, den geschickten Mitteln.

Meister Linji lehrte: »Meine Freunde, identifiziert euch nicht mit diesem illusorischen Freund, dem Körper, denn er muss früher oder später in die Hände des Dämons der

Vergänglichkeit zurückkehren. Was braucht ihr in dieser Welt, um euch der Suche nach Befreiung zuzuwenden? Alles, was ihr braucht, sind eine Schale mit braunem Reis und ein Stoffumhang; ansonsten solltet ihr eure gesamte psychische Kraft und eure Zeit dazu nutzen, einen guten spirituellen Freund zu finden. Verschwendet nicht eure Tage und Stunden, indem ihr verschiedenen Vergnügungen folgt. Die Zeit ist kostbar, das Leben ist vergänglich, die vier großen Elemente *(mahabhuta)* und die vier Zeichen (Geburt, Verweilen, Wandel, Erlöschen) treiben euch voran. Ihr müsst die zeichenlose Natur dieser vier unmittelbar erkennen, um nicht durch eure Umgebung hin und her gestoßen zu werden.«

Der illusorische Freund ist die fünf Skandhas: Form, Gefühle, Wahrnehmungen, geistige Gebilde und Bewusstsein. Wir identifizieren uns mit ihnen, und wenn sie sich auflösen, lösen auch wir uns auf. Die erste falsche Auffassung ist, zu meinen, wir wären die fünf Skandhas. Dieser Körper wäre ich. Diese Gefühle wären ich. Diese Wahrnehmungen wären ich. Diese geistigen Gebilde wären ich. Und dieses Bewusstsein wäre ich. Die zweite falsche Auffassung ist, dass wir meinen, uns von den fünf Skandhas zu unterscheiden, doch sie gehören zu uns, wie unsere Schuhe oder unser Auto. Die dritte falsche Auffassung wird »wechselseitiges Enthalten« genannt. Wir glauben, dass das Selbst in den fünf Skandhas wäre und die fünf Skandhas im Selbst wären. Danach sind wir nicht die fünf Skandhas, die fünf Skandhas sind nicht wir, aber wir enthalten einander. Der vierten falschen Auffassung zufolge sind wir nicht die fünf Skandhas, doch wir sind auch nicht *nicht* die fünf Skandhas. In der Literatur des *Abhidharma*, der Kommentare zu den Sutras, wurden die vier Auffassungen vom Selbst viel diskutiert. Doch hier müssen wir nur wissen, dass wir uns nicht mit dem illusorischen Freund, den fünf Skandhas, identifizieren sollten.

Meister Linji möchte uns warnen und legt uns dar, dass unser wahrer Mensch nicht die fünf Skandhas ist. Er will nicht, dass wir uns in der ersten Auffassung verfangen; er will aber auch nicht, dass wir uns in der zweiten Auffassung verfangen, denn die fünf Skandhas enthalten die wahre Natur der Unbeständigkeit, der Vergänglichkeit. Nehmen wir als Beispiel eine Wolke. Zunächst scheint es, als würde die Wolke geboren werden und sterben. Sie manifestiert sich und löst sich auf. Doch wenn die Wolke nicht da ist, ist sie nicht tot. Sie ist zu Regen geworden.

Identifizieren wir uns mit den fünf Skandhas, fühlen wir Unbehagen. Die vier Elemente Erde, Luft, Feuer und Wasser verursachen, dass sich unser Körper unbehaglich fühlt. Geburt, Alter, Krankheit und Tod lassen uns leiden.

Wir lieben etwas und haften an dessen Form an und denken daran, dass es sich verändern und sterben wird, und dies lässt uns leiden. Eine Blume kann sich manifestieren; sie wird geboren, sie besteht, bleibt für drei oder fünf Wochen bei uns, dann beginnt sie sich zu verändern und verwelkt allmählich. Irgendwann ist sie verwelkt, die Blüten fallen ab, und sie stirbt. Wir lieben Chrysanthemen, aber wir müssen sie außerhalb von Geburt, Bestehen, Wandel und Tod sehen. Wenn sie sich manifestieren, lächeln wir und genießen sie. Doch wenn sie im Verborgenen sind, weinen wir nicht oder fühlen uns traurig. Wir sagen: »Nächstes Jahr werde ich euch wiedersehen.«

Diese Stimmung kommt in einem Gedicht des Zen-Ahnen Huyen Quang zum Ausdruck, der Chrysanthemen sehr liebte. Er war der dritte Meister der Bambuswald-Schule in Vietnam und lebte im 13. und 14. Jahrhundert im Con-Son-Tempel in Nordvietnam, wo er in allen Gärten rund um den Tempel Chrysanthemen pflanzte.

Auf dem Pfad zu Tuong Hus Haus wiegt sich der
  Bambus,
singt mit dem Wind.
Der Garten von Tay Ho wird von Pflaumenblüten
  geschmückt.
Ich habe nicht denselben Geschmack wie die beiden.
In meinem Garten blühen überall Chrysanthemen.

Tausend Flüsse reichen nicht aus, um das alte Herz
  zu erfrischen.
Alle Dichtkunst über die Pflaumenblüten ist nicht
  genug.
Dieser alte weiße Kopf erfreut sich weiter an den
  Chrysanthemen.
Jedes Mal, wenn eine Chrysantheme erblüht,
  beflügelt das mein Herz.
Ich lasse meinen Rang fahren, meinen Ruhm in
  der Welt.
Ich habe alles hinter mir gelassen.
Lange in Meditation sitzend, durchdringt die
  Kälte das Bett.
In den Bergen lebend, vergeht das Jahr
  ohne Kalender.
Doch wenn ich die Chrysanthemenblüte sehe,

weiß ich, es ist der neunte September;
Jedes Jahr erblühen die Chrysanthemen genau
zur richtigen Zeit.
Der wundervolle Wind, der helle Mond umfassen
diese tiefe Bedeutung.

Ich lache über die, die das Wunder, das Wunder
der Blumen, nicht sehen.
Wenn die jungen Mädchen nach Hause gehen,
ist ihr Haar voller gepflückter Blumen.
Der Mensch ist auf dem Balkon, die Blumen sind
im Garten.
Ich sitze dort ohne Kümmernis, ich genieße,
beobachte den Rauch des Räucherwerks,
und ganz natürlich werden Mensch und
Blume eins.
Inmitten aller Farben und Düfte manifestieren
sich die Chrysanthemen weiß oder gelb,
abhängig vom Wetter.
Wenn alle anderen Blumen abgefallen sind und den
Hof bedecken,
sind an der östlichen Umzäunung die Chrysanthemen
noch nicht verwelkt.

Chrysanthemen haben die vier Zeichen von Geburt, Bestehen, Wandel und Zerstörung. Doch der Zen-Meister ist in der Lage, durch diese vier Zeichen hindurchzuschauen, und weiß, dass sie fortbestehen werden. Er sitzt da und beobachtet die Blumen mit dem klaren Geist eines wahren Menschen, bis es keinen Abstand zwischen der Blume und ihm mehr gibt.

16. Kommentar

Meister Linji prägte den Ausdruck »Zeichenlosigkeit der vier Objekte des Geistes«. Die vier Zeichen sind die vier großen Elemente: Erde, Wasser, Feuer und Luft. Er verwendete das Bild der Erde, um über die Hindernisse zu sprechen, die durch unsere Verblendung und unsere Zweifel verursacht werden. Wann immer wir eine falsche Wahrnehmung haben, ist das wie ein gewaltiger Felsen vor uns, den wir nicht umrunden können, und dieses Hindernis wird durch die Erde symbolisiert. Wasser repräsentiert das Hindernis, das durch Verlangen oder sinnliche Begierden verursacht wird. Wasser kann uns sehr weit mitreißen, und sinnliche Begierden zerren an uns wie eine starke Strömung. Feuer repräsentiert das Hindernis der Wut, denn Wut kann brennen. Luft und Wind repräsentieren das Hindernis der Erregung und Aufgeregtheit, denn der Wind treibt uns an und zieht uns von unserer eigenen Ruhe und Zufriedenheit fort. Diese Erregung und Freude unterscheiden sich sehr von dem Glück, das wir aufgrund der positiven Elemente in unserer Übung erfahren. Anders als bei wirklichem Glück ist dies eine Freude, ein Überschwang, der zu einer Begierde wird, weil wir vom Adrenalin der Erregung abhängig werden.

Haben wir Einsicht in die leere Natur der vier Elemente, sind sie keine Hindernisse mehr, und wir können Zuflucht zu ihnen nehmen. Dann werden die vier Elemente »zeichenlos«, wir bewahren unsere Freiheit, und wir machen, wie Meister Linji sagt, guten Gebrauch von unserer Umgebung. Wenn wir uns von einer Situation nicht bedrängen lassen, kann uns das Feuer nicht verbrennen;

stattdessen können wir es nutzen, um Reis zu kochen und das Haus zu heizen. Wenn das Wasser uns nicht hinabziehen kann, können wir es zum Waschen nutzen und zum Wässern des Gemüsegartens. Wenn uns die Erde nicht beengt, kann sie zum Grund unseres Hauses oder Gartens werden. Wenn der Wind kein Hemmnis ist, können wir ihn nutzen, um unsere Kleidung zu trocknen oder einen Drachen steigen zu lassen.

Meister Linji lehrte: »Ihr geht im Osten auf und im Westen unter. Ihr geht im Süden auf und im Norden unter. Ihr geht in der Mitte auf und am Rand unter. Ihr geht am Rand auf und in der Mitte unter. Ihr geht auf dem Wasser wie auf der Erde und auf der Erde wie auf dem Wasser.«

Das ist die wundersame Macht, über die wir verfügen, wenn wir uns nicht mehr in Zeichen verfangen. Auf dem Wasser gehen ist wie auf der Erde gehen. Wie kann das sein? Können wir die leere Natur der vier großen Elemente sehen, dann haben wir keine Angst mehr vor ihnen. Kennen wir ihre wahre Natur, können wir zu Erde, Wasser, Feuer und Luft Zuflucht nehmen, und sie werden uns nicht behindern. Statt uns vor dem Wasser zu fürchten, können wir auf den Wellen reiten. Im *Großen Prajnaparamita-Sutra* (Taisho 122) heißt es: »Wenn wir die wahre Natur der Leerheit der sechs großen Elemente erkennen, sind wir unser eigener Meister und können wundersame Kräfte manifestieren.«

Manchmal sprechen wir von vier Elementen, manchmal von sechs. Die beiden anderen sind Raum und Bewusstsein. Meister Linji sagte, dass der Mensch, der hier sitzt, um dem Dharma zu lauschen, nicht aus diesen vier oder sechs Elementen bestehe. Die vier großen Elemente sind lediglich die Bedingungen, unseren leuchtenden Geist zu manifestieren.

Die Wärme des Sommers unterstützt die Manifestation der wundervollen Sonnenblumen, doch Sonnenblumen existieren auch, wenn es nicht Sommer ist. Die Sonneblume welkt, aber sie stirbt nicht. Sie verbreitet ihre Samen, um sich erneut zu manifestieren.

Jeder von uns hat einen Körper, Gefühle, Wahrnehmungen, und wir sollten uns an ihnen erfreuen und sie benutzen, so wie sich die Sonneblume zur Sonne hin streckt. Doch wir werden nicht von diesen Dingen kontrolliert. Wir sind nicht nur unsere vier großen Elemente. Wenn wir das wissen, sind wir frei von Anhaftungen, ob wir nun bleiben oder gehen.

Meister Linji zufolge sollten wir also nichts hassen oder lieben, denn durch diese beiden Haltungen bleiben wir unserem Körper, unseren Gefühlen und Wahrnehmungen verhaftet. Wenn wir das Heilige lieben und das Gewöhnlich-Alltägliche hassen, sind wir nicht frei. Nur die Erkenntnis der wechselseitigen Abhängigkeit kann uns davon abhalten, der Liebe hinterherzulaufen und vor dem Hass wegzulaufen. Auch im hasserfüllten Menschen ist ein liebenswerter Mensch. Und wenn wir wissen, wie, wird das Hasserfüllte zum Liebenswerten. Umgekehrt gibt es in dem liebenswerten Menschen das Hasserfüllte, und wenn wir nicht geschickt vorgehen, dann wird das Hasserfüllte dominant, und die liebenswerte Person wird nicht länger so wunderbar sein.

Genau das passiert in der Welt ständig. Ein junges Paar wünscht sich nichts anderes, als für immer zusammen zu sein. Sie schauen einander an und sehen nur ihre Liebe und die Schönheit des anderen. Dann heiraten sie, und schon bald wässern sie nur noch den Hass im jeweils anderen. Sie können es nicht mehr ertragen, einander anzuschauen, und wundern sich, dass die andere Person so hässlich aussehen kann.

Heiligkeit ist nur das Wort »Heiligkeit«. Und wenn wir das Wort »Heiligkeit« aussprechen, entfernen wir alles, das nicht heilig ist, das Gewöhnlich-Alltägliche. Gäbe es das Gewöhnlich-Alltägliche nicht, wie könnte es dann Heiligkeit geben? Von daher entfernt jedes Wort – selbst Worte wie »Heiligkeit«, »schön« oder »Buddha« – durch seine Beschreibung einen Teil der wahren Natur des Bezeichneten. In der Nur-Manifestations-Schule der buddhistischen Psychologie wird dies Ausschließen genannt. Wenn wir einen Namen laut aussprechen, ist es so, als stießen wir ein Messer in die Wirklichkeit und schnitten diese in kleine Stücke. Wir sind nicht imstande, die enge Beziehung zwischen den Phänomenen zu sehen.

Meister Linji lehrte: »Pilger steigen auf den Wutai-Berg, um Manjushri zu finden. Das ist ein Irrtum. Wie könnte Manjushri auf Wutai Shan sein? Wollt ihr mit Manjushri Bekanntschaft schließen? Manjushri ist das wundervolle Wirken, das ihr vor euren Augen seht. Es war immer da. Daran gibt es keinen Zweifel. Das ist der lebendige Manjushri. Das Licht der Nicht-Unterscheidung, das in jedem Augenblick der Sammlung in alle Richtungen strahlt, ist der wahre Bodhisattva Samantabhadra, der in diesem Licht erscheint. Jeder Augenblick der Sammlung, der ungebunden, der an allen Orten frei ist, ist die meditative Konzentration von Bodhisattva Avalokiteshvara.«

Es gibt Praktizierende, die den Wutai-Berg erklimmen, um Bodhisattva Manjushri, den Bodhisattva des Großen Verstehens, zu finden. Viele Menschen klettern dort hinauf und glauben, sie hätten Bodhisattva Manjushri in Gestalt eines alten Mannes oder eines kleinen Kindes auf dem Rücken eines Ochsens sitzend oder reitend getroffen. Doch würde das bedeuten, dass Manjushri nicht auf den anderen Bergen wie dem Pu Tuo Shan gegenwärtig wäre, dass der Pu-Tuo-Shan-Berg nur Bodhisattva Avalokiteshvara beherbergte, der Emei-Shan-Berg nur Bodhisattva Samantabhadra und der Jiu-Hua-Shan-Berg nur Bodhisattva Kshitigarbha.

Als ich mit einer Gruppe von Brüdern und Schwestern zum ersten Mal zum Wutai Shan kam, fragte ich den Mönch, der sich um den Tempel am Fuße des Berges kümmerte: »Bist du Manjushri?« Manujushri ist nicht auf dem Wutai Shan zu finden, wie Meister Linji sagt. Darum sollten wir unser Geld nicht für ein Flugticket verschwenden. Nach der Landung auf dem Flughafen müssten wir ein Auto mieten und sehr lange fahren, um den Wutai-Berg zu erreichen; es wäre eine Verschwendung von Geld und Zeit. Wenn wir Manjushri erkennen wollen, müssen wir nur direkt vor uns schauen. Das wundervolle Wirken vor uns, unser leuchtender Geist, kann in Berührung mit den Buddhas und Bodhisattvas sein, mit uns selbst, mit dem blauen Himmel und den weißen Wolken. Wir wissen, dass wir dasitzen. Wir selbst sind in diesem Augenblick in wunderbarer Weise gegenwärtig, und das ist Manjushri.

Meister Linji lehrte: »Das Licht der Nicht-Unterscheidung, das in jedem Augenblick der Sammlung in alle Richtungen strahlt, ist der wahre Bodhisattva Samantabhadra, der in diesem Licht erscheint.« Damit spricht er über Emei Shan, den Berg von Samantabhadra, dem Bodhisattva der spirituellen Praxis. Wann immer die Weisheit der Nicht-Unterscheidung, des Nicht-Ausschlusses, da ist, in dem Augenblick ist Samantabhadra gegenwärtig. Das ist die Definition von Samantabhadra. Samantabhadra bedeutet das nicht unterscheidende Licht jedes Gedankens im Geist, der wirkliche Samantabhadra.

Meister Linji lehrte: »Jeder Augenblick der Sammlung, der ungebunden, frei an allen Orten ist, ist die meditative Konzentration von Bodhisattva Avalokiteshvara.« Avalokiteshvara ist der Bodhisattva des Mitgefühls. Nicht gebunden sein bedeutet nicht unterjocht sein. Bei jedem Gedanken können wir uns losbinden. Wir sind in so mannigfacher Weise gebunden. Und wer bindet uns? Wir selbst sind es. Es gibt eine Zeile in dem vietnamesischen Heldengedicht »Die Geschichte Kieus«, die lautet: »Wir tragen diese Liebe mit uns, und wir binden uns vorsätzlich an sie.« Wir fesseln uns selbst in jedem Augenblick, wir können aber auch frei sein in jedem Augenblick, an jedem Ort. Diese Freiheit ist die wahre Natur von Bodhisattva Avalokiteshvara, der Sammlung von Avalokiteshvara. Avalokiteshvara, im Chinesischen Guan Yin, trägt auch den Namen *guan zizai*, »in die Freiheit hineinschauen«. Freiheit erfordert lediglich tiefes Schauen, und wir können sehen, dass uns nichts fesseln muss. Wir lösen die Stricke, und da ist Avalokiteshvara.

Meister Linji lehrte: »Abwechselnd sind diese drei Bodhisattvas Gastgeber und Freund. Manifestiert sich einer, manifestieren sich alle. Einer ist alle drei, und alle drei sind einer. Nur wenn ihr das erkennt, könnt ihr die Sutras des Weges wirklich studieren.«

Manjushri ist großes Verstehen, Samantabhadra ist Nicht-Unterscheidung, Avalokiteshvara ist Einsicht in die Freiheit. Diese drei, Verstehen, Nicht-Unterscheidung und Freiheit, wechseln sich ab, Meister und Freund zu sein. Ist einer der Meister, sind die beiden anderen die Freunde. Und wenn der Freund zum Meister wird, wird der Meister zum Freund. Sie kommen als ein Trio. So lange es Avalokiteshvara gibt, so lange gibt es Samantabhadra und Manjushri. Und wenn Manjushri da ist, sind auch Samantabhadra und Avalokiteshvara da. Einer ist alle drei, und alle drei sind einer.

17. Kommentar

Ohne Vertrauen können wir den Weg zur Freiheit nicht gehen, Es gibt die *Pu der Bär*-Geschichte »In welchem Pu und Ferkel auf die Jagd gehen und beinahe ein Wuschwl fangen«.[14] Pu läuft im Schnee herum, und ohne es zu merken, geht er im Kreis. Als er zu seinem Ausgangspunkt zurückkommt und seine Fußspuren sieht, überlegt er: »Welche Fußspuren sind das da wohl im Schnee?« Dann folgt er ihnen, um es herauszufinden, mit der Folge, dass noch mehr Fußspuren auftauchen und Pu noch verwirrter ist.

Wenn uns jemand von einer neuen Idee erzählt, neigen wir dazu, sie sofort in Zweifel zu ziehen. Wir schauen in den Himmel und auf die Erde und halten nach jemandem Ausschau, den wir konsultieren könnten. Und je mehr Rat wir einholen, umso unklarer wird die Sache für uns. Denn jeder kommt mit einer Idee, und jede Idee ist falsch. Jede

Idee ist Objekt der jeweiligen Sichtweise, Objekt des Geistes und nicht die Wirklichkeit.

Stellt euch vor, zwei Wellen unterhalten sich. Eine sagt: »Ich habe gehört, unsere wahre Natur sei Wasser. Wie können wir das herausfinden?« Sie können sich natürlich nirgendwohin wenden und nachschauen. Ihr lest vielleicht diesen Kommentar, um die »Wahrheit« dessen zu verstehen, was Meister Linji sagte, doch vielleicht hat der Meister gar nichts gesagt, sondern nur gesprochen, um die Weisheit in unserem Herzen aufzubrechen.

Meister Linji lehrte: »Der wahre, große Ehrenmann redet nicht über Meister und Diener, über richtig und falsch, Schönheit und Begabung. Er verbringt nicht all seine Zeit mit Debattieren. Wenn jemand zu diesem Mönch hier kommt, sei es ein Mönch oder Laie, kann dieser ihn bis zu dessen Ursprung durchschauen und erkennen, dass alle Klänge, Redewendungen und alles Geschriebene, das er verwendet, nur illusorische Träume sind.«

Es gibt einen chinesischen Ausspruch, der lautet: »Wenn du gewinnst, hält man dich für einen König; wenn du verlierst, hält man dich für einen Räuber.« Ob man uns nun »König« oder »Räuber« nennt, hängt nur von den Bedingungen und Umständen des jeweiligen Augenblicks ab. König und Räuber sind nicht die wahre Natur der Wirklichkeit. Wir verbringen so viel Zeit damit, über Dinge zu reden, die sich schon im nächsten Moment ändern können. Wir können unser ganzes Menschenleben mit unnützen Diskussionen verbringen. Meister Linji sagte, dass er einen Menschen bei einer Begegnung nur mit seinen klaren Augen anschaue. Es kümmerte ihn nicht, ob dessen Titel »König« oder »Räuber« war.

Wenn wir zu einem Lehrer gehen, bringen wir so viele verschiedene Gesichter mit. Wir präsentieren uns unserem Lehrer, aber wir präsentieren nicht wirklich uns, sondern eine Kleidersammlung, die wir uns in der Vergangenheit zugelegt haben. Wir bringen unser Wissen, unsere Wahrnehmungen und das Bild von uns mit, das wir unserem Lehrer vorstellen wollen. Und doch können wir nur die Kosmetika präsentieren, mit denen wir uns geschminkt haben. Meister Linji aber sagte, er schaue jeden Menschen an, um dessen wahre Natur zu erkennen. Er war fähig, sowohl die Hülle als auch das Innere zu sehen.

Im Chinesischen gibt es das Wort *cheng*; es bedeutet »fahren« und auch »Fahrzeug«. Wenn wir mit einem Auto oder Fahrrad zu einem Haus fahren, lassen wir das Gefährt draußen stehen, egal ob das Fahrrad oder das Auto nun luxuriös oder alt ist, und nur wir gehen hinein. Wir benutzen das Fahrzeug, um dorthin zu gelangen, doch wir verfangen uns nicht darin. Wir müssen Worte benutzen, um zu kommunizieren, doch die Worte sind nur Vehikel für unsere Ideen, sie sind nicht die absolute Wahrheit. Wir benutzen die Objekte unserer Sicht, um vorwärts zu kommen, doch wir verfangen uns nicht in ihnen.

Meister Linji lehrte: »Die Buddha-Welt verkündet nicht von sich selbst, die Buddha-Welt zu sein. Der Praktizierende des Weges, der übt, ohne sich auf jemanden zu stützen, an dem er sich festkrallt, ist imstande, diese Buddha-Welt zu bezeugen. Wenn mich jemand nach dem Buddha fragt, werde ich als Antwort eine reine Welt zeigen. Wenn er mich darüber befragt, was ein Bodhisattva sei, werde ich als Antwort eine mitfühlende Welt zeigen. Will mich jemand zu Bodhi, dem Erwachen, befragen, werde ich als

Antwort eine Welt der wundervollen Reinheit zeigen. Möchte mich jemand zu Nirwana befragen, werde ich als Antwort eine Welt zeigen, in der alle Gedanken zur Ruhe gekommen sind. Es kann Hunderte oder Tausende verschiedener Welten geben, aber der Mensch ist nicht verschieden. Wir können als Antwort auf die Frage also eine Form manifestieren, genau so, wie der Mond sich im Wasser spiegelt.«

Eines Tages besuchte König Thanh Thai, der Vietnam von Ende des 19. bis zum Beginn des 20. Jahrhunderts regierte, den Ehrwürdigen Cuong Ky im Tempel Tu Hieu in Hue. Es war halb drei am Nachmittag. Die Mönche ruhten sich vor ihrer Besprechung um drei Uhr noch ein wenig aus. In der Küche stand für sie ein Korb mit gekochten Süßkartoffeln zum Essen bereit.

Der König ließ seine Kutsche weit vom Tempel entfernt stehen und bat seine Begleiter, dort zu bleiben, und ging allein durch das Tempeltor in den Tempelbezirk. Es war vollkommen still, und er begegnete niemandem. Der König genoss das sehr, denn in seinem Palast war es ganz anders. Er stieg am Teich die Stufen empor, ging an der Halle vorbei und kam zu dem Zimmer und Ruheort des Ehrwürdigen. Die Tür war nicht verschlossen, und so trat der König ein. Er sah, dass der Ehrwürdige mit aufgerichtetem Rücken dasaß. Ein paar Minuten zuvor hatte ihm jemand aus der Küche eine frische Schale Tee und eine Süßkartoffel gebracht, das gleiche Essen, das auch vom Rest der Gemeinschaft gegessen wurde. Der König setzte sich vor den Ehrwürdigen auf den Boden und legte seine Hand auf den Oberschenkel seines Lehrers.

Der Ehrwürdige hatte eine interessante physische Eigenart. Im Alter waren seine Augenlider herabgesunken, und er konnte überhaupt nichts sehen. Wann immer ein Gast kam, musste er sein Augenlid hochziehen, um die Person sehen zu können. Es war gut so, denn es gibt im Leben viele trügerische, komplizierte Dinge, und diese beiden Augenlider senkten sich herab wie zwei Sichtschirme. Der Ehrwürdige spürte, dass jemand die Hand auf seinen Oberschenkel gelegt hatte, und da sein Diener das nie tun würde, fragte er: »Wer ist das?« Und der König sagte: »Es ist Thanh Thai.« Der Ehrwürdige wusste Bescheid und musste seine Augen nicht mehr öffnen. »Ist das der König? Bitte Majestät, genießt es, hier ein wenig zu sitzen.« Und auf ganz natürliche Weise brach der Ehrwürdige die Süßkartoffel in zwei Hälften und lud den König ein, die eine Hälfte zu essen, während er die andere aß. Der König wollte einen wirklichen Menschen treffen, und der Ehrwürdige Cuong Ky lebte mit diesem wirklichen Menschen. Seine Position, sein Ruhm, seine Macht hatten ihn den wirklichen Menschen nicht verlieren lassen. Dies ist eine wahre Geschichte.

Der König kam ohne seine Gewänder, seine Kopfbedeckung, seinen Rang, seinen Ruhm, seine Macht als König. Er kam als ein wirklicher Mensch, und er wurde von Zen-Meister Cuong Ky als wirklicher Mensch begrüßt, und beide begegneten einander als Menschen. Dies war sehr schön, denn beide waren frei.

Meister Linji lehrte: »Meine Freunde, wollt ihr in eurer Praxis Soheit realisieren, müsst ihr große Ehrenmänner werden. Seid ihr hingegen weiterhin ohne Rückgrat und schließt Kompromisse, werdet ihr sie nie realisieren. Ihr seid dann wie ein gesprungenes Gefäß und könnt den lebensspendenden Nektar nicht halten. Wollt ihr ein großes Instrument des Dharma sein, müsst ihr entschlossen sein, euch von anderen nicht täuschen zu lassen. Ihr solltet jederzeit Meister eurer selbst sein. Ihr solltet euer wahrer Mensch sein, wo immer ihr steht. Ihr erlaubt euch nicht, euch von denen, die zu euch kommen, beeinflussen zu lassen. Nur ein Augenblick des Zweifels bedeutet, dass Mara in euch eingetreten ist. Zweifel ist für den Mara von Geburt und Tod, was einen Bodhisattva betrifft, die beste Gelegenheit. Entsteht ein Objekt der Sinneswahrnehmung, schaut tief. Habt Vertrauen in die wundervolle Wirkungsweise, die in eurem Geist gegenwärtig ist, und dann werdet ihr sehen, dass es nichts zu tun gibt. Jeder Gedanke, den ihr habt, hat die Funktion, die Drei Bereiche hervorzubringen, und die sechs Sinnesobjekte werden als Ergebnis dessen mit dem Bereich in Übereinstimmung sein, in dem ihr euch jeweils befindet. In eurem alltäglichen Wirken, in dem ihr auf eure Umstände reagiert, was fehlt euch da? Im Bruchteil eines Augenblicks könnt ihr einen unreinen oder einen reinen Bereich betreten, den Palast von Maitreya oder die Länder der Drei Augen. Ihr könnt nach Belieben zu jedem Ort reisen und die Leerheit der Bezeichnungen erkennen.«

Wir führen oft ein Leben der Kompromisse, damit wir Frieden im Haus haben. Wir kaufen einen kleinen Frieden, damit wir durch den Tag kommen. Wenn wir auf diese Weise leben, sind wir kein großer Mensch, sondern ein zerbrochenes Gefäß, das die Reissuppe nicht halten kann. Wollen wir ein großes Instrument des Dharma sein, müssen wir entschlossen sein, uns nicht von anderen täuschen zu lassen.

Meister Linji mahnt uns, Meister unserer eigenen Umstände zu sein, doch bedeutet das nicht, dass wir andere bekämpfen oder unterdrücken müssten, sondern dass wir Meister unserer selbst sind. Nehmen wir an, ein Freund von uns gerät schnell in Wut. Wir glauben vielleicht, es wäre etwas nicht in Ordnung mit ihm, und versuchen, seine Wut zu unterdrücken. Wir meinen, auch wir müssten unsere Stimme erheben, wenn er seine erhebt. Wir können in dieser Situation aber auch Meister unserer selbst sein und wirkliches Mitgefühl für die Schwierigkeiten des Freundes empfinden.

Manchmal ist es auch niemand in der Gegenwart, sondern jemand aus der Vergangenheit, den wir für den Meister unserer Umstände halten. Wir sagen, wir verhielten uns in einer bestimmten Weise, weil uns die Eltern oder jemand anders in unserer Kindheit etwas angetan hätten. Doch hat jeder Mensch sein eigenes Karma, und jeder ist in der Gegenwart Meister seiner eigenen Umstände und kein Sklave anderer in der Vergangenheit oder Gegenwart.

Der wahre Mensch hält nicht nach einem äußeren Meister Ausschau. Wir sind für unser eigenes Schicksal zuständig, und wir sind verantwortlich für jedes unserer Worte, jeden unserer Gedanken und jede unserer Taten. Die Achtsamkeit wird uns helfen. Dann erkennen wir: »Ich denke so und so; ich bin verantwortlich für diese Gedanken. Ich habe so und so gesprochen; ich bin verantwortlich für meine Worte. Ich handle so und so; ich bin verantwortlich für dieses Tun.« Wir müssen wissen, dass jedes Wort, jeder Gedanke, jede unserer Handlungen unsere Unterschrift trägt. Wir sind dafür verantwortlich, wir sind für uns selbst zuständig.

Wo immer wir stehen, wo immer wir sitzen, wir sind der wahre Mensch. Wir sind Meister unserer selbst, und wo immer wir sind, sind wir wir selbst. Wir müssen nur die folgenden Worte leben, das reicht aus, um Schülerinnen und Schüler Meister Linjis sein zu können, die es wert sind, seine Fortdauer zu sein. »Wo immer ich bin, ich bin mein wahrer Mensch.« Schreibt diese Worte nieder und hängt sie auf, um euch daran zu erinnern.

18. Kommentar

Was ist der Bereich der Drei Augen? Im buddhistischen Wörterbuch finden sich drei Arten von Augen und fünf Arten von Augen. Die drei Arten von Augen sind: weltliche Augen; himmlische Augen, die sehr weit sehen und verborgene Dinge sehen können, und das Auge der Weisheit oder Einsicht, das die Tiefe der Wirklichkeit sehen kann. An dieser Stelle verwendet der Meister die Drei Augen entsprechend seiner eigenen Bedeutung und Terminologie und nicht so, wie sie im Allgemeinen in den Sutras und Kommentaren verwendet werden. Wenn wir den Dharma-Körper des Buddha erfassen wollen, müssen wir den Mantel der Reinheit anlegen und den Bereich der wundervollen Reinheit betreten. Der Dharma-Körper des Buddha hat nicht die Form eines menschlichen Wesens, selbst wenn wir ihn einen Körper nennen. Doch seine Kennzeichen sind nicht die eines menschlichen Wesens. Nicht nur der Buddha hat einen Dharmakaya, einen Dharma-Körper, nein, jeder von uns hat einen. Der Dharmakaya des Buddha ist vor allem sein »Lehrkörper«. Bevor der Buddha ins Nirwana einging, sagte er: »Wenn der Tatagatha ins Nirwana eingeht, löst sich nur sein irdischer Körper auf, während der Dharma-Körper des Tatagatha für immer bei euch bleiben wird.«

Der Buddha hat einen Dharma-Körper, der sehr groß, mächtig und leuchtend ist. Wir alle sind Kinder des Buddha und haben auch einen Dharma-Körper. Doch wenn wir nicht richtig oder ohne Eifer und Sorgfalt studieren und praktizieren, ist unser Dharma-Körper schwach. Atmen und gehen wir mit Achtsamkeit, dann ist unser Dharma-Körper sehr kraftvoll. Verfügen wir über ein tiefes Verständnis der Lehren, ein Verständnis, das sich in unserem täglichen Leben manifestiert, dann wird das der strahlende Dharma-Körper genannt. Wenn wir am Morgen erwachen und uns zur Sitzmeditation begeben, sind wir ausgeruht und frisch, und von daher sagen wir, dass der Dharma-Körper am frühen Morgen strahlt. Dann arbeiten wir, essen zu viel und werden müde. Und so wird unser Dharma-Körper am Abend unklar.

Unser fleischlicher Körper hat die Form eines menschlichen Wesens, doch unser Dharma-Körper hat nicht notwendigerweise diese Form. Der Dharma-Körper des Buddha ist etwas Reales, mit dem wir in unserem täglichen Leben in Berührung sein können. Wenn wir in Berührung mit dem Dharma-Körper des Buddha sein wollen, müssen wir die Robe der Reinheit anlegen und uns in den Bereich der wundervollen Ruhe begeben.

Strahlt unser Dharma-Körper und sind wir in Berührung mit ihm, dann wird unsere Robe die Robe der Reinheit. Und der Ort, an dem wir unsere Schritte machen, ist die Welt der wunderbaren Reinheit. Diese Welt existiert nicht außerhalb von uns. Der Dharma-Körper ist für uns verfügbar; wir können mit ihm im gegenwärtigen Augenblick in Berührung sein.

Dann begeben wir uns in die Welt der Nicht-Unterscheidung, legen die Robe der Nicht-Unterscheidung an und sprechen über den Sambhogakaya, den Retributionskörper des Buddha. Dieser kann die Form eines menschlichen Wesens annehmen. In diesem Fall ist es ein sehr schöner Mensch, denn der Dharma-Körper ist in ihm, leuchtet und verschönert diesen Menschen. Der Dharma-Körper lässt unser Wesen auf ganz natürliche Weise schön werden. Wir selbst können das in den Gesichtern derer sehen, die ihren Dharma-Körper haben. Was uns schön macht, ist das Dharma, sind die Richtlinien, ist das achtsame Verhalten, unser tiefes Verständnis der Lehren und unsere Manifestation dieser Lehren und des Dharma in der Art und Weise, wie wir gehen, sprechen und lächeln.

Jeder Mensch hat bereits jetzt einen Retributionskörper, nicht erst, wenn er stirbt. Ob unser Retributionskörper schön ist oder nicht, hängt von unserer Stabilität ab. Wollen wir in Berührung mit unserem Retributionskörper und dem des Buddha sein, dann müssen wir in die Welt der Nicht-Unterscheidung eingehen und die Robe der Nicht-Unterscheidung anlegen. Das bedeutet, unser Retributionskörper ist schön, weil wir mit dem Auge der Nicht-Unterscheidung sehen können.

Dann betreten wir den Bereich der Welt der Befreiung, legen den Mantel des strahlenden Lichts an und sprechen über den Nirmanakaya, den Verwandlungskörper des Buddha. Auch mit seinem Verwandlungskörper können wir in Berührung sein. Er ist im gegenwärtigen Augenblick präsent. Der Verwandlungskörper des Buddha ist der Körper, der hilfreiches Wirken vollzieht. Wir können in mannigfacher Weise helfen – als Lehrer, Lehrerin, als Kind, Nichte oder Neffe oder als Freund oder Freundin. Und jedes Mal, wenn wir diese hilfreiche Arbeit tun, nutzen wir einen anderen Verwandlungskörper. Im *Lotos-Sutra* heißt es, dass Bodhisattva Avalokiteshvara sich in vielen verschiedenen Verwandlungskörpern manifestieren kann. Wenn sie als Mönch oder Nonne helfen muss, wird sie als Mönch oder Nonne erscheinen, um zu wirken. Und wenn sie am besten als Laie helfen kann, wird sie sich der Form eines Laien bedienen.

Wir können in der Rolle eines älteren Bruders, einer älteren Schwester, einer Lehrerin, einer jüngeren Schwester, eines jüngeren Bruders oder eines Freundes helfen. Ist es notwendig, ein niederträchtiges Gesicht zu machen, um zu helfen, dann wird Bodhisattva Avalokiteshvara mit einem Teufelsgesicht erscheinen, solange es hilfreich ist. Müssen wir Politiker sein, können wir uns als Politiker manifestieren. All diese Formen sind Verwandlungskörper des Buddha. Wir können in der Rolle einer Lehrerin helfen. Wir können aber auch in der Form eines Schülers, eines älteren oder jüngeren Bruders, einer älteren oder jüngeren Schwester helfen. Und wenn wir die Essenz, die Substanz der Befreiung haben, legen wir den Mantel des Lichtes an und können unsere vielen Verwandlungskörper benutzen. Wir können einen Brief voller liebender Güte, voller Mitgefühl schreiben und ihn an jemanden schicken, an den Vater, die Mutter, einen jüngeren Bruder, eine jüngere Schwester; und der Brief ist unser Verwandlungskörper. Sein Wirkungskreis kann sehr groß sein. Wir können uns ins Gefängnis begeben, um den Menschen dort zu helfen. Wir können in ein Kloster gehen, um den Menschen an diesen Orten zu helfen.

Jeder von uns kann über viele Verwandlungskörper verfügen und sie aussenden, um in diesem Augenblick zu helfen. Nicht erst in hunderttausend Lebzeiten, wenn wir ein Buddha werden, haben wir diese drei Körper – wir haben diese drei Körper der Nicht-Unterscheidung, der wunderbaren Reinheit und der Befreiung im gegenwärtigen Augenblick.

Meister Linji lehrte: »So wie ich es sehe, weiß der Dharma-Körper nicht, wie man einen Dharma-Vortrag hält. Darum sagten die Lehrer der alten Zeit: ›Die Körper werden abhängig von der Wortbedeutung geschaffen; die Länder werden auf der wahren Natur gründend erörtert.‹« Die Bedeutung basiert auf Sprache und Vorstellungen, auf unserer Neigung, zu unterscheiden und Unterschiede zu machen. Diese Bedeutungen manifestieren sich aus unserem eigenen Bewusstsein heraus. Die Länder sind nur insoweit da, als es ihre eigene Natur erlaubt. Der Körper der Dharma-Natur und die Länder der Dharma-Natur sind offensichtlich Objekte, die geschaffen werden können. Die Drei Augen und die Drei Körper sind Schöpfungen unseres Geistes. Unser Geist macht einen Unterschied zwischen den drei Körpern, doch der Dharma-Körper sagt nie: »Ich bin der Dharma-Körper.« Und der Retributionskörper sagt nie: »Ich bin der Retributionskörper.«

»Alle Länder sind dasselbe – sie entstanden in Abhängigkeit von Bedeutung und Natur. Sie sind alle gelbe Blätter und leere Fäuste, die die Leute verwenden, um Kinder zu täuschen. Sie sind Kaktusfeigen und dornige Wasserkastanien; sie sind wie der Versuch, frisches Wasser in trockenen Knochen zu finden. Das Dharma ist nicht außerhalb des Geistes, noch ist es innerhalb. Wonach also sucht ihr?«

Der Dharma-Körper weiß nicht nur, die Lehren in menschlicher Sprache zu vermitteln, er kann sie auch in anderen Sprachen weitergeben. Am Anfang war die Bedeutung des Dharma-Körpers »Lehrkörper«, die Lehre und die wunderbare Manifestation der Lehre. Später bekam der Dharma-Körper im Mahayana-Buddhismus auch noch die Bedeutung »wunderbare Wirklichkeit«, denn der Dharma-Körper des Buddha verkörpert sich in schönen Dingen wie dem leuchtenden Mond, dem violetten Bambus, den gelben Blumen. Alle Wunder dieser Welt in uns und um uns sind Manifestationen des Dharma-Körpers. Schauen wir tief, können wir erkennen, dass das dahin fließende Wasser, der Wind in den Bäumen und die singenden Vögel ebenfalls die Dharma-Lehren verkünden. Wir sehen das im *Amitabha-Sutra*: »Im Vogelgesang können die Menschen Lehren über verschiedene Dharma-Tore hören wie die Fünf Fähigkeiten, die Fünf Kräfte, die Sieben Faktoren des Erwachens, den Edlen Achtfachen Pfad.« Von daher ist es der Dharma-Körper, der die Lehren vermittelt. Der Dharma-Körper lehrt, doch lehrt er in seiner eigenen wundervollen Sprache. »Die Blume steht still am Zaun und lächelt ihr wundervolles Lächeln.«[15]

Das *Große Nirwana-Sutra* vermittelt diese Lehre durch das Bild von gelben Blättern und einer leeren Faust. Im Sutra wird eine Gruppe weinender Kinder erwähnt. Ein Erwachsener kommt mit einer Handvoll gelber Blätter vorbei und sagt: »Hört auf zu weinen. Ich gebe euch einen Haufen Gold.« Er gibt den Kindern eine Handvoll gelber

Blätter, und die Kinder glauben, es handle sich wirklich um Goldstücke. Sie sind ganz glücklich und hören auf zu weinen. Wir sind genauso. Wir brauchen die Drei Körper und die Buddha-Bereiche sehr. Wir brauchen einen Ort, an dem wir in Frieden sein können, einen Ort, an dem es kein Leiden gibt. Darum gaben uns die Meister die Drei Körper und die Buddha-Bereiche. Und so hören wir auf zu weinen. Sie waren sehr geschickt.

Doch Meister Linji sagte, dass gelbe Blätter und eine leere Faust benutzt wurden, um die Kinder in die Irre zu führen. Auch uns kann man leicht täuschen. Die Meister führen uns mit ihren geschickten Mitteln hinters Licht. Wenn wir einem Hund einen trockenen Knochen hinwerfen, wird der Hund ihm nachjagen, in der Hoffnung, etwas Süßes darin zu finden. Doch da ist nichts drin. Außerhalb des Geistes gibt es kein Dharma; das ist die Lehre des *Avatamsaka-Sutra*.

Aber es gibt nicht nur außerhalb des Geistes kein Dharma; auch innerhalb des Geistes gibt es kein Dharma, denn der Geist ist weder außerhalb noch innerhalb. Alles manifestiert sich aus unserem Geist heraus und wegen unseres Geistes.

Meister Linji lehrte: »Überall reden Menschen über den spirituellen Pfad und sagen, dass ihr die Praxis realisierten werdet, wenn ihr euch dabei anstrengt. Macht keinen Fehler; selbst wenn ihr in der Praxis Realisationen erfahrt, so sind das nur Ursache und Wirkung des Handelns im Kreislauf von Geburt und Tod.«

Überall reden die Menschen über den Weg. Gibt es Praxis, dann gibt es Erlangen. Täuscht euch nicht. Selbst wenn ihr den Pfad oder die Frucht der Praxis erlangt, ist das nur das Karma von Geburt und Tod. Nicht-Erlangen bedeutet, dass es nichts gibt, das wir jetzt nicht haben, aber dann in Zukunft hätten.

In Indien gibt es in den Bergen in Stein gehauene Tempel, zum Beispiel die Ajanta-Höhlen im Bundesstaat Maharashtra im westlichen Zentralindien. Ajanta umfasst mehr als zwanzig Höhlen, die in einen Fels hineingebaut wurden. In diesen Höhlentempeln gibt es Buddha-Statuen, Buddha-Hallen und Unterkünfte. Ich legte mich auf ein steinernes Bett, auf dem bereits die Mönche im 2. Jahrhundert gelegen haben. Auf der linken Seite neben dem Bett war ein Loch, in das die Mönche damals ihre Almosenschale und die Sanghati-Robe ablegten. Ich lag dort an einem sehr heißen Nachmittag, und es war sehr kühl.

Dieser Tempel bestand nur aus dem bereits existierenden Felsgebirge. Nichts war von außerhalb hinzugefügt worden. Wir sind genauso. Dharma-Körper, Retributionskörper, Verwandlungskörper, Verstehen, Weisheit, liebende Güte, Mitgefühl, all diese Dinge sind bereits in uns. Wir müssen nur einige der Felsen entfernen – nicht, um sie wegzuwerfen, sondern um zu sehen, was bereits da ist. Es gibt keine Essenz der Heiligkeit, nach der wir streben müssten, und auch keine Substanz oder Essenz des Gewöhnlich-Alltäglichen, die wir zerstören müssten. Blume und Abfall sind wechselseitig voneinander abhängig.

Meister Linji lehrte: »Sagt ihr, dass ihr die sechs *paramitas* praktiziert und die hunderttausend tugendhaften Handlungen, so sehe ich das noch immer als Erzeugen von Handlungen als Ursache und Wirkung. Den Buddha suchen und das Dharma suchen bedeutet, ein Handeln zu erzeugen, das zu den Höllenbereichen führen kann. Die

Bodhisattva-Frucht erstreben ist das Gleiche. Auch die Sutras und den Pfad studieren bedeutet, Handeln als Ursache und Wirkung zu schaffen. Für den Buddha und die Meister gibt es nichts zu tun. Soweit es sie betrifft, ist es gereinigtes Karma, ob es Geistesplagen und Handeln gibt oder ob es keine Geistesplagen und kein Handeln gibt.«

Wir mögen sagen, wir praktizierten die hunderttausend Handlungen oder die sechs Paramitas, doch schaffen wir noch immer Karma.[16] Zum Buddha beten schafft das Karma der Hölle. Bitten an die Bodhisattvas richten ebenfalls. Die Sutras und Lehren studieren schafft ebenfalls dieses Karma. Der Buddha und die Meister sind ungeschäftige Leute. Sie erstreben nichts. Und sollten sie das tun, sind sie keine Buddhas und Meister. Wenn wir etwas anstreben, sind wir umso weiter von Buddha und den Meistern entfernt, je mehr wir streben. Das war die Logik von Meister Linji. Wenn Buddhas und Bodhisattvas ungeschäftige Leute sind und wir ihnen nah sein wollen, dann müssen wir so ungeschäftig sein wie sie.

Meister Linji lehrte: »Da gibt es eine Gruppe blinder Kahlköpfe, die sich, nachdem sie sich satt gegessen haben, zur Meditation hinsetzen. Sie zügeln ihr Denken und lassen Gedanken nicht aufkommen. Sie können den Lärm nicht ertragen, doch mögen sie die Stille. Ihre Art zu praktizieren unterscheidet sich nicht von der Art, in der Nicht-Buddhisten praktizieren. Ein Meister sagte: ›Diejenigen, die üben, den Geist zu konzentrieren, um Stille zu kontemplieren, die dann den Geist außerhalb des Geistes kontemplieren lassen oder den Geist im Inneren sammeln oder den Geist anhalten, um in *samadhi* einzutreten, sie alle tun etwas und praktizieren noch nicht Nicht-Tun.‹«

Meister Linji sprach über kahlköpfige Mönche mit blinden Augen. Wie traurig! Wenn sie satt sind, setzen sie sich zur Meditation hin. Sie bleiben ruhig, so dass sie glauben, Buddhismus zu praktizieren, doch sie tun es gar nicht.

Buddhismus bedeutet nicht, still zu sitzen, um nach vollständiger Ruhe zu suchen, wie ein Kaninchen, das in ein Loch klettert, um in Frieden und Sicherheit zu sein. Viele von uns praktizieren wie Kaninchen: Wir üben Sitzmeditation, um einen verborgenen Ort zu finden, an dem wir in Frieden sein können, doch wir erlangen gar nichts. Es hilft uns nicht, uns selbst zu öffnen und zu befreien. Die eine Stunde Meditation dient nur dazu, in ein Loch zu kriechen und uns zu verbergen. Und sitzen wir für eine Weile, werden wir schläfrig.

Schläfrigkeit ist in vielen Klöstern ein häufig anzutreffender Zustand. Wir zwingen unseren Körper, viel zu sitzen, doch die Qualität unseres Sitzens bringt uns nirgendwohin. Es ist wie das Sitzen in einer dunklen Höhle. Meister Linji sah das und mahnte: »Ihr macht es so, und es ist überhaupt nicht nützlich.« So zu sitzen und die Geräusche zu hassen und die Stille vorzuziehen, das ist nicht das Buddhadharma.

Meister Linji lehrte: »Ihr, die ihr hier seid, um dem Dharma zu lauschen, was könnt ihr tun, damit euer Mensch üben, die Früchte der Übung realisieren und ein schöner Mensch sein kann? Euer Mensch ist nicht in der Lage, zu üben, zu realisieren oder schön zu werden. Könnt ihr jemanden lehren, schön zu werden, dann kann alles schön werden. Geht nicht in die Irre.«

Der Zen-Meister sagte: Ihr, die ihr hier seid, um dem Dharma zu lauschen, weil ihr hofft, dass ihr den wahren Menschen finden könnt, der zu praktizieren vermag, müsst nichts von alldem tun. Ihr seid wunderbar so, wie ihr seid. Erfreut euch an euch. Ihr seid Wunder des Lebens, auch wenn ihr glaubt, ihr wäret es nicht. Ihr leidet und haltet nach etwas Ausschau, von dem ihr glaubt, ihr hättet es nicht. Doch ihr umfasst den gesamten Kosmos. Ihr umfasst alle Wunder, die wundervollsten Dinge auf der Erde und im Himmel. Und wenn ihr das nicht erkennen könnt, seid ihr nicht glücklich, habt ihr keine Erleuchtung. Und ihr sitzt hier und lauscht meiner Lehre, so dass ihr erfahren werdet, wie euer Mensch praktizieren, wie er erlangen, wie er schön sein, wie er sich selbst verschönern kann – doch euer Mensch kann nicht praktizieren, kann nicht erlangen, kann nicht geschmückt oder verschönert werden. Das bedeutet, ihr seid bereits so schön, dass ihr gar nicht schöner sein könnt.

Dies ist eine Lehre aus dem *Sutra der zweiundvierzig Kapitel*: »Meine Praxis ist die Nicht-Praxis-Praxis, mein Erlangen ist, Nicht-Erlangen zu erlangen.«

Diesen Gedanken gab der Meister wieder. Wir müssen nicht praktizieren, denn zu praktizieren bedeutet zu erlangen, und uns fehlt nichts, das wir erlangen müssten. Wir müssen nicht verschönert werden, weil wir bereits schön sind. Die Rose ist bereits vollkommen. Wenn wir sie schminken würden, wäre das sehr komisch. Die Wolke ist bereits vollkommen. Würden wir ein Färbemittel nehmen, um sie rot zu machen, wäre das sinnlos. Das grüne Blatt ist bereits vollkommen, und ihr seid bereits vollkommen, ein Mann, eine Frau. Wir alle sind bereits vollkommen. Warum müssen wir uns für so arm halten? Wir sind bereits ein Mensch, der nichts anstreben, nichts mehr tun muss, ein ungeschäftiger Mensch. Es gibt so viele Geschäftsmänner und Geschäftsfrauen, und so praktizieren wir, um Nicht-Geschäftsmänner und Nicht-Geschäftsfrauen zu werden.

Meister Linji lehrte: »Meine Freunde, wenn ihr an den Worten der Zen-Meister festhaltet und sagt, sie begründeten den wahren Pfad; wenn ihr meint, diese Meister seien gute spirituelle Freunde von unfassbarer Kompetenz, und wenn ihr gleichzeitig euren Geist für so profan haltet, dass ihr es nicht wagen könnt, sie zu beurteilen, dann seid ihr wirklich blind. Ihr werdet diese Befangenheit euer ganzes Leben mit euch herumtragen. Ihr erkennt nicht, was eure eigenen Augen euch zeigen könnten.«

Der Meister sagte, wir sollten nicht jenen Leuten folgen, die sich selbst Zen-Meister nennen und doch nur ihre Macht oder Reputation nutzen, damit wir ihnen folgen. Wenn wir an sie glauben, dann verkaufen wir unsere Samen. Bauern müssen die Samen bewahren, damit sie diese beim nächsten Mal einpflanzen können; wenn sie solche Samen verkauften, hätten sie nichts, was sie pflanzen könnten, um sich zu ernähren. Wenn wir also an solche falschen Zen-Meister oder Dharma-Lehrer glauben, dann verkaufen wir die Samen, die wir für unsere Ernährung brauchen.

Wir haben zwei Augen. Wir glauben vielleicht, wir nutzten sie, doch wir vertrauen blindlings. Wir trauen diesem oder jenem und wissen unsere eigenen Augen nicht zu gebrauchen. Wir haben die Augen des Buddha, die Augen des Dharma, doch wir behandeln sie schlecht. Wir schließen sie, wir tasten umher und folgen der Führung anderer, denen es an Einsicht mangelt. Diese anderen sind nicht notwendigerweise selbst blind. Auch sie haben die strahlenden Augen des Buddha und des Dharma, doch sie öffnen sie nicht und machen nicht Gebrauch von ihnen. Nährt nicht den Minderwertigkeitskomlex, dass ihr ein Nichts oder schlecht wäret!

Meister Linji lehrte: »Ihr seid wie junge Affen, die auf Eis stehen, zitternd vor Angst. Ihr sagt: ›Ich würde es nicht wagen, schlecht von diesen guten spirituellen Freunden zu sprechen, aus Angst, schlechtes Rede-Karma zu schaffen.‹ Meine Freunde, nur wenn jemand ein großer spiritueller guter Freund ist, wagt er es, schlecht von Buddha und den Meistern zu sprechen, am Leben etwas auszusetzen zu haben, die Lehren des Tripitaka zu boykottieren, mit anderen zu schimpfen, so wie ihr Kinder ausschimpft, und in allen Umständen, seien sie günstig oder ungünstig, den wahren Menschen zu entdecken.«

Meister Linji schimpfte mit den falschen Zen-Meistern. Wir alle legen falsche Roben an, um andere zu täuschen, ob diese Roben nun die Roben von Nirwana, Befreiung oder Vergebung sind. Wir können mittlerweile unsere wahre Natur gar nicht mehr erkennen, sie ist durch zu viel Zierrat verdeckt. Auch der Buddha wurde auf diese Weise getarnt. Wir haben ihm einen Heiligenschein aufgesetzt und sehr lange Ohrläppchen gegeben. Wir haben die zweiunddreißig Merkmale und die achtzig offenkundigen Zeichen erfunden, um den wahren Menschen des Buddha zu verdecken.

Meister Linji lehrte: »Wenn ich auf mein Leben zurückblicke, kann ich in den vergangenen zwölf Jahren nichts entdecken – und sei es so klein wie ein Senfkorn –, das die Natur karmischer Vergeltung hätte. Die Zen-Meister, die ihr normalerweise trefft, sind wie Bräute, die gerade erst in das Haus ihrer Ehemänner gekommen sind: immer in Angst, dass sie aus dem Kloster getrieben werden und nichts zu essen haben. Darum können sie keinen Frieden oder keine Freude haben. Den Älteren, die an der Spitze stehen, wurde – in der Vergangenheit wie auch heute – von niemandem geglaubt. Sie wurden vertrieben, und dann erst wurde ihr Wert erkannt. Wenn die Leute sofort Vertrauen zu euch haben, wo ihr auch hingeht, was werdet ihr jemals tun können? Sobald der Löwe brüllt, platzt der Schädel des Schakals.«

Meister Linji beginnt mit der Aussage, er habe in den vergangenen zwölf Jahren sehr still da gesessen und kein Karma geschaffen. Er stellt dies voran, um einzuleiten, dass er nun etwas anschließen wird, das für andere nicht sehr angenehm sein mag. Dann sagt er, dass einige Zen-Meister wie eine junge Braut seien, die sich im Hause ihrer Schwiegermutter fürchtet. Die Schwiegermutter hat die Macht, die Braut aus dem Haus zu werfen, und von daher wagt es die Braut nicht, die Wahrheit auszusprechen. Die vermeintlichen Zen-Meister sagen das, was die Leute hören wollen, damit diese weiter den Tempel besuchen. Solche Meister haben ihre eigenen Tempel, doch sie müssen diverse Tricks anwenden, um genügend Leute anzuziehen, damit sie die Stromrechnung, die Wasserrechnung, die Telefonrechnung und diese Rechnung und jene Rechnung bezahlen können. Sie sind eines jeden Schwiegertochter.

Diese Meister haben ständig Angst, aus dem Tempel geworfen zu werden. Sie sind ohne Frieden und ohne Glück. Doch wie können Zen-Meister Zen-Meister sein, wenn sie ohne Frieden und ohne Glück sind? Den ganzen Tag lang sind sie nur um ihre Geschäfte besorgt. Auch die Praxis und die Anleitung buddhistisch Praktizierender wird zu einem Geschäft. Ihr Ziel ist es, sich selbst einen Ort zum Leben zu sichern und Geld für die Rechnungen zu haben. Welch eine Verschwendung.

In unserer Menschheitsgeschichte wurde stets jenen kein Vertrauen entgegengebracht, die revolutionäre Ideen hatten und es wagten, die Wahrheit auszusprechen; man schickte sie weg. Es ist aber besser, verscheucht zu werden, als das einem immer geglaubt wird. Wenn man euch stets glaubt, dann sagt ihr nur das, was die Leute hören wollen, nicht das, was sie hören sollten.

Meister Linji lehrte: »Meine Freunde, überall sagen die Leute, es gebe einen Pfad, der praktiziert werden, ein Dharma, das erkannt werden sollte. Was ist das Dharma, das erkannt, der Pfad, der praktiziert werden soll? In eurem gegenwärtigen, alltäglichen Leben, was fehlt euch da? Was muss bewahrt werden? Die Mönche, die gerade erst geboren wurden, verstehen das nicht in aller Tiefe, so laufen sie immer hinter einer Meute Fuchsgeister her. Sie erlauben diesen Geistern, über Dinge zu prahlen, die andere fesseln. Sie sagen: ›Das Prinzip und die Praxis müssen miteinander übereinstimmen und dann, wenn ihr die drei Handlungen befolgt, könnt ihr Buddha werden.‹ Sie grübeln und grübeln über solche Ideen. Sie sind wie Sprühregen im Frühjahr.«

Überall sagen Leute, es gebe einen Pfad, der praktiziert werden, ein Dharma, das erkannt, das bezeugt werden solle. Mit vierzehn Jahren lernte ich diese Zeile aus dem *Sutra der zweiundvierzig Kapitel*: »Das Dharma, das ich lehre, bedeutet die Nicht-Praxis-Praxis zu praktizieren und die

Nicht-Kultivierung zu kultivieren.« Es gibt für uns keinen Pfad zu praktizieren, es gibt keine Frucht zu realisieren. Dies ist eine Lehre des Nicht-Erlangens.

Meister Linji sprach zu den jungen Mönchen, die noch immer der Erleuchtung hinterherjagten, wilden Füchsen hinterherliefen. Es gibt eine alte chinesische Erzählung über einen wilden Fuchs, der sich in einen bösen Geist verwandelt und die Menschen so lange mit Geschichten unterhält, bis sie keinen klaren Gedanken mehr fassen können.

Meister Linji lehrte: »Der tugendhafte alte Meister sagte: ›Wenn du auf deinem Weg jemanden triffst, der den Pfad realisiert hat, dann ist es am besten, nicht über die Praxis mit ihm zu sprechen.‹

Aus demselben Grund hat jemand gesagt: ›Wenn ihr beabsichtigt, den Weg zu praktizieren, dann wird der Weg es euch nicht erlauben zu praktizieren; alle möglichen schlechten Umstände werden in ihrem Entstehen miteinander wetteifern. Sobald das Schwert der Weisheit aufblitzt, bleibt nicht ein Ding. Solange sich das Licht nicht zeigt, zeigt sich die Dunkelheit als Licht.‹

Darum sagten die Alten: ›Der Weg ist der alltägliche Geist.‹«

In den *Aufzeichnungen der Weitergabe des Lichts* finden wir die Lehren und Geschichten der großen Zen-Meister. Meister Linji muss diese Aufzeichnungen gelesen haben. In diesem Buch gibt es eine Zeile, die lautet: »Im Licht gibt es Dunkelheit. Helligkeit und Dunkelheit sind nicht zwei verschiedene Dinge.« Der alltägliche Geist ist der Pfad.

Treffen wir jemanden, der den Weg realisiert hat, dann sprecht ihn oder sie nicht an. Haben wir die Absicht, den Weg zu praktizieren, wird uns der Weg nicht praktizieren lassen. Haben Leute die Vorstellung, dass sie den Weg praktizieren, dann ist dieser Weg nicht länger der Weg. Er funktioniert dann nicht mehr. Binden wir uns an einen bestimmten Weg, dann haben wir eine falsche Auffassung, selbst wenn dies der Weg der Nicht-Anhaftung sein sollte. Doch wenn wir das Schwert der Weisheit aufnehmen und den Weg loszulassen vermögen, sehen wir, dass in der Dunkelheit Licht ist und im Licht Dunkelheit. Im Sohn ist der Vater und im Vater der Sohn.

Stellt euch vor, wir gingen von New York nach Boston. Jeder unserer Schritte trägt sowohl New York als auch Boston in sich. Drehten wir uns um und gingen in Richtung New York, wäre es genauso. Und bei jedem neuen Schritt wird der Schritt, der vorn war, nun der dahinter. Alles muss seine Rolle in Zeit und Raum spielen, danach spielt es eine andere Rolle. Wir spielen die Rolle des Schülers, dann des Lehrers, des Gastes und des Gastgebers.

Meister Linji lehrte: »Mönche, wonach sucht ihr? Gegenwärtig steht ihr vor mir und lauscht dem Dharma. Es ist leuchtend und klar. Ihr braucht nicht von etwas abhängig zu sein, und weil es euch an nichts fehlt, braucht ihr nach nichts zu suchen. Wie ich es sehe, gibt es nicht viel zu tun. Seid ganz alltäglich – legt eure Robe an, esst euer Essen und verbringt die Zeit damit, nichts zu tun.

Wenn ihr wollt, dass nichts zwischen euch und den Buddhas und Meistern steht, müsst ihr das erkennen. Zweifelt nicht mehr, geht nicht mehr in die Irre. Könnt ihr euch diese Einsicht bewahren, seid ihr lebende Meister. Könnt ihr euch diese Einsicht nicht bewahren, wird es einen Unterschied zwischen Wesen und Erscheinung geben. Wenn der Geist diese Einsicht bewahrt, dann sind Wesen und Erscheinung keine zwei verschiedenen Dinge.«

Wir müssen von Augenblick zu Augenblick die Einsicht bewahren, dass es keine Unterscheidung zwischen Subjekt und Objekt gibt. Können wir das, werden wir zu einer lebendigen Inkarnation der alten Lehrer. Wenn wir das erwachte Verstehen des Nicht-Erlangens verlieren, kehren wir zum unterscheidenden Geist zurück.

Meister Linji sagte, dass wir glücklich sein können, wenn wir, und sei es für einen kurzen Augenblick, ohne Unterscheidung sitzen. Doch wenn wir ohne Einsicht in Meditation sitzen, sind wir wie ein Baum ohne Frucht. Ähnlich ist es bei der Gehmeditation: Wenn wir von siebenhundert Schritten einen in Achtsamkeit gehen, ist das bereits gut. Einer Minute der Achtsamkeit kann eine weitere Minute der Achtsamkeit folgen.

Wir können einander bei diesen Einsichtsmomenten helfen. Als ich neulich durch die Küche ging, sah ich jemanden beim Gemüseputzen und fragte: »Was tust du?« Ich spielte die Rolle eines spirituellen Freundes. Ich stellte diese Frage, obwohl es offenkundig war, dass dieser Mensch Gemüse putzte, weil ich ihn zu der Erkenntnis erwecken wollte, wie glücklich er sich schätzen könne, nur Gemüse zu putzen. Wenn wir etwas nicht mit Freude tun, ist es verschwendete Zeit.

In den Bussen New Yorks und vieler anderer Städte ertönt ein Glockenklang, wenn Menschen das Haltesignal drücken. Sind wir achtsam, ist diese Busglocke dieselbe

Glocke, die wir in der Meditationshalle hören und die uns zum gegenwärtigen Augenblick einlädt. Wir müssen kreativ darüber nachdenken, was uns daran erinnern kann, achtsam zu bleiben. Dann sind wir besser in der Lage, den uns Nahestehenden gute spirituelle Freundinnen und Freunde zu sein und ihnen zu helfen, auch im gegenwärtigen Moment zu verweilen.

19. Kommentar

Der Meister unterteilt die Dharmas in weltliche und überweltliche Dharmas. Die weltlichen Dharmas sind die Dinge, in denen wir üblicherweise versinken. Die überweltlichen sind die, die uns vor dem Ertrinken und Gebundensein retten. Betrachten wir die überweltlichen Dharmas mit den Augen des Erwachens, scheinen sie in keiner Weise anders als die weltlichen Dharmas zu sein. Trinken wir zum Beispiel achtlos eine Tasse Tee, dann ist dieses Teetrinken ein weltliches Dharma. Doch wenn wir sie mit Achtsamkeit trinken, wird das Teetrinken überweltlich, und es kann uns über die Bereiche von Leben und Tod hinausführen.

Dharmas haben nicht ihre eigene Selbst-Natur. Sie sind wie eine Zwiebel; wenn wir alle Schalen entfernen, finden wir keinen davon abgetrennten Kern. »Zwiebel« ist nur ein Name, eine bloße Bezeichnung, leer von jedem unabhängigen Gehalt. Die Zwiebel ist eine Manifestation, und sie wird durch viele zusammenkommende Ursachen und Bedingungen gebildet, wie Erde, Sonne, Regen, die Zuflucht zueinander nehmen. Sie sind *paratantra*, stützen sich aufeinander.

Ein Meditationsschüler fragte seinen Lehrer: »Wo sollen wir nach der Welt von Nicht-Geburt und Nicht-Tod Ausschau halten? Sollen wir jenseits von Geburt und Tod suchen?« Und der Meditationsmeister antwortete: »Ihr werdet sie inmitten von Geburt und Tod finden.« Bodhi, Erwachen, ist wie die Zwiebel. Wir glauben, wir rennen von unserem Leiden weg und auf das Erwachen zu, doch wenn es kein Leiden gäbe, würde es auch kein Erwachen vom Leiden geben.

Meister Linji erklärt uns, dass die Drei Fahrzeuge und die Zwölf Abteilungen der Lehre nur Klopapier sind. Jemand fragte den Verehrten Meister Tue Trung, einen vietnamesischen Zen-Meister des 13. Jahrhunderts in der Linie von Meister Linji: »Was ist der reine Dharma-Körper?« Und Meister Tue Trung antwortete: »Pferde-Urin und der Exkrementenhaufen des Wasserbüffels.«

Es ist wahr, dass der Körper des Buddha eine Illusion ist. Es gibt darin nichts, das für immer bestehen würde. Wenn wir nach dem Buddha suchen, wird unsere Seele vom Gespenst Buddha aufgesaugt. Hat uns unsere Mutter geboren? Wenn ja, verfügen wir selbst über die Wurzeln, die wir brauchen, und auch über alles andere, das wir brauchen. Warum suchen wir dann nach einer anderen Mutter? Unsere Mutter ist bereits in uns.

Ein Schüler sagte mir einmal weinend: »Ich weiß nicht, wo mein Vater ist. Alle anderen haben eine Mutter und einen Vater. Ich leide so sehr, und ich kann nie so glücklich sein wie die Menschen, die ihre Mutter oder ihren Vater kennen.«

Ich erwiderte: »Warum sagst du, du habest keinen Vater? Du würdest nicht hier sitzen, wenn du keinen Vater hättest. Glaube nicht, dass es dich glücklich machte, hättest du einen Vater vor dir sitzen. Viele Leute haben ihren Vater und leiden die ganze Zeit. Dein Vater ist in jeder Zelle deines Körpers. Du kannst mit ihm in jedem Augenblick in Berührung sein.«

Die Vorstellung von einem perfekten Vater, dem Gespenst Vater, schmeichelt sich in unsere Seele ein. Der wahre Vater, die wahre Mutter sind immer für uns verfügbar. Der Buddha ist da, er wartet auf uns.

Meister Linji fragte: »Wenn ihr sagt, der Buddha sei das letztendliche Ziel, warum musste dann der Buddha mit nur achtzig Jahren zwischen zwei Sala-Bäumen in den Wäldern bei der Stadt Kushinagar auf der Seite liegen und sterben?« Im *Diamant-Sutra* wird von den zweiunddreißig Kennzeichen und achtzig offenkundigen Zeichen des Buddha gesprochen. Doch der Chakravartin, der Weltherrscher, hat tatsächlich dieselben Zeichen. Meister Linji nahm die Worte dieses Sutras und stellte sie auf den Kopf, um unsere Verblendung zu durchbrechen.

Manchmal erscheint Wasser als Wolke. Und wenn die Wolke zu Regen wird, ist die äußere Form der Wolke nicht mehr da. Wenn der Regen zu Schnee wird, wird die äußere Form des Regens zur äußeren Form des Schnees. Sind wir in der äußeren Form gefangen, können wir die wahre Natur des Wassers nicht sehen. Im *Diamant-Sutra* heißt es, der Tatagatha erscheine als körperliche Zeichen, weil er eingewilligt habe, dem Weg der Welt zu folgen. Aus Furcht, dass Menschen eine falsche Auffassung von Auslöschung entwickelten, benutzte er zeitweise reine Bezeichnungen. Die zweiunddreißig Kennzeichen und die achtzig offenkundigen Zeichen sind nur geschickte Mittel, um uns zu helfen. Erkennen wir, dass sie lediglich Zeichen sind, können wir mit dem wahren Buddha in Berührung sein.

Meister Linji lehrte: »Ihr sagt, dass die sechs übernatürlichen Kräfte zum Buddha gehören. In diesem Fall müssten auch die Götter, Geister, Asuras und Hungrigen Geister von großer Stärke, die ebenfalls über sechs übernatürliche Kräfte verfügen, Buddha sein. Freunde, geht nicht in die Irre. Als die Armee der Asuras von der Armee des Gottes Indra im Kampf geschlagen wurde, zusammen mit 8400 Anhängern, da drangen sie in die Faser einer Lotoswurzel ein, um sich zu verbergen. Das war ein Wunder, doch könnt ihr nicht sagen, dass Asuras Buddhas oder Heilige seien. Meiner Auffassung zufolge sind all diese Wunder karmische Resultate und hängen in ihrem Entstehen von Ursachen und Bedingungen ab.

Die sechs Wunder des Buddha sind ganz anders – der Buddha betritt die Welt der Farben und Formen, wird von ihnen aber nicht getäuscht; er betritt die Welt der Klänge, Gerüche, Geschmäcker und Berührungen und wird nicht von ihnen getäuscht; er betritt die Welt der Geistesobjekte und wird nicht von ihnen getäuscht – denn der Buddha hat die Einsicht erlangt, dass die sechs Sinnesobjekte alle die Natur der Leerheit manifestieren. Sie können den Praktizierenden, der sich nicht in ihnen verfängt, nicht fesseln.

Praktizierende unserer Zeit können das Wunder, auf der Erde zu gehen, vollbringen, auch wenn noch Unreinheiten in den fünf Skandhas sind.«

Die Asuras sind zornige Dämonen, die mit dem Hindu-Gott Indra kämpfen. Meister Linji sagte nicht, er glaube an Wunder. Er bezog sich hier auf die Geschichte des berühmten Laien Pang, der im 8. Jahrhundert lebte und seine

Zeit damit zubrachte, Holz zu schlagen und sauber zu machen. Er sagte: »Das Wunder besteht darin, wie du die Dinge nutzt. Das wird die wunderbare Nutzung genannt.« Das wirkliche Wunder besteht darin, dass wir Wasser nach Hause tragen, Holz für das Feuer schlagen können – alles ist ein Wunder. All diese Dinge sind Wunder, hervorgebracht durch Karma (Taten) und wechselseitige Abhängigkeit.

Der Buddha vollbringt sehr verschiedene Wunder. Er begibt sich in die Welt der Form, doch wird ihn die Form-Welt nicht verwirren. Er begibt sich in die Welt der Klänge, lässt sich aber nicht von der Welt der Klänge täuschen. Er begibt sich in die Welt der Gerüche, doch kann ihn die Welt der Gerüche nicht täuschen. Er begibt sich in die Welt der Geschmäcker, lässt sich aber von der Welt der Geschmäcker nicht täuschen. Er begibt sich in die Welt der Berührung, doch kann ihn die Welt der Berührung nicht täuschen. Er begibt sich in die Welt der Dharmas, ohne sich von der Welt der Dharmas täuschen zu lassen.

Auch wenn wir in uns die Dämonen der Unbeständigkeit der fünf Skandhas tragen, sind wir imstande, das Wunder, auf der Erde zu gehen, zu vollbringen. Das ist wahrhaft ein Wunder. Nicht auf Luft oder Wasser zu gehen ist ein Wunder, sondern, auf der Erde zu gehen. Wenn wir auf dieser Erde als freie Menschen gehen, dann können wir als Buddha leben. Denn der wahre Buddha hat keine äußere Erscheinung. Das wahre Dharma hat kein Zeichen.

Meister Linji lehrte: »Nur euer wahrer Mensch, der in diesem Augenblick hier dem Dharma lauscht, kann ins Feuer gehen und verbrennt nicht, kann ins Wasser gehen und wird nicht davon mitgerissen, kann in die Höllenbereiche und die drei unheilsamen Schicksale gehen wie jemand, der einen Spaziergang durch einen Park macht. Er kann die Welt der Hungrigen Geister und Tiere betreten, ohne die Vergeltung dieser Welten zu erleiden. Warum? Weil er nicht gegen etwas ist. Wenn ihr noch immer das Heilige liebt und das Profane hasst, dann werdet ihr weiterhin im Ozean von Geburt und Tod treiben und darin versinken. Geistesplagen entstehen im Geist. Wenn da kein Geist ist, wie können uns dann die Geistesplagen binden? Wenn ihr eure Zeit nicht mit Unterscheidungen verschwendet, nicht in Zeichen verfangen seid, dann werdet ihr die Frucht des Pfades automatisch und augenblicklich realisieren.«

Feuer kann den wahren Menschen nicht verbrennen, und Wasser kann ihn nicht ertränken. Augen unterscheiden nicht Wesen und Erscheinung. Geistesplagen rühren vom Geiste her. In den *Aufzeichnungen zur Übertragung des Lichts* heißt es: »Geistesplagen rühren vom Geiste her. Gäbe es keinen Geist, wie könnten uns die Geistesplagen binden, wenn unser Geist nicht da wäre? Ermüdet euch nicht selbst durch die schwere Arbeit der Unterscheidung. Wenn ihr nicht in der äußeren Form verfangen seid, erkennt ihr den Weg in einem Blitz, einem Augenblick.«

Meister Linjis Lehrmethode war zerstörend. Er nahm die Vorstellungen, die wir im Kopf haben, und brach sie in jedweder Weise entzwei. Er nutzte vielleicht den Abschnitt eines Sutras, stellte möglicherweise das Sutra auf den Kopf und benutzte alles, was scharf war und uns aufwecken könnte. Er nahm den Bambus, um die Angreifer an der

Grenze zu bekämpfen, wie der König es tat. Er nutzte den Schrei.

König Tran Thai Tong war ein vietnamesischer Zen-Meister des 13. Jahrhunderts. Er hatte die Lehren Meister Linjis empfangen und schrieb dieses Gedicht:

> Ich kam gerade zum äußeren Tor, da hörte ich
> den Schrei.
> Aus meinem Traum erweckte er mich.
> Der Klang des Frühlingsdonnerns erschallt.
> Und überall sprießen die Gräser und Pflanzen.

Die Funktion des Schreis ist, zu zerstören, zu durchbrechen und den Frühling einzuleiten, die Zeit des Erwachens und des Glücks.

Meister Linji lehrte: »Aber wenn ihr weiterhin umherwandert und jemandem hinterherlauft, von dem ihr die Praxis erlernen wollt, dann werdet ihr, selbst wenn ihr zahllose Äonen lang studiert, am Ende doch in der Welt von Geburt und Tod ein- und ausgehen. Ihr werdet nicht dem Menschen ebenbürtig sein, für den es, wenn er den Tempel betritt und sich in der Lotosposition niedersetzt, nichts zu tun gibt.«

Das bedeutet: Lauft nicht von Kloster zu Kloster. Bleibt, wo ihr seid. Zieht nicht umher auf der Suche nach jemandem, von dem ihr die Praxis erlernen wollt. Er sagt damit nicht, wir könnten nirgendwo hingehen. Wir *können* gehen. Wir können überall hingehen. Doch wir müssen nicht nach etwas außerhalb von uns Ausschau halten.

Menschen gehen zur Psychotherapie, weil sie sich psychisch krank fühlen und glauben, die Therapeutin verfüge über ein Wissen, durch das sie geheilt werden und Frieden finden. Doch wäre Meister Linji unser Therapeut, würde er sagen: »Euer Körper und Geist haben die Fähigkeit zu heilen. Ihr müsst zu euch selbst zurückkehren und Zuflucht zu diesen Elementen nehmen, damit sie sich manifestieren und ihre Wirkung tun können.«

Siddhartha machte sich auf die Suche, um einen Weg zu finden. Er übte bei einer Reihe von Lehrern. Doch am Ende musste er zu sich selbst zurückkehren, und am Fuße des Bodhibaums vermochte er, seinen eigenen Weg zu finden. Wir können uns für einen Rückzug und zur Heilung in ein Kloster oder auf eine schöne Insel begeben, solange wir wissen, dass die Heilung in uns ist und der Ort nur die Bedingung, die der Heilung erlaubt, sich zu manifestieren. Schreibt nicht dem Ort selbst besondere Heilkräfte zu. Wenn wir aufhören, umherzurennen, werden wir sehr viel glücklicher sein.

Wenn wir wegrennen und jemand anderen finden wollen, wird Meister Linji uns sagen: »Wo immer ihr hingeht, ihr werdet nur euch selbst finden.« Wir werden nur die Schwierigkeiten, die Einsamkeit, die Trauer und das Leiden antreffen, das wir bereits kennen. Nichts kommt dem gleich, hier zu sitzen, zu uns selbst zurückzukehren, die Elemente des Glücks, der Erleuchtung und der Befreiung direkt in unserem eigenen Körper und Geist zu finden.

Die Vier Arrangements von Gast und Gastgeber

Meister Linji lehrte: »Wenn Gastgeber und Gast einander begegnen, werden Worte zwischen ihnen hin- und hergehen. Der Meister mag reagieren, indem er verschiedene

Formen manifestiert, oder er nutzt seine ganze Person, um dem Gast zu begegnen. Manchmal benutzt er vielleicht Hilfsmittel wie Freude oder Wut, oder er zeigt die Hälfte seiner Person, oder er sitzt auf dem Rücken eines Löwen oder Elefantenkönigs. Ist der Schüler aufrichtig, könnte er einen Schrei ausstoßen oder eine Falle vor dem guten spirituellen Freund aufstellen. Ist der Gastgeber nicht in der Lage, das Objekt, das ihm gezeigt wird, zu erkennen, und geht er in die aufgestellte Falle, wird er auf diese Falle vertrauen, um sich alle Arten von Lehmmodellen auszudenken. Dann könnte der Schüler einen weiteren Schrei ausstoßen. Ist der gute spirituelle Freund noch immer nicht imstande loszulassen, dann haben wir es mit einer schwer heilbaren Krankheit zu tun. Das wird ›der Gast prüft den Gastgeber‹ genannt.

Oder aber der gute spirituelle Freund bietet gar nichts an. Er wartet darauf, dass der Schüler etwas vorbringt, und entreißt es ihm dann. Der Schüler mag von allem beraubt sein, was er vorbringen wollte, widersteht aber noch immer und würde lieber sterben als, loszulassen. Das wird ›der Gastgeber prüft den Gast‹ genannt.

Oder aber der Schüler steht vor dem guten spirituellen Freund und bietet Reinheit als Objekt. Der gute spirituelle Freund erkennt dieses Objekt, ergreift es und wirft es in ein tiefes Loch. Der Schüler sagt: ›Welch großer Lehrer seid ich!‹ Der gute spirituelle Freund erwidert: ›Gütiger Himmel, du kannst gut nicht von schlecht unterscheiden.‹ Der Schüler verbeugt sich. Dies wird ›der Gastgeber prüft den Gastgeber‹ genannt.

Oder der Schüler präsentiert vor dem guten spirituellen Freund einen Menschen in Ketten. Wenn der gute spirituelle Freund das sieht, holt er noch mehr Ketten und fesselt ihn noch mehr. Der Schüler ist außer sich vor Freude und kann nicht mehr unterscheiden, wer Gast und wer Gastgeber ist. Dieser Fall wird ›der Gast prüft den Gast‹ genannt.

Ehrenwerte Mönche, ich habe euch das nur gesagt, damit ihr die Teufel und falschen Pfade erkennen und Richtiges von Falschem unterscheiden könnt.«

Dieser Teil wurde den *Aufzeichnungen* nach dem Tod Meister Linjis hinzugefügt. Darin werden die vier verschiedenen Beziehungsarten zwischen Gast und Gastgeber dargelegt. Sie ähneln den verschiedenen Weisen, in denen ein Heiler mit einem Patienten arbeitet. Die erste ist, tief zu schauen und einfach zu beobachten. Wir können sehr viel über jemanden lernen, indem wir ihn nur beobachten. Wenn die andere Person hereinkommt, die Tür schließt und sich hinsetzt, wissen wir bereits eine Menge über sie. Die Zen-Meister sagen, sie müssten einen Novizen nur anschauen, um zu wissen, wie viele Monate er bereits im Tempel ist. Der zweite Schritt bei der Heilung ist das Zuhören. Wenn jemand kommt und eine Frage stellt, kann schon ein einziger Satz seinen Geisteszustand enthüllen. Der dritte Schritt ist, Fragen zu stellen. Der vierte ist, zu diagnostizieren und zu verschreiben.

Jede der verschiedenen Beziehungsformen zwischen Gast und Gastgeber hat ihren Zweck. Sind wir ein guter Lehrer, eine gute Lehrerin, dann müssen wir manchmal unsere ganze Person, unseren ganzen Körper einsetzen, um dem Menschen, der zu uns kommt, zu begegnen. Wir müssen die geschickten Mittel den Umständen entsprechend anwenden. Es ist wie bei dem berühmten Zen-Koan, bei dem der Übende fragt: »Hat der Hund Buddha-Natur?«, und der Lehrer sagt: »Nein.« Der Lehrer verwendet hier ein geschicktes Mittel. Im Prinzip haben alle Lebewesen Buddha-Natur. Doch weil der Übende in der Vorstellung verfangen ist, dass alle Lebewesen Buddha-Natur haben, sagt der Lehrer, nein, und gibt damit dem Übenden die Möglichkeit, seine vorgefassten Ideen aufzugeben. Es geht nicht darum, ob dies die Wahrheit oder nicht die Wahrheit ist. Es ist ein Kunstgriff, der dem Übenden helfen soll, sich nicht zu verstricken.

In ähnlicher Weise zeigen wir unterschiedliche Gefühle, je nachdem, was der Schüler braucht. Wir können unserem Schüler unsere Traurigkeit zeigen, wenn er etwas falsch gemacht hat. Wir sind dann nicht wirklich traurig, aber wir zeigen sie ihm, damit er lernen kann. »Ich glaube nicht, so weiterleben zu können, wenn du dich weiterhin so verhältst.«

Das erste Arrangement

Nachdem Gastgeber und Gast einander gesehen haben, sagt der Gast etwas, um den guten spirituellen Freund, der vor ihm sitzt, auszufragen. Der gute spirituelle Freund ist hier der Gastgeber, der Lehrer, und der Schüler ist der Gast. Der Gast schleudert dem guten spirituellen Freund einen gefährlichen Satz entgegen. Der Schüler hat bereits etwas gelernt und ist sehr stolz darauf. Er will sagen: »Ich *bin* jemand, ich *bin* etwas. Ich komme nicht mit leeren Händen her. Ich bin nicht nichts wert. Mein Lehrer muss wissen, dass ich einigen Wert habe.«

Der Schüler kommt mit einer vorgefassten Idee, und er testet damit seinen Lehrer: »Verstehst du das?« Das ist das Objekt, das Hindernis. Und der Lehrer muss entweder das Objekt entfernen oder das Subjekt entfernen oder keins von beiden oder beide. Ein wirklicher Lehrer kann erkennen, dass es sich aufseiten des Gastes nur um Aufschneiderei handelt. Und ein Lächeln oder ein Schrei kann die Methode sein, danach zu greifen und es in den Mülleimer zu werfen. Erzielt der Lehrer damit eine Wirkung, wird der Schüler sein gewöhnliches Selbst wiedergewinnen und den guten spirituellen Freund bitten, etwas zu sagen: »Lehrer, gibt es etwas, auf das ich mich stützen kann?«

Vielleicht produziert der spirituelle Freund aber auch gar nichts, sondern wartet, dass der Schüler etwas produziert, welches er dann wegnehmen kann. Dem Schüler kann alles, was er sagen will, weggenommen werden, doch er reagiert noch immer nicht, sondern hält daran fest, und selbst wenn er deshalb sterben müsste, würde er nicht loslassen. In dieser Situation stellt der Schüler viele Dinge dar, und alles, was er vorbringt, wird ihm weggenommen und in den Mülleimer geworfen. Doch der Schüler lernt nicht, er will sich nicht geschlagen geben, und so bringt er immer mehr vor. Es gibt solche Leute. Das ist der Fall, wenn der Gastgeber den Gast analysiert. In diesem Fall bleibt der Gastgeber der Gastgeber und der Gast kann vom Gastgeber nichts profitieren. Das ist der Fall, wenn der Arzt den Patienten analysiert. Diese Situation entsteht oft.

Ein guter spiritueller Freund wird mit dem fortfahren, was er bereits getan hat, um das Verlangen des Schülers, nach etwas zu suchen, abzuschneiden. Der Lehrer hat bereits die Krankheit des Schülers entfernt, doch der Schüler fragt nach weiterer Krankheit. Als guter spiritueller Freund helfen wir dem anderen, das alles loszulassen, und wir lassen ihn nicht mehr krank werden. Der Schüler mag nun den Lehrer verehren, und das ist gefährlich, denn die Verehrung für den Lehrer ist nur eine weitere Falle, in die der Schüler geraten kann.

Das zweite Arrangement

In diesem Beispiel ist es der Gastgeber, der Lehrer, der das Objekt gibt, und nicht der Gast. Der Schüler ist in der Lage zu erkennen, dass es nur ein Objekt ist, und geht nicht in die Falle. Er lässt sich keinen Moment lang in die Irre führen; er ist der Gastgeber.

Der gute spirituelle Freund zeigt dem Schüler nur einen Teil von sich, nicht das ganze Selbst. Das hat zwei Bedeutungen. Bei der ersten Bedeutung muss der Schüler unter den richtigen Umständen nicht alles sehen, was der Lehrer sieht. Wir geben dem anderen lediglich ein wenig von unserem Licht, so dass er selbst sehen kann. Bei der zweiten Bedeutung meint die Hälfte des Selbst zeigen, dass der Lehrer etwas zeigt, das nur von dem fragenden Schüler verstanden werden kann. Beobachter würden nicht erfassen, was wir tun, denn nur Teilnehmer können es sehen.

Einige Übende glauben, dass ihr Lehrer in einem Dharma-Vortrag direkt zu ihnen spräche. »Warum sprichst du nur zu mir? Nur ich habe das Problem, niemand sonst.« Damit zeigt ihr die Hälfte eurer Person. Und als Antwort mag ein guter Schüler »einen Schrei ausstoßen oder eine Falle vor dem guten spirituellen Freund aufstellen«. Der

Schüler sieht deutlich, dass dieser halbe Körper nicht authentisch, nicht wahr ist. Lässt der Schüler den Gedanken los, der Lehrer wüsste alles, dann wird der Gast zum Gastgeber. Dann beleuchtet der Schüler den Lehrer.

Das dritte Arrangement

In diesem Fall steht der Schüler vor dem guten spirituellen Freund und holt ein reines Objekt hervor. Das bedeutet: »Ich habe nichts zum Wegnehmen für dich. Ich bin nicht in dem Objekt verfangen. Ich habe kein Problem.« Der gute spirituelle Freund erkennt das Problem. Er ergreift es und wirft es in den Müll. Und der Schüler sagt: »Du bist ein großer Lehrer.« Der spirituelle Freund erwidert: »Oje, du weißt nichts darüber, was gut und was schlecht ist.« Der spirituelle Freund geht nicht in die Falle. Er ist ein großer Lehrer, und der Schüler will von ihm lernen. Der Schüler hat nicht das, was der Lehrer hat. Doch der Lehrer sagt: »Du solltest das nicht sagen. Du kennst den Unterschied zwischen dem, was gut, und dem, was schlecht ist, nicht.« Und der Schüler berührt daraufhin die Erde. Das ist der Fall, wenn der Gastgeber den Gastgeber analysiert. Es bedeutet, dass Gastgeber und Gast Gastgeber sind, sie sind beide Meister der Umstände. Der Gastgeber im Gast ist enthüllt. Ein anderes Beispiel für dieses Arrangement sind die beiden Hauptmönche der zwei Meditationshallen, die bei ihrer Begegnung zur selben Zeit einen Schrei ausstießen.

Der Schüler zeigt sich vor dem guten spirituellen Freund als jemand, der Fesseln trägt. Er sagt: »Ich habe so viele Bücher über Buddhismus gelesen. Ich habe all die geheimen Belehrungen gelesen. Ich habe über Theravada, die tibetische, die japanische Tradition gelesen, ich hab alles gelesen.« Hier kommt jemand, der Fesseln trägt. Der spirituelle Freund sieht das und wirft sie alle weg. Dann fügt er weitere Ketten und Fesseln hinzu. Und der Schüler ist so glücklich! Dieser Fall wird »wenn der Gast den Gast ansieht« genannt; niemand ist dabei erfolgreich.

Meister Linji lehrte: »Es gibt eine Reihe von glatzköpfigen Mönchen, die nicht wissen, was gut und schlecht ist. Sie zeigen den Osten und deuten auf den Westen. Sie mögen Regen, und sie mögen Sonnenschein. Sie preisen diese Laternen als schön und jene Säulen als hübsch. Schaut sie an und seht, wie viele Haare in ihren Augenbrauen noch übrig sind. Es gibt einen triftigen Grund dafür, dass sie ihre Augenbrauen verlieren. Der Schüler versteht nicht, und seine Weisheit wird durch seine Vernarrtheit in den Lehrer davongetragen. Solche Lehrer sind nichts anderes als eine Meute Fuchsgeister. Wahre Dharma-Schüler glucksen vor Verachtung und sagen, dass diese Gruppe von blinden, glatzköpfigen Mönchen Verwirrung schafft und die Menschen täuscht.«

Wer sind diese Mönche? Sie essen den ihnen dargebotenen Reis, aber sie praktizieren nicht. Die Augenbrauen repräsentieren ihr Verdienst; das Verdienst ist abgefallen. Sie haben ihre Weisheit gegen Vernarrtheit eingetauscht. Ein wahrer Schüler des Dharma würde ihnen nicht vertrauen.

Meister Linji lehrte: »Freunde, junge Mönche und Nonnen müssen studieren und praktizieren. Als ich jung war, habe ich tagtäglich voller Eifer den Vinaya und gute Umgangsformen studiert. Ich habe geforscht, wollte verstehen und habe zahllose Sutras und Kommentare zu Rate gezogen. Nach einer Weile erkannte ich, dass sie nur in theoretische Begriffe gefasste Mittel waren, um Menschen zu helfen. Da habe ich sie ein für allemal weggeworfen, um loszuziehen und große Meister zu befragen und Meditation zu üben. Glücklicherweise traf ich mir überlegene spirituelle Freunde, so dass ich Dharma-Augen hatte, die es mir ermöglichten, klar zu sehen und die großen Lehrer auf dieser Erde zu erkennen, aber auch die, die unecht waren. Diese Einsicht hatte ich nicht von Geburt an, doch sie entstand durch Polieren, Verfeinern, Schulung, Erfahrung und Erforschung, und dann, eines Tages, brach ich zur Wahrheit durch.«

Dieser Abschnitt scheint auf den ersten Blick dem zu widersprechen, was Meister Linji zuvor gelehrt hatte, als er über plötzliche Erleuchtung sprach und die Ansicht vertrat, dass Erleuchtung plötzlich kommen kann, genau in diesem Augenblick. Wir brauchen keine Monate oder Jahre des Studiums, wenn wir unsere sechs Sinnesorgane nutzen und das Buddha-Land im gegenwärtigen Moment sehen.

In diesem Abschnitt aber sagt er, dass Erleuchtung auch aus Geduld und Studium resultieren kann. Wir erleben hier das Erwachen Meister Linjis, und wie es zustande kam. Er hatte die Sutras und Kommentare studiert und geglaubt, er könnte darin Erwachen finden. Doch dann erwachte er und erkannte, dass Erleuchtung nicht den Sutras innewohnt, sondern dem Geist. Er erkannte aber auch, dass das Studium der Sutras nützlich sein kann. Statt seine Studien zu nutzen, um ein Gelehrter oder Leiter einer Gemeinde zu werden, nutzte er das, was er gelernt hatte, um Hindernisse zu durchbrechen und andere zu heilen. Ob Studien nutzbringend sind oder nicht, hängt von unserer Motivation ab. Wir sollten Wissen nicht um seiner selbst anstreben, oder um Diplome zu haben. Wir mögen Medizin, Naturwissenschaft oder Soziologie studiert haben, um einen Abschluss, einen Beruf oder einen Platz in der Gesellschaft einzunehmen, und nun meinen wir, diese Studien seien nicht nützlich. Doch wenn wir im gegenwärtigen Augenblick leben und gut praktizieren, kann alles, was wir in der Vergangenheit gelernt haben, nutzbringend sein, und unser Wissen kann uns und anderen helfen.

Wissen ist überdies sinnvoll, wenn wir uns einfach daran erfreuen. Es gibt eine Geschichte über den jungen Linji, der seinen Lehrer im Kloster ein Sutra lesend vorfand. Linji lachte und sagte: »Ich dachte, Ihr wäret ein Erleuchteter. Warum kaut Ihr immer noch auf schwarzen Bohnen herum?« Linji scherzte mit seinem Lehrer, als wollte er sagen: »Ich dachte, Ihr wäret bereits erleuchtet, und nun lest Ihr ein Sutra.« Dabei konnte der junge Linji erkennen, dass der Lehrer das Sutra aus Freude las, weil er es genoss, das Sutra zu lesen, und nicht, um ein erleuchteter Mensch zu werden oder es seine Schüler am nächsten Tag zu lehren. Schüler und Lehrer spielen hier miteinander wie zwei gute Freunde. Manchmal scherzt der Lehrer, manchmal scherzen Schüler und Lehrer zusammen wie in diesem Fall.

Meister Linji erklärt uns, dass wir nicht meinen sollten, ein Mensch zu werden, für den es nichts zu tun gibt, bedeute, faul zu sein. Wir müssen lernen und praktizieren, wir müssen es mit einem freudigen Geist tun. Es gibt keinen wirklichen Unterschied zwischen plötzlicher und allmählicher Erleuchtung. Die Wahrheit liegt im rechten Weg, der rechten Weise zu praktizieren.

Meister Linji lehrte: »Meine Freunde, wenn es euch nach korrekter Einsicht in die Wahrheit verlangt, dann lasst euch nicht von anderen täuschen. Was immer zu euch gelangt, sei es von außen oder von innen, tötet es sofort. Wenn ihr den Buddha trefft, tötet den Buddha. Wenn ihr den Meister oder einen Arhat trefft, tötet ihn. Wenn ihr eure Eltern trefft, tötet eure Eltern. Nur dann könnt ihr befreit sein. Lasst euch nicht von Dingen binden, dann werdet ihr frei und ungezwungen sein.«

Unser Verstehen muss von anderen unabhängig sein. Sprechen wir von »korrekter Einsicht«, meinen wir die Einsicht, die in Übereinstimmung mit der Wirklichkeit steht. Es existieren falsche Wahrnehmungen, und wir bringen sie hervor, und manchmal sind sie auch von anderen Menschen beeinflusst. So ist zum Beispiel Plum Village, wo ich in Frankreich lebe, eine Realität. Es gibt Menschen, die den Ort lieben und sagen, wie schön er sei. Und es gibt Leute, die ihn hassen und sagen, welch schrecklicher Ort es sei. Nichts davon ist die Wirklichkeit.

Wenn ein junger Mann eine junge Frau liebt, schafft er sich ein Bild von ihr. Er liebt mehr dieses Objekt seiner Wahrnehmung als die Frau selbst. Er sagt vielleicht: »Ich würde eher sterben, als jemand anderen zu heiraten.« Wen lieben wir? Lieben wir Gott? Buddha? Lieben wir den wirklichen Buddha, oder lieben wir ein Bild von Buddha, das wir uns geschaffen haben? Wir könnten wie dieser naive junge Mann sein, der die junge Frau liebt. Wir wissen nicht, wer der Buddha ist. Wir kreieren ein Bild von Buddha und lieben das Bild. Wir kreieren ein Bild von Gott und lieben das Bild.

Wenn wir in unseren Wahrnehmungen verfangen sind, werden wir von der Frau, die wir lieben, ein wunderschönes Bild zeichnen. Doch wenn wir mit ihr verheiratet sind, werden wir erfahren, wie sie ist; nach ein paar Jahren sind wir mit der Wirklichkeit in Berührung. Das Bild wird sich langsam auflösen. Vielleicht werden wir wütend. Doch die junge Frau hat uns nicht getäuscht. Wir selbst haben uns getäuscht.

In Vietnam und China bringen Menschen, die zu den Tempeln kommen, oft Bananen als Opfergaben mit. Manchmal bringen sie Papayas, manchmal auch Mangos. Ich kannte einen jungen vietnamesischen Mönch, der als kleiner Junge glaubte, der Buddha säße auf dem Altar und käme nie herunter, liebte aber Früchte, besonders Bananen. Er hatte den Buddha nie eine Banane essen gesehen und dachte, der Buddha äße sie vielleicht, wenn niemand dabei wäre. Eines Nachts schlich er sich aus dem Haus und ging zum Tempel, um den Buddha eine Banane essen zu sehen. Stunde um Stunde verging, und der Junge wartete, dass der Buddha seine Hand ausstrecken und eine Banane nehmen würde. Aber er sah den Buddha nie eine Banane essen.

Danach wurde dem kleinen Mönch erklärt, dass der Buddha nur eine Statue sei. Ihm wurde gesagt, dass der Buddha gar nicht im Tempel sei, sondern im Westen, sehr weit entfernt. Und der kleine Mönch sagte: »Warum ist der Buddha so weit weg? Warum ist er nicht in der Nähe?«

Wir lachen vielleicht über den Jungen, doch viele von uns sind genauso. Wir beten zu Gott oder dem Buddha, damit sie uns bei der neuen Stelle oder im Umgang mit dem treulosen Partner helfen. Wir beten um kleine Dinge, die unser Leben einfacher machen sollen. Wir beten vielleicht: »Morgen haben wir ein Picknick, bitte lass die Sonne scheinen.« Doch zur selben Zeit beten die Bauern: »Es hat schon so lange nicht mehr geregnet. Das Getreide wird vertrocknen. Bitte lass es regnen.« Wen soll Gott zufriedenstellen? Wir haben ein Bild von Buddha, und wir müssen den Kopf dieses Bildes abschneiden.

Meister Linji sagt: »Triffst du den Buddha, töte den Buddha. Triffst du deine Eltern, töte deine Eltern.« Diese Worte erschüttern die ganze Welt. Es ist in China ganz schrecklich zu sagen: »Triffst du deine Eltern, töte sie.« Doch es ist nicht so, dass der Buddhismus sich nicht um Respekt gegenüber den Eltern schert. Mit erwachtem Verstehen erkennen wir, dass unsere Mutter und unser Vater in jeder unserer Zellen gegenwärtig sind. Wir können unsere Mutter und unseren Vater nicht aus uns herausnehmen. Wir sind ihre Fortdauer.

Es gibt junge Leute, die voller Zorn über ihre Eltern sind und verkünden: »Ich möchte überhaupt nichts mit meinem Vater zu tun haben. Ich möchte überhaupt nichts mit meiner Mutter zu tun haben.« Das bedeutet, dass wir bezüglich unserer Eltern eine Auffassung haben, die uns sehr leiden lässt.

Es gibt Menschen, die auf ihren Vater wütend sind. Sie kommen zum Tempel, treffen den Lehrer und glauben, der Lehrer wäre ihr Vater, und so sind sie zur selben Zeit wütend auf den Lehrer wie auf den Vater. Wir sollten all diese

Gespenster töten, denn sie sind nur unsere eigenen Sinnestäuschungen.

Befreiung ist vor allem Befreiung von falschen Wahrnehmungen. Die meisten von uns beginnen mit einer falschen Sicht, was ihr eigenes Selbst betrifft, und dies führt zu einer falschen Sicht anderer, was viel Leid bringt.

Meister Linji lehrte: »Unter den Schülern, die aus den vier Gegenden hierhergekommen sind, gab es keinen einzigen, der nicht mit einer Anhaftung an etwas oder jemanden kam. Wenn dieser Bergmönch das Objekt der Anhaftung erkennen kann, wird er es sofort schlagen. Wenn sie ihr Objekt mit ihren Händen beschreiben, schlage ich ihnen auf die Hände. Wenn sie es mit ihrem Mund beschreiben, schlage ich ihnen auf den Mund. Wenn sie es mit ihren Augen beschreiben, schlage ich ihnen auf die Augen. Bisher ist niemand gekommen, der in der Lage war, zu beweisen, dass er frei und unabhängig ist. Sie sitzen alle in Fallen, die von den alten Lehrern aufgestellt wurden. Ich selbst habe kein einziges Dharma, das ich euch geben könnte. Alles, was ich tun kann, ist, bei der Heilung eurer Krankheit zu helfen und die Knoten zu lösen, die euch fesseln.

Ihr Schüler, die ihr aus unterschiedlichen Orten kommt, versucht, nicht von irgendetwas abhängig zu sein. Ich möchte euch etwas erzählen. In den letzten fünfzehn Jahren habe ich keinen Menschen getroffen. Ich habe nur Geister getroffen, die in Bambus oder Gehölzen, Gräsern oder Blättern leben. Sie sind Fuchsgeister, die gestört sind und auf Dungklumpen herumkauen. Sie sind wirklich ein Haufen blinder Menschen. Sie verprassen die Gaben, die ihnen überall von Gönnern dargeboten wurden. Sie sagen:

›Wir sind junge Mönche, die in der Hauslosigkeit leben.‹ Ihre Einsicht umfasst nicht mehr als das.«

Lesen wir die Lehren Meister Linjis, um für uns irgendwelche mystischen Ideale zu finden, werden wir dabei keinen Erfolg haben. Alles, was er tat, war, die Lehren als einen Hammer zu benutzen, um die uns bindenden Fesseln und Ketten zu zerschlagen, und als ein Schwert, um die Knoten, die uns binden, zu durchtrennen. Darum sagte er, dass er in all den Jahren des Lehrens nie einen Menschen getroffen habe. Mit Mensch meint er einen freien Menschen. Es war nicht so, dass die zu ihm Kommenden die Praxis nicht studieren und erlernen wollten. Sie wollten, aber wussten nicht, wie, denn sie waren betrogen worden. Tag für Tag, Jahr für Jahr, waren sie umhergelaufen auf der Suche nach Wissen über dieses und jenes.

Das Beste, was Menschen, die dem Weg der Befreiung folgen wollen, tun können, ist, »das häusliche Leben zu verlassen«. Das bedeutet loszulassen. Einige Mönche und Nonnen mögen meinen, das getan zu haben, doch tatsächlich sind sie umhergezogen und haben Dinge angesammelt wie Wissen und Anhaftungen.

Meister Linji lehrte: »Was ich euch sagen will, ist, dass es keinen Buddha, kein Dharma, keine Praxis, keine Realisierung gibt. Wonach sucht ihr bei anderen Menschen? Was fehlt euch? Seid nicht wie blinde Menschen. Es ist so, als wolltet ihr euch auf euren eigenen Kopf noch einen weiteren setzen. Meine Freunde, euer wundervolles Wirken unterscheidet sich in diesem Augenblick nicht vom wundervollen Wirken der Meister und der Buddhas. Nur weil euch das Vertrauen fehlt, haltet ihr nach etwas außerhalb von euch Ausschau. Macht keinen Fehler, es gibt kein

Dharma außerhalb von euch, dem ihr nachlaufen könntet, es gibt kein Dharma in euch, das zu erlangen wäre. Es wäre besser, meinen Worten zu lauschen, euch auszuruhen und Nicht-Tun zu praktizieren. Ist etwas entstanden, versucht nicht, es fortzusetzen. Ist etwas nicht entstanden, dann versucht nicht, es entstehen zu lassen. Solches Tun ist wertvoller als zehn Jahre Pilgerschaft.«

Betrachten wir den Buddha als etwas Dauerhaftes außerhalb unserer selbst, dann ist es besser, keinen Buddha zu haben. Wenn wir das Dharma auf diese Weise betrachten, ist es besser, kein Dharma zu haben. Sitzen wir in der Dharma-Halle und glauben, die Buddha-Statue wäre der Buddha, ist es besser, draußen ein Herbstblatt anzuschauen. Wir werden dort den Buddha eher sehen.

Statt den Worten eines Meisters zu folgen, wäre es besser, wenn wir einfach eine Pause einlegten. Zu pausieren bedeutet aufzuhören, Dingen hinterherzulaufen. Können wir in Stille dasitzen und keine falschen Wahrnehmungen entstehen lassen, so ist das wertvoller, als zehn Jahre auf der Suche nach einem Lehrer von hier nach da zu laufen, um das Dharma zu lernen.

Meister Linji lehrte: »Meiner Einsicht zufolge gibt es nichts, das ihr tun müsstet. Ihr müsst nur als ganz normale Menschen leben. Tragt eure Robe, esst euer Essen. Seid tagein, tagaus ein Mensch, für den es nichts zu tun gibt. Die Schüler, die aus den vier Gegenden hierherkommen, halten sich alle für Leute, die Buddha, Dharma, Befreiung, einen Ausweg aus den Drei Bereichen suchen. Törichte Leute. Wenn ihr die Drei Bereiche verlasst, wohin wollt ihr dann gehen? ›Buddha‹ und ›Meister‹ sind nur verbale Ausdrücke, in die sich die Leute verstricken. Wisst ihr, was die

Drei Bereiche sind? Sie sind der Grund eures eigenen Geistes, sie sind die Menschen, die jetzt, in diesem Augenblick, hier sitzen, um das Dharma zu hören. Wenn ihr einen Gedanken der Begierde aufkommen lasst, ist das der Bereich der Begierde. Wenn ihr Wut aufkommen lasst, ist das der Bereich der Form. Wenn ihr einen Moment des Zweifels aufkommen lasst, ist das der formlose Bereich. Diese verschiedenen Geisteszustände sind die Tische, Stühle, Matten und Betten eures eigenen Hauses. Die Drei Bereiche sagen niemals: ›Wir sind die Drei Bereiche.‹ Ihr selbst hier habt das klare Licht, das alles, was ist, erleuchten und reflektieren kann; ihr seid diejenigen, die die Welt ermessen und jedem der Drei Bereiche einen Namen geben wollen.«

Der Meister schimpft hier mit den Menschen, die glauben, sie könnten die Drei Bereiche von Begierde, reiner Form und Formlosigkeit hinter sich lassen. Aber wohin wollt ihr dann gehen? Verlasst ihr unseren Planeten, wohin geht ihr dann? Einige meinen, es gäbe ein Reich Gottes. Sollten wir meinen, wir könnten dorthin gelangen, wenn wir diesen Ort hinter uns gelassen haben, so ist das töricht. Seit der Zeit, als der Buddha ins Mahaparinirwana[17] einging bis heute, hat vielleicht noch niemand mit so einfachen Worten gesprochen wie Meister Linji, wenn er fragt: »Wenn ihr die Drei Bereiche verlasst, wo werdet ihr hingehen?« Wenn der Fisch das Wasser verlassen will, wird er sterben. Wenn wir die Drei Bereiche verlassen wollen, können wir nicht leben.

Wir sind wie ein Fisch im Wasser, der danach fragt, wo das Wasser ist. Lassen wir in uns Begierde entstehen, ist das der Bereich der Begierde. Lassen wir Wut entstehen, ist das der Form-Bereich. Lassen wir einen Augenblick des Zweifels entstehen, ist das der formlose Bereich. Die Drei Bereiche bestehen aus Verlangen, Wut und Verblendung. Wir sind also in den Drei Bereichen, wenn wir Verlangen haben. Verfügen wir über Mitgefühl, Liebe und Verstehen, sind wir nicht länger in den Drei Bereichen, wir sind dann im Reinen Land. Wir brauchen kein Benzin oder Flugticket, um dorthin zu gelangen.

Die Milchstraße sagt nicht: »Ich bin die Milchstraße.« Sie ist die Milchstraße – in der Wirklichkeit; die wundervolle Wirklichkeit ist Leben. Wir sind diese wundervolle Wirklichkeit. Wir selbst sind hier gegenwärtig mit einem klaren Licht, das alles erleuchten und widerspiegeln kann, so wie es ist.

Meister Linji lehrte: »Mönche! Dieser Körper, diese vier Elemente hier, sind unbeständig, einschließlich Milz, Magen, Leber, Gallenblase, Haare, Zähne, Nägel. Wenn ihr in euch hineinschaut, seht ihr nur die Leerheit eines jeden Teils. Könnt ihr jede Vorstellung in eurem Geist anhalten, so ist das Bodhi, Erwachen. Ist die Vorstellung noch nicht zur Ruhe gekommen, ist das Dunkelheit. Dunkelheit hat keinen Wohnsitz, hat keinen Anfang und kein Ende. Könnt ihr euren Geist nicht zur Ruhe bringen, werdet ihr den Baum des Nicht-Erwachens erklettern, in die sechs Schicksale eintreten, in die vier Arten des Geborenwerdens, ihr werdet einen Pelzmantel und Hörner tragen. Seid ihr imstande innezuhalten, werdet ihr sofort im Bereich des reinen Dharma-Körpers ankommen. Wenn ihr den Zustand erreicht, in dem nicht ein einziger Gedanke entsteht, seid ihr in der Lage, die Bodhi-Bäume zu erklettern, und ihr könnt das Wunder vollbringen, überall dort in den

Drei Bereichen zu erscheinen, wo das gebraucht wird. Ihr könnt den Transformationskörper benutzen, der aus dem Geist entsteht. Ihr könnt die Dharma-Freude erleben und die Glückseligkeit der Meditation. Ein Lichtschein wird von eurem Körper ausstrahlen. Wenn ihr darüber nachdenkt, was ihr anziehen sollt, werden euch hunderttausend Brokatlängen zugänglich sein; denkt ihr an etwas zu essen, so werden hundert Delikatessen vorhanden sein. Ihr werdet nie an einer ernsten Krankheit leiden. Bodhi, Erwachen, hat keinen Wohnort und wird deshalb ›nicht zu erlangen‹ genannt.«

Die vier Elemente von Erde, Wasser, Feuer und Luft sind sowohl innerhalb als auch außerhalb unseres Körpers. Das Erdelement repräsentiert Festigkeit, das Luftelement repräsentiert Fluidität, das Feuerelement repräsentiert Wärme, Hitze, und das Wasser repräsentiert das Eindringen des Flüssigen. Diese vier Elemente können in unserem Körper existieren, weil sie auch außerhalb unseres Körpers existieren.

In *Die Sonne, mein Herz*[18] schrieb ich, dass wir ein Herz in unserem Körper haben, und wenn dieses Herz aufhört zu schlagen, sterben wir. Doch wir haben auch ein Herz außerhalb unseres Körpers – die Sonne. Wenn die Sonne nicht mehr schiene, würden wir auch sterben. In unserer Brust haben wir zwei Lungenflügel. Außerhalb von uns stellt uns der Wald Sauerstoff zum Atmen zur Verfügung und ist von daher auch unsere Lunge.

In den meisten größeren Städten gibt es Parks. Ohne sie gäbe es nicht genügend Sauerstoff in der Atemluft. Die Parks sind die Lungen der Städte. Ohne die Lungen außerhalb könnten wir keine inneren Lungen haben. Das Blut, das durch unsere Adern fließt, ist wie ein Fluss. Außerhalb von uns gibt es Flüsse und Ströme. Wir erkennen, dass unser Körper nicht nur in unserem Körper ist. Wir sehen unseren Körper auch außerhalb unseres Körpers.

Das *Sutra der Vier Grundlagen der Achtsamkeit*[19] lehrt, dass es in der Praxis des tiefen Schauens vier Meditationsobjekte gibt, und das erste ist der Körper. Dann schauen wir tief in unsere Gefühle, unsere Emotionen. Dann in den Geist, unsere Wahrnehmungen. Und als viertes in die Objekte unseres Geistes. Der Geist ist die Fähigkeit wahrzunehmen, und die Objekte des Geistes sind die Dinge, die wahrgenommen werden, so wie Wolken, Himmel, Pflanzen, Lebewesen, wir selbst. Die erste dieser Übungen, das tiefe Hineinschauen in unseren Körper, reicht für sich schon aus, damit wir alles erkennen können, denn unser Körper enthält auch unsere Gefühle und unseren Geist.

Schauen wir tief, erkennen wir, dass all unsere Vorstellungen über unseren Körper und unseren Geist fehlerhaft sind. Wir müssen praktizieren, keine Vorstellungen zu haben. Das bedeutet nicht, dass wir aufhören, zu denken und wahrzunehmen. Stattdessen müssen wir über Vorstellungen hinausgehen und dürfen uns nicht in Wahrnehmungen von Beständigkeit und einem eigenständigen Selbst verfangen. Wenn wir jede Vorstellung in unserem Kopf anhalten, ist das Erwachen. »Keine Vorstellungen« kann auch als »Leerheit« übersetzt werden. Können wir die Leerheit jedes Dings erkennen, erreichen wir den Ort, an dem es keine Vorstellungen gibt. Und das Erwachen liegt nicht in der Ferne, es liegt in unserer Wahrnehmung. Es gibt einen chinesischen Ausspruch, der lautet: »Wenn du die Vorstellung in deinem Geist anhältst, ist das der Bodhibaum.«

Es gibt zwei Welten, und wir können uns aussuchen, in welcher wir leben wollen, in der Welt des Erwachens oder der Welt der Verblendung. Wenn wir unsere Vorstellungen noch nicht angehalten haben, leben wir in Verblendung. Verblendung hat keinen Verweilort. Sie hat keinen Anfang und kein Ende. Leben wir in der Welt des Erwachens, werden wir in unserem täglichen Leben glücklich sein. Warum tun wir es nicht?

Es gibt zehn Existenzbereiche: Der erste ist der Buddha-Bereich, der zweite der Bodhisattva-Bereich, der neunte ist der Bereich der Pretas, der Hungergeister, und der zehnte ist der Höllenbereich. Es ist wie beim Fernsehen. Je nachdem, welche Taste wir drücken, bekommen wir ein bestimmtes Programm. Wir können wählen. Wollen wir ein Hungriger Geist sein, können wir das jetzt sein. Niemand wird uns davon abhalten. Wollen wir der auf einem Lotos sitzende Buddha sein, wird uns niemand davon abhalten, es zu sein. Es gibt kein Hindernis. Wir haben in unserem alltäglichen Leben so viele Möglichkeiten, der auf dem Lotos sitzende Buddha zu sein, und wir nehmen sie nicht wahr. Das Haus des Buddha hat so viele Zimmer, und doch leben wir nicht darin, sondern schlafen draußen.

Es gibt vier Arten des Geborenwerdens. Wir können aus einem Ei geboren werden, aus einem Leib, aus Feuchtigkeit oder durch Metamorphose. Leben wir in Verblendung, werden wir in den Leidensbereichen im gegenwärtigen Augenblick geboren. Doch sind wir erwacht, erreichen wir unmittelbar den Bereich des reinen Dharma-Körpers.

Sind wir frei, können wir wundersamerweise unseren Körper transformieren und in diese Bereiche gehen, ohne uns in irgendetwas zu verfangen. Wir können unseren

Geist nutzen, um Verwandlungskörper entstehen zu lassen. Das ist mit dem Ausdruck »der Geist lässt den Körper entstehen« gemeint. Wir sind imstande, Dharma-Freude zu verkörpern, die Freude, die aus der Übung erwächst, die Freude über das wahre Dharma. Esst nicht nur Reis oder Spagetti. Das reicht nicht. Wir müssen täglich die Freude des Dharma und die Freude der Meditation essen. In der chinesischen Liturgie zur Darbringung von Reis heißt es: »Wenn wir diese Speise essen, geloben wir, dass alle Wesen die Freude der Meditation und des Dharma als ihre Speise haben werden.«

Jeden Tag müssen wir uns fragen: »Haben wir genug Nahrung der Freude?« Sonst sind wir wie jemand, der verdurstend am Flussufer liegt. Der Hungrige Geist kann die verfügbare Nahrung nicht aufnehmen, denn seine Kehle ist so klein wie eine Nadel. Die Nahrung der Freude steht uns in jedem Augenblick zur Verfügung. Warum nähren wir uns nicht mehr von ihr?

Meister Linji lehrte: »Freunde, es ist schwer, die Wahrheit zu entdecken. Das Buddhadharma ist sehr tief und geheimnisvoll. Nichtsdestotrotz können wir uns in dieses Territorium begeben, um Einsicht zu erlangen. Tag für Tag sitze ich hier und gebe Unterweisungen und erteile Schläge, doch kaum jemand in der Gruppe meiner Schüler ist geneigt, davon groß Notiz zu nehmen. Tausendmal, zehntausendmal halten sie sich an dunklen Orten auf und sind nicht in der Lage, etwas unabhängig und mit Klarheit und Unterscheidungskraft zu erkennen. Weil es ihnen an der Tugend des Selbstvertrauens mangelt, suchen sie weiterhin nach Einsicht, Weisheit und geschriebenen Worten. Ihr halbes Leben ist vorbei, und sie verlassen sich noch immer auf jemand anderen, und während sie sich in der Menschenwelt bewegen, schleppen sie ihren Leichnam wie eine schwere Bürde mit sich herum. Früher oder später werden sie den Preis für die Schuhe, die sie getragen haben, zahlen müssen.«

Es gibt Pilger, die nach dem Dharma suchen. Sie glauben, der Dalai Lama hätte es vielleicht oder vielleicht Thich Nhat Hanh oder ein anderer Lehrer, eine andere Lehrerin. Leute quetschen sich mit fünfzig anderen in einen Bus, um von einem Tempel zum nächsten zu fahren. Meister Linji sagte, dass diese Leute ihren Leichnam beim Gehen mit sich herumschleppen, ohne davon zu wissen. Sie leben, aber sie leben nicht wirklich. Sie sind wie Tote. Früher oder später müssen sie den Preis für die abgetragenen Schuhe zahlen.

Albert Camus schreibt in *Der Fremde* über einen in Algerien aufgewachsenen Franzosen namens Mersault. Er kam zum Begräbnis seiner Mutter, doch weinte er nicht, noch fühlte er irgendeine Traurigkeit. Später erschoss er einen Mann, der ihn angepöbelt hatte, wurde ins Gefängnis geworfen und zum Tode verurteilt. Schließlich lag er vierundzwanzig Stunden vor seiner Hinrichtung durch die Guillotine in seiner Zelle auf dem Rücken, und er erblickte durch das Fenster einen Streifen blauen Himmels – und sah den blauen Himmel zum allerersten Mal. Er lag sehr still da, atmete nur und erkannte den Himmel als das Wundervollste, das es geben könnte. Er sah seine eigene Präsenz, seinen eigenen Körper in diesem blauen Himmel.

Dann klopfte jemand an die Zellentür. Es war ein Priester, der hereinkommen und ihn auf seine letzte Stunde vorbereiten wollte. Mersault mochte ihn aber nicht hereinlassen, da ihm die Zeit, die ihm noch blieb, zu kostbar war. Es war für ihn Zeitverschwendung, den Priester einzulassen, und deshalb wollte er ihn nicht sehen. Er wusste, dass der Priester ihm nicht helfen konnte. Und er erkannte, dass er wirklich lebte, wahrhaft lebendig war, und dass der Priester wie ein Toter lebte und seinen Leichnam mit sich herumtrug. Mersaults Worte waren: »Er war nicht einmal seines Lebens gewiss, denn er lebte wie ein Toter.«[20]

Albert Camus war ein Atheist des 20. Jahrhunderts, Meister Linji ein Buddhist des 9. Jahrhunderts, doch sie benutzten dieselbe Symbolik. Fast alle von uns tragen ihren Leichnam mit sich herum. Wir sind nicht wirklich lebendig, nicht wahrhaft erwacht.

Es ist sehr einfach, wenn wir aufwachen und ein lebendiger Mensch sein wollen. Im Christentum gibt es die Vorstellung der Auferstehung. Im Buddhismus ist Auferstehung eine Praxis, keine Zeremonie. Wenn wir die Glocke hören, können wir auferstehen. Ein einziger Atemzug oder Schritt kann uns wieder neu beleben.

Wenn wir uns umschauen, können wir sehen, ob wir uns unter den Lebenden oder unter den Toten befinden. Andere mögen ganz in unserer Nähe sein, nehmen uns aber gar nicht wahr, weil sie von ihren Erinnerungen, ihrer Wut oder Traurigkeit mitgerissen werden. Jeder Augenblick kann ein Augenblick der Auferstehung sein, doch sie sind nicht präsent, um es zu erfahren.

Meister Linji lehrte: »Mönche, es gibt Schüler, die mich missverstehen, wenn ich sage, dass es für sie nichts außerhalb ihrer selbst zu suchen gebe, und die dann in ihrem Inneren nach etwas Ausschau halten. Sie sitzen bewegungslos in Meditation, das Gesicht zur Wand gerichtet, die Zunge an den Gaumen gepresst. Sie sagen, dies sei das von Buddha und den Meistern gelehrte Dharma-Tor. Welch großer Fehler. Behauptet ihr, wenn das Sinnesobjekt ruhig und unbeweglich sei, handle es sich um den Pfad, so habt ihr die Verblendung zu eurem Meister gemacht. Ein Lehrer alter Zeit sagte: ›Stille Ruhe ist ein tiefes, schwarzes Loch, ein beängstigender Zustand.‹ Glaubt ihr andererseits, Bewegung sei der Pfad, sind dann auch die Pflanzen, die sich da draußen im Windhauch bewegen, der Pfad? Bewegung ist das Luftelement, Bewegungslosigkeit ist das Erdelement, und beide, Bewegung und Bewegungslosigkeit sind ohne Selbst-Natur. Wenn ihr es in der Bewegung sucht, wird es seine Position in der Bewegungslosigkeit einnehmen. Wenn ihr es in der Bewegungslosigkeit sucht, wird es seine Position in der Bewegung einnehmen, so wie ein Fisch in einem Gewässer Wellen schlägt, wenn er emporspringt.«

Meister Linji benutzt hier das Bild eines Fischs in einem Strom. Es stammt aus einem Vers von Vasubandhu.[21] Wenn der Fisch emporspringt, verursacht er Wellen. Auch wenn die Wellen außerhalb des Fisches erscheinen, hat er sie doch verursacht.

Während der Ära von Meister Linji, der späten Tang-Dynastie, wurde bei den buddhistisch Praktizierenden das Studium, die Untersuchung und die Diskussion von Theorien über Gebühr betont. Sowohl mit der Koan-Praxis als auch mit der stillen Meditation sollte solchen Tendenzen entgegengewirkt werden. Die Menschen sollten weniger Zeit mit Studium, Theoretisieren und dem Zuhören von Vorträgen verbringen und mehr Zeit mit der Praxis. Diese

Bewegung empfahl, weder die Schriften noch andere Texte einzubeziehen. Es geht um eine Übertragung von Herz zu Herz, ohne dass etwas gesagt werden müsste. Buddhistisch Praktizierende haben, ob sie nun Vietnamesen, Chinesen, Amerikaner oder Europäer sind, die Neigung, zu viel zu reden, zu viel zu theoretisieren. Ihr Speichel versiegt, während sie keine Anstalten machen zu praktizieren. Die Betonung der Meditation, der Fokus, nicht mehr zu reden, nicht mehr zu theoretisieren, nicht mehr zu intellektualisieren und stattdessen unseren Geist, unser *Alaya*-Bewusstsein zur Kontemplation zu nutzen, war eine Reaktion darauf. Es ist nicht so, dass unser Intellekt nicht hilfreich sein könnte.

Es gibt zwei Hauptschulen des Zen. Eine verwendet die Koan-Praxis, die andere das stille Sitzen. Bei der Koan-Methode haben wir ein Rätsel in Form einen Satzes oder eines Verses, das wir stets bei uns bewahren und über das wir meditieren. In der Meditationsschule des stillen Sitzens sitzen wir in Stille, schenken unserem Atem Aufmerksamkeit und schauen tief in uns hinein. Bei der Koan-Praxis erfolgt der Durchbruch durch das Lösen eines Koan, dem Objekt unserer Suche. Doch gibt es zwischen diesen beiden Praxisformen keine strenge Trennungslinie.

Es gibt aber Schüler, die es missverstehen, wenn sie hören, es gebe nichts außerhalb zu suchen, und die dann beginnen, innen nach etwas zu suchen. Sie sitzen unbeweglich in Meditation, mit dem Gesicht zur Wand, ihre Zunge an den Gaumen pressend. Sie sagen, dies sei das von Buddha oder dem Meister gelehrte Dharma-Tor. Welch großer Fehler. Meister Linji sagte: »Behauptet ihr, wenn das Sinnesobjekt ruhig und unbeweglich sei, handle es sich um den Pfad, so habt ihr die Verblendung zu eurem Meister gemacht.« Wenn wir nur sitzen, um still in der Meditation zu sein, und meinen, dass nun erwachtes Verstehen entstünde, sitzen wir de facto in einem tiefen schwarzen Loch. In dieser Art der Meditation liegt kein Nutzen. Dann ist es besser, draußen zu spielen, als so zu sitzen.

Meister Linji wollte nicht, dass sich seine Schüler in den Theorien beider Meditationsschulen verstrickten. Er nannte das »frisches Wasser in trockenen Knochen zu finden versuchen«. Bewegung und Stille haben keinerlei Substanz, sie haben keine wahre Natur. »Wenn ihr es in der Bewegung sucht, wird es seine Position in der Bewegungslosigkeit einnehmen. Wenn ihr es in der Bewegungslosigkeit sucht, wird es seine Position in der Bewegung einnehmen, so wie ein Fisch in einem Gewässer Wellen schlägt, wenn er emporspringt.« Es gibt Fische, die gegen den Strom schwimmen; an Wasserfällen muss der Fisch sehr hoch springen, und das wühlt das Wasser auf. Alle Bewegung und alle Stille kommen aus unserem eigenen Geist. Praktizierende, die sich nicht auf diese beiden Methoden stützen, können Bewegung und Stille nutzen, ohne sich in ihnen zu verfangen.

Meister Linji lehrte: »Kommen Schüler zu mir, so nutze ich drei Kategorien, um mit den drei Arten von Befähigungen umzugehen. Wenn ein Schüler mit unterdurchschnittlicher Befähigung kommt, nehme ich das Objekt weg, aber nicht seinen Übungsweg. Kommt ein Schüler mit überdurchschnittlicher Befähigung, nehme ich sowohl das Objekt weg als auch seinen Übungsweg. Wenn jemand mit einer scharfsinnigen, aufgeweckten Befähigung kommt, werde ich weder das Objekt noch den Übungsweg, noch das Subjekt wegnehmen. Kommt ein Mensch mit außergewöhnlicher Einsicht, trete ich ihm mit meiner ganzen Person gegenüber und ordne ihn in keine dieser Kategorien ein.

Mönche, im letzteren Falle kann die Dharma-Kraft dieses Schülers jedem Sturm widerstehen, und die Geschwindigkeit seiner Dharma-Kraft ist größer als der Funke eines Feuersteins oder ein Blitzstrahl. Dieser Schüler muss nur blinzeln, und die wechselseitige Beziehung geht verloren; er muss nur eine Idee aufkommen lassen und schon wendet er sich in die falsche Richtung. Ob er versteht oder nicht, wird sich in diesem Augenblick entscheiden.«

Kommt ein Schüler und fragt: »Meister, hat der Hund Buddha-Natur?«, und der Meister sagt: »Nein«, dann entspricht dies der ersten Art der Befähigung, bei der das Objekt entfernt wird. Der Schüler hat gelernt, dass alle Lebewesen Buddha-Natur haben, und glaubt, dass dies ein tiefes, wichtiges Wissen wäre. Er will beweisen, dass er studiert hat. Er hat die Lehre auswendig gelernt, und wenn der Lehrer sagt: »Ja, du hast recht«, dann wird er sich noch mehr darin verstricken. Darum muss der Lehrer »Nein« sagen. Das bedeutet, das Objekt wegnehmen, doch nicht die Art der Praxis.

Bei der zweiten Methode, die bei einem Schüler mit überdurchschnittlicher Befähigung angewendet wird, nimmt der Lehrer das Objekt und die Praxis weg. Der Schüler verfügt über genügend Stärke, um auszuhalten, dass ihm die Praxis genommen wird, es wird ihn nicht in Verzweiflung stürzen. Wenn wir jemandem mit geringerer Befähigung die Praxis wegnähmen, würde dieser nicht mehr praktizieren.

In der dritten Situation verfügt der Schüler über eine sehr scharfe und schneidende Begabung, und der Lehrer nimmt nichts, was die Person betrifft, weg. Der Schüler hat sich in nichts verstrickt, so ist es sehr leicht. Kommt jemand mit außergewöhnlicher Einsicht, verbirgt der Lehrer überhaupt nichts. Diese Person ist ein spiritueller Freund. Wir meinen vielleicht, es gäbe dann doch vier Kategorien, aber der Schüler als spiritueller Freund fällt in keine dieser Kategorien.

Der spirituelle Freund ist jemand, der uns versteht. Wenn ich in die Küche komme, während ihr Karotten schneidet, und ich frage euch, was ihr tut, kann ich natürlich sehen, dass ihr Karotten schneidet. Wenn ihr dann nur lächelt, seid ihr vielleicht meine spirituellen Freunde. Doch wenn ihr antwortet: »Oh Thay, ich schneide Karotten«, dann seid ihr es nicht. Dieses erwachte Verstehen ist schneller als ein Blitz, schneller als der Funke eines Feuersteins. Als wir noch keine Streichhölzer hatten, konnte man ein Feuer dadurch entfachen, dass man Steine gegeneinanderrieb. Der Funke kommt ganz schnell, er kann aber ebenso schnell vergehen. In der Zeit, in der er aufblitzt, kann die wechselseitige Beziehung und Kommunikation zwischen Meister und Schüler verloren gehen.

Meister Linji lehrte: »Mönche, ihr kommt zu einem Lehrer, eure Schale, euren Beutel und eine Darmlänge voller Exkremente mit euch herumtragend, und fragt nach dem Buddhadharma. Wisst ihr, wer dieser Mensch ist, der kommt und fragt? Er ist vital, lebendig und haftet an keiner Wurzel an. Wollt ihr ihn hineintreiben, wird er nicht hineingehen. Wollt ihr ihn hinaustreiben, wird er nicht hinausgehen. Je mehr ihr ihm nachjagt, desto weiter wird er von euch entfernt sein. Wenn ihr nicht nach ihm sucht, wird er direkt vor euch stehen. Der Klang seiner Stimme ertönt direkt in euren Ohren. Wenn ihr dem nicht genug vertraut, lebt ihr euer Leben umsonst.«

Das, wonach wir suchen, ist genau hier. Wir sind der Buddha, wir sind das Dharma, wir haben unser wundervolles Wirken. Wir haben unser Leben. Und doch gehen wir umher und suchen nach Dingen. Wir haben in jedem Augenblick die Fähigkeit und die Gelegenheit, in Berührung mit den wundervollen Dingen des Universums zu sein, frei, voller Friede und Freude. Doch wir tun es nicht, weil wir glauben, wertlos zu sein. Wir sind der Buddha, und unser Leben ist es wert, voll gelebt zu werden. Wir müssen uns immer wieder daran erinnern.

Meister Linji lehrte: »Meine Freunde, mein Verständnis des Buddhadharma habe ich von Upadhyaya Magu, Danxia, Daoyi, Lushan und Shitou. Die Überlieferung der Praxisschule fand unter den Menschen weite Verbreitung, doch weil niemand genügend Vertrauen besaß, sie zu empfangen, wird sie von allen weiterhin verleumdet. Obwohl die Absicht von Meister Daoyi so einfach und gradlinig war, vermochte keiner der 350 Schüler, die zu ihm kamen, um bei ihm zu lernen, sie zu erfassen. Obwohl Meister Lushan frei und vollkommen aufrichtig war sowie in der Lage, zu erfassen, wann es notwendig ist, sich zu fügen, und wann, sich etwas zu verweigern, blieben seine Schüler voller Verwirrung und vermochten nicht die Grenzen seines erwachten Verständnisses auszuloten. Das Gleiche gilt für Meister Danxia. Er spielte mit einer Perle; manchmal verbarg er sie, manchmal zeigte er sie; er tadelte jeden Schüler, der zu ihm kam. Die Handlungen von Meister

Magu sind so bitter wie die Rinde einer Berberitze. Keiner kann ihm je nahe kommen. Meister Shitous Geheimnis bestand darin, dass er auf einer Pfeilspitze nach Menschen Ausschau hielt. Das ängstigte alle.«

Es gibt eine Geschichte über Mazu Daoyi, Meister Linjis Großvater-Lehrer, der ein sehr heller und kraftvoller Zen-Meister war. Meister Daoyi saß im Prajna-Tempel Tag und Nacht in Meditation; viele Nächte lang schlief er nicht. Eines Tages kam Meister Nanyue, um den emsigen Meister zu sehen, der Tag um Tag still dasaß. Nanyue nahm einen Dachziegel und polierte ihn voller Eifer. Mazu fragte: »Was tust du?« Nanyue antwortete: »Ich fertige einen Spiegel.« Mazu sagte: »Wie glaubst du, einen Spiegel fertigen zu können, indem du einen Dachziegel polierst?« Nanyue erwiderte: »Und du, Mazu, wie glaubst du, ein Buddha werden zu können, indem du in Meditation sitzt?« Mazu war geschockt, überrascht und erwacht. Er erwiderte: »Wenn sich der Ochsenkarren nicht bewegt, schlägst du dann den Ochsen oder den Karren?«

Es ist eine falsche Auffassung zu behaupten, dass Sitzen Meditation sei und Nicht-Sitzen nicht. Tiefes Schauen kann sowohl in der Sitzmeditation als auch in der Gehmeditation, in der Arbeitsmeditation oder in der Fahrmeditation erfolgen. Glaubt also nicht, es wäre nicht gut, wenn wir nicht sitzen, oder es wäre gut, wenn wir sitzen.

Meister Mazu Saoyi war der erste Meister, der schrie. Eines Tages schrie er so laut, dass Baizhang drei Tage lang nicht mehr hören konnte. Der Schrei des Meisters wurde den Enkelkindern übertragen und zu einer geschickten Lehrmethode, wie der Stock, doch wir benutzen diese geschickten Mittel mit tiefer Einsicht und nicht um der Form willen. Es gab viele Schüler Meister Linjis, die das Schreien oft einsetzten, aber nicht über große Einsicht verfügten. Eines Tages rief der Meister alle seine Schüler zusammen und sagte: »Imitiert mich nicht!« Wenn wir nicht zwischen dem Inneren und der Umgebung unterscheiden können, können wir nicht unterscheiden, wer Gastgeber und wer Gast ist; und dann stoßen wir einen Schrei aus, und es ist lächerlich. Schreit nicht, bevor ihr nicht über wahrhafte Einsicht verfügt.

Meister Linji lehrte: »Ich spiele mit spirituellen Transformationen. Ich bin in der Lage, alle möglichen Umstände zu durchdringen, und wo immer ich auch bin, bewahre ich die Übung des Nicht-Tuns. Das Objekt kann meine wahre Natur nicht entfernen. Wenn jemand nach mir Ausschau hält, gehe ich nach draußen, um ihn mir anzusehen. Der Besucher kennt mich nicht. Ich lege sofort eine meiner vielen Roben an. Der Schüler sieht die Robe und entwickelt die eine oder andere Idee darüber.

Im Nu verfängt er sich in meinen Worten und Sätzen. Welche Schande für den glatzköpfigen Mönch, der blind ist und keine Augen hat zu sehen. Er verwechselt die Robe mit mir. Er sagt, ich sei gelb oder blau oder weiß oder rot. Wenn ich das sehe, ziehe ich meine Kleidung aus und manifestiere meine Reinheit. Sieht das der Schüler, ist er sehr erfreut und voller Verlangen. Dann lege ich auch die Robe der Reinheit ab. Jetzt fürchtet er sich, läuft verwirrt und den Kopf verlierend davon und sagt: ›Warum seid ihr ganz nackt?‹ Ich sage dann zu ihm: ›Kennst du den Menschen in mir, der die Kleidung trägt?‹ Er wird sich sofort umdrehen und mich erkennen.

Mönche, verfangt euch nicht in Kleidung. Roben sind

bewegungslos; es muss jemanden geben, der die Kleidung trägt. Es gibt die Kleidung der Reinheit, des Erwachens, des Nirwana, des Meisters oder des Buddha.

Mönche, diese Dinge sind nur Klänge, Äußerungen und Worte. Sie sind lediglich sich verändernde Manifestationen wie verschiedene Kleidungsstücke. Sie entstehen durch die Luft aus dem *qihai*-Punkt unterhalb des Nabels, und die zusammen- und auseinanderklappenden Kiefer produzieren die Sätze und Ideen. Ihr solltet ganz klar sehen, dass dies nur magische Tricks sind.

Mönche, Aktivität im Äußeren schafft Klänge und Worte. Aktivität im Inneren ist der Geist, der Ideen hervorbringt. Sie alle sind nur verschiedene Arten von Kleidung. Warum nehmt ihr diese Kleidung als echte Einsicht wahr? Wenn ihr so fortfahrt, werdet ihr, selbst wenn ihr Millionen Lebzeiten als Mönche durchlauft, nicht mehr erreicht haben, als fortlaufend neue Kleidungsstücke anzuziehen. Das ist nicht die geheimnisvolle Durchdringung der Wahrheit, sondern das Tragen verschiedenster Kleidungsstücke. Ihr werdet nicht über Geburt und Tod hinausgelangen, ihr werdet euch nicht mit dem Menschen messen können, für den es nichts zu tun gibt. ›Wenn sie sich treffen, erkennen sie sich nicht. Sie kennen nicht den Namen ihres Gesprächspartners.‹«

Wenn wir etwas hören und uns davon angezogen fühlen, werden wir von den fünf Begierden hinweggezerrt. Wenn wir von wunderbaren Ideen wie Buddha und Dharma hinweggezogen werden, ist es immer noch ein Gespenst, das uns wegzieht. Meister Linji sagte, dass unser Lehrer nur eine Robe ist, ein Schüler nur eine Robe ist, ein Mönch oder eine Nonne nur eine Robe ist und ein Laie nur eine Robe ist. Diese Rollen sind nur die Kleidung, die wir tragen, sie sind nicht, wer wir sind.

Im Jahr 1951 kam eines Tages ein Polizist in meinen Tempel in Vietnam, da ihm jemand berichtet hatte, dort lebe ein Mönch mit sehr revolutionären, vielleicht sogar verräterischen Ideen. Er suchte nach mir und traf mich in einer sehr ärmlichen Robe an. Er sagte: »Ich möchte den Ehrwürdigen Thich Nhat Hanh sehen.« Ich erwiderte: »Nehmen Sie Platz.«

Ich erhob mich, legte meine schöne Mönchsrobe an, setzte mich wieder und sagte: »Lieber Freund, ich bin Thich Nhat Hanh.« Als ich die Novizenrobe trug, war er unsicher, ob ich Thich Nhat Hanh war oder nicht. Als ich die Mönchsrobe anlegte, war er sich sicherer. Der Mann schaute mich an und war ein wenig beschämt. Mir tat er leid, denn er hatte sich in der Farbe meiner Robe verfangen und mich mit meiner Robe verwechselt. »Robe« ist nur ein Wort. Wir können es benutzen, um die Vorstellung oder Sichtweise, in die sich unser Gegenüber verfangen hat, zu zerstören.

Diesen Teil der Lehre Meister Linjis können wir auch in der Fabel »Des Königs neue Kleider« von Hans Christian Andersen entdecken, die 1837, also viele Jahrhunderte später, geschrieben wurde. Der König liebte es so, sich in schöne Kleider zu hüllen, dass er den Worten eines Schneiders glaubte, der ihm die schönsten Kleider aus dem fantastischsten Stoff schneidern wollte – obwohl er nichts davon sehen konnte. Er glaubte so daran, dass er seine »neuen Kleider« sogar draußen vorführte, vollkommen nackt. Nur ein Kind wagte auszusprechen, was alle dachten: »Der König hat keine Kleider.«

Liebe Freunde, verfangt euch nicht in einer Robe. Die Robe kann man entfernen. Unser wahrer Mensch bleibt. Es gibt die Robe der Nicht-Geburt, die Robe des Buddha, die Robe des Lehrers und die des Schülers. Aus einem Punkt unterhalb unseres Nabels, dort, wo unser Atem am tiefsten ist, erwächst Energie, doch ist das nicht unser wahrer Mensch. Warum halten wir die Robe für die wahre Einsicht? Wenn wir so weitermachen, werden wir Leben für Leben, unzählige Leben lang, damit zubringen, von einer Robe zur nächsten zu wechseln.

Meister Linji lehrte: »In unserer Zeit sind die Mönche nicht in der Lage, den Pfad zu realisieren, weil sie Worte und Redeweisen mit Einsicht verwechseln. Sie schreiben sich Dinge auf, die gesagt wurden; die Worte irgendwelcher verstorbener alter Männer schreiben sie in ein großes Buch, das sie in drei oder vier Lagen von Stofftüchern verbergen. Sie erlauben niemandem, es zu sehen, und sagen, das Niedergeschriebene sei das ›geheimnisvolle Prinzip‹; dann verstecken sie es und hüten es sorgfältig. Ein großer Fehler. Wie kann diese Gruppe blinder Menschen in diesem Haufen trockener Knochen einen Tropfen kalten Wassers finden?«

Wissen unterscheidet sich von Einsicht. Meister Linji war von Menschen umgeben, die viel über die Lehren des Buddha wussten. Sie kannten die Sutras auswendig und konnten mit dem Edlen Achtfachen Pfad und den Vier Edlen Wahrheiten fortfahren. Doch das ist keine wahre Einsicht. An all den geheimnisvollen, sehr tief greifenden Ideen ist nichts dran, wenn wir sie nicht dafür nutzen, unsere Verwirrung zu durchbrechen. All diese Worte und Theorien sind nur trockene Knochen, ohne einen frischen Tropfen Saft. Der wahre Saft, das wahre Schöne, ist in uns.

Eines Tages saß ich in Amsterdam auf einem Podium. Es waren viele Intellektuelle dort, viele angesehene Theologen und Priester. Ein Theologe erhob sich und fragte mich bezüglich eines Satzes aus *Lotus in a Sea of Fire*, ein Buch, das ich 1967 geschrieben hatte.[22] Das lag zwanzig Jahre zurück. Ich sah ihn an und erwiderte: »Ich habe dieses Buch nie geschrieben.« Er war sehr schockiert. Doch die Wahrheit war, dass ich ein lebendiges Wesen bin und er an einem Phantom von vor zwanzig Jahren interessiert war. Zu dieser Zeit war die Lage in Vietnam und in der Welt völlig anders.

Zhaozhou war ein berühmter chinesischer Zen-Meister des 9. Jahrhunderts und ein spiritueller Enkel von Mazu Daoyi. Eines Tages fragte einer seiner Schüler: »Was ist der Sinn von Bodhidharmas Reise nach China?« Und Zhaozhou sagte dem Fragenden: »Schau die Zypresse im Hof.« Das gleicht meiner Antwort auf die Frage des Theologen. Als Praktizierende durchquert ihr den Hof viele Male am Tag. Jedes Mal seht ihr die Zypresse, doch ihr seht sie als Phantom. Ihr seid nicht tief in Berührung mit der Wirklichkeit der Zypresse. Wenn ihr nicht mit dieser Wirklichkeit in Kontakt sein könnt, wie könnt ihr dann das Ziel Bodhidharmas oder eines anderen Zen-Meisters kennen?

Wenn jemand Meister Linji nach der grundlegenden Idee des Buddhismus fragt, antwortet er vielleicht: »Hast du schon gefrühstückt?« Sagt der Schüler: »Ja«, erwidert der Lehrer möglicherweise: »Dann geh und mach den Abwasch.« Frühstücken ist eine lebendige Wirklichkeit; wir müssen es zutiefst leben. Und wenn wir unser Frühstück beendet haben, leben wir zutiefst das Abwaschen, statt dass wir die Bedeutung von Dingen herauszufinden suchen, die so weit weg sind.

Meister Linji lehrte: »Es gibt eine andere Gruppe, die nicht weiß, was gut und was schlecht ist. Sie entnimmt den Lehren geheimnisvolle Redewendungen, denkt darüber nach und macht aus ihnen Schriften und Dogmen. Es ist so, als nähme man Exkremente in den Mund, spuckte sie aus und legte sie anderen in den Mund. Da besteht kein Unterschied zu weltlichen Menschen, die Chinesisches Flüstern spielen. Ihr Leben vergeht, wird vertan, aber sie sagen weiterhin: ›Wir sind Mönche, die in der Hauslosigkeit leben.‹

Bei einigen Menschen, die herkommen und nach dem Buddhadharma fragen, ist der Mund verschlossen, und sie haben kein Wort zu sagen. Sie öffnen ihre Augen, die so leer und schwarz sind wie rauchige Löcher. Ihre Münder hängen herab wie eine Tragestange mit einer Last an jedem Ende. Selbst wenn jetzt Maitreya geboren würde, solche Menschen würden in eine andere Welt oder in die Höllenbereiche getrieben werden, um ihre Strafe an Leiden zu übernehmen.

Mönche, was hofft ihr zu finden, wenn ihr in der Welt umherwandert, bis eure Füße plattgetreten sind? Wo ist der Buddha, den ihr sucht, der Pfad, den ihr realisieren wollt, das Dharma, das ihr erlangen wollt? Der Buddha mit den wunderschönen Kennzeichen, nach dem ihr sucht, ist kein bisschen wie ihr. Wenn ihr euren eigenen ursprünglichen Geist erkennen wollt, müsst ihr diesen Buddha sehen und erkennen, dass ihr weder miteinander vereint noch getrennt voneinander seid.«

Bei dem Spiel »Chinesisches Flüstern« (»Stille Post«) flüstert eine Person einer anderen einen Satz ins Ohr, die wiederum flüstert das Gehörte einer weiteren Person zu, dann diese einer vierten und so weiter. Die letzte Person schließlich sagt den Satz laut, und es ist dann meist ein vollkommen anderer Satz. Meister Linji drückte aus, dass wir Stille Post spielen, wenn wir die Worte eines Sutra in eine rigide akademische Wahrheit verwandeln, selbst wenn wir gemeint haben, »in der Hauslosigkeit zu leben«, und Mönch oder Nonne geworden sind. Stellt uns jemand eine sehr tiefe Frage zum Buddhadharma, dann tut diese Person das, weil sie leidet und wegen ihrer Probleme um Hilfe bittet. Meister Linji tadelte jene Mönche, die einem solchen Menschen nicht antworten können, weil sie kein wahres Mitgefühl und keine wirkliche Erfahrung haben. Deren Augen sind so leer wie rauchige Löcher, und ihr Mund ist ein Sack voller Knochen. Er sagte, diese Mönche brächten zu viel Zeit mit der Suche nach äußeren Wahrheiten zu, so dass ihre Fußsohlen platt seien. Sobald sie mit diesem Posieren und dieser Suche aufhörten, könnten sie sofort den Buddha sehen. Der Buddha ist unser Frieden, unsere Liebe, unser eigenes Verstehen.

20. Kommentar

Zen-Meister, bitte erkläre uns: »Was ist der wahre Buddha? Was ist das wahre Dharma? Was ist der wahre Pfad?« Diese Frage bezieht sich auf den Buddha, das Dharma und den Weg. In der chinesischen spirituellen und kulturellen Tradition ist der Begriff »Weg«, *marga* im Sanskrit, sehr wichtig. Er bedeutet hier nicht nur Pfad, sondern auch absolute Wahrheit. Von daher ist er auch das Dharma und das Mittel, die absolute Wirklichkeit zu erkennen.

Meister Linji hatte zuvor gesagt, der wahre Weg sei ohne Form, das wahre Dharma ohne Zeichen und der wahre Buddha ohne äußere Erscheinung. Doch nun drehte es ein Schüler um und fragte: »Was ist der wahre Buddha? Was ist das wahre Dharma? Was ist der wahre Pfad?«

Meister Linji antwortete sehr freundlich. Er hätte Hunderte verschiedene Möglichkeiten gehabt, seine Antwort zu erläutern, doch er sagte: »Der wahre Buddha ist unser reiner Geist. Das wahre Dharma ist das Licht des Körpers. Der wahre Pfad ist das unbehinderte reine Licht, das in alle Richtungen ausstrahlt. Sie sind alle eins, sind bloße Bezeichnungen ohne reale Existenz.«

Wir sprechen von den Drei Juwelen, doch in Wahrheit sind diese eins. Wir schauen in den Buddha und sehen das Dharma und die Sangha. Gäbe es Dharma und Sangha nicht, dann wäre der Buddha nicht wirklich der Buddha. Schauen wir in das Dharma, sehen wir den Buddha und die Sangha. Ohne den Buddha und die Sangha könnte es das Dharma nicht geben. Wir können sie nicht voneinander trennen, doch sie haben eigenständige Namen, konventionelle Bezeichnungen, *prajnapati*.

»Konventionelle Bezeichnung« meint einen Begriff, den wir zeitweilig benutzen, aus Zweckmäßigkeit. Das Wort »Kind« ist ein Substantiv, das wir verwenden, doch dies bedeutet nicht, dass wir nicht die Vorfahren und Nachkommen in dem Kind sehen, wenn wir »Kind« sagen. Nur wenn wir Vater und Mutter sehen, sobald wir »Kind« sagen, können wir wirklich das Kind sehen. Doch wir verwenden das Wort »Kind«, damit wir uns in dem Moment nicht selbst verwirren.

Wir müssen bezüglich Buddha, Dharma und Weg gleichermaßen Achtsamkeit walten lassen. Was immer wir betrachten, wir können darin den Buddha, das Dharma und den Weg sehen. Wir erkennen, dass diese drei nicht voneinander getrennt sind.

Zu Beginn seiner Unterweisung machte Meister Linji drei Aussagen: »Der wahre Buddha ist unser reiner Geist. Das Dharma ist das Licht des Körpers. Der wahre Weg ist das unbehinderte reine Licht, das in alle Richtungen ausstrahlt.« Jene, deren Praxis klar und bereits gereift ist, werden schon von der ersten Aussage erweckt; sie sind in der Lage, die absolute Wirklichkeit zu erkennen; und das ist die erste Aussage, übermittelt von Herz zu Herz. Sprache muss keine Bedeutung, keine Vorstellung, kein Beispiel oder keine Absicht transportieren. Ein Schrei, ein Schlag oder ein Wort befreit bereits die andere Person. Das ist die erste Aussage; die Frucht ist reif, sie muss nur gepflückt werden.

Wenn wir erst nach der zweiten Aussage verstehen, können wir doch immer noch Lehrer von Menschen und Göttern werden. Die zweite Aussage ist ein geschicktes Mittel, ein Symbol, ein Beispiel, damit sich beim anderen Verständnis einstellen kann. Der Lehrer kreiert die geschickten Mittel, um ihm zu helfen, seinen Geist zu sehen und frei von ihm zu werden. Dank des geschickten Mittels kann die Person möglicherweise erwachen und etwas erkennen, auch wenn es nicht die erste und höchste Ebene ist. Und doch kann diese Person eine Lehrerin für andere sein. Wenn wir aber erst bei der dritten Aussage verstehen, dann werden wir noch nicht einmal uns selbst retten können, ganz zu schweigen davon, dass wir die Lehren nutzen könnten, um anderen zu helfen. Wir haben durch die Praxis noch keine erfolgreichen Erfahrungen machen können. Meister Linji lehrte: »Der erste Zen-Ahne, Bodhidharma, kam aus Indien mit nur einer Absicht hierher: einen Menschen zu finden, der sich nicht von anderen täuschen ließ.« Der Meister suchte nicht nach dem Buddha, er kam und schaute nach einem Menschen. Vielleicht kam Bodhidharma auch nur zu Besuch, ohne eine besondere Absicht. Wir sagen, Bodhidharma sei mit dieser oder jener Absicht gekommen, doch sind das nur unsere Projektionen.

Der erste Zen-Ahne, Bodhidharma, meditierte in einer Höhle, als der Mönch Huike kam. Tag für Tag stand er vor der Höhle, obwohl es außerordentlich kalt war. Schließlich tat er Bodhidharma leid, und dieser fragte: »Warum kommst du? Warum stehst du da?« Der Mönch Huike antwortete: »Ich kam her, um Euch zu bitten, meinen Geist zu beruhigen.« Der Meister sagte: »Wo ist dein Geist? Bring ihn her. Ich werde ihn für dich beruhigen.« Der Mönch antwortete: »Ich kann ihn nicht finden. Ich kann ihn nicht zeigen.« Der Meister sagte: »Dann habe ich deinen Geist beruhigt.« Als er das hörte, erwachte Huike und erkannte ganz klar, dass alle Bemühungen, die er in seine Praxis hatte einfließen lassen, sinnlos gewesen waren. Eine Aussage reichte, um Huike zu erwecken.

Wenn wir bei dieser Aussage wissen, wie wir unseren Geist beleuchten können, und nicht mehr nach irgendetwas suchen, dann erkennen wir, dass unser Körper und Geist sich nicht vom Körper und Geist des Buddha und der großen Meister unterscheiden. In genau diesem Moment werden wir zu dem ungeschäftigen Menschen. Das wird das Erlangen der Lehre des Nicht-Erlangens genannt. Es bedeutet, dass wir bereits die Lehren haben, die unser Lehrer uns übermittelt. Er macht uns nur darauf aufmerksam, öffnet uns die Augen, und wir erkennen, dass wir nicht im Außen suchen oder umherlaufen müssen.

21. Kommentar

Zu Meister Linjis Zeiten waren die beiden am häufigsten gestellten Fragen: »Was war Bodhidharmas Absicht, als er aus dem Westen kam?« und »Was ist die Essenz des Buddhismus?«

Wenn wir nicht wissen, was wir fragen sollen, stellen wir diese Fragen. Ist der Lehrer freundlich, wird er sie uns beantworten. Manchmal wird er uns schlagen.

Die Frage nach Bodhidharmas Absicht kann auf verschiedene Weise erläutert werden, abhängig von der Situation und vom Fragenden. Ein Lehrer, der tief zu schauen vermag, kann unser Praxisniveau sofort erkennen. Meister Linjis Antwort an diesem Tag war: »Wenn er eine Absicht gehabt hätte, würde er sich nicht einmal selbst hätte retten können, geschweige denn andere zum Ufer des Erwachens führen können.« Wäre Bodhidharma von Indien nach China mit der Absicht gekommen, die Lehre zu verbreiten oder den König zu überzeugen oder einen Tempel zu bauen, dann wäre diese Absicht bereits ein Makel gewesen. Eine Intention zu haben bedeutet, etwas zu verfolgen. Gibt es Streben, gibt es ein Ziel. Solange wir ein Ziel haben, können wir nicht einmal uns selbst retten, geschweige denn andere.

Ein Zen-Meister antwortete auf die Frage »Warum ging Bodhidharma in den Osten?« so: »Wann ging er jemals?« Auch diese Antwort ist wundervoll. Sie nimmt das Subjekt weg.

Ein Schüler fragt Meister Linji: »Wenn er keine Absicht hatte, wie konnte dann der zweite Zen-Ahne Erwachen erlangen?« Der Meister erwiderte: »Erlangen ist Nicht-Erlangen.« Der Meister war sehr geduldig und beantwortete eine Frage nach der anderen. Er war so sanft, es gab kein Schlagen, keine Kampfkünste.

Jemand anderes fragte: »Wenn Erlangen ohne Erlangen ist, wie kann dann ›ohne Erlangen‹ irgendeine Bedeutung haben?« Der Meister erwiderte: »Weil Huike überall nach dem Geist suchte und damit nicht aufhören konnte, sagte Bodhidharma: ›Um Himmels willen, was für ein Mann! Warum suchst du weiter nach einem Kopf, wenn du doch bereits einen Kopf hast?‹« Meister Linji erläutert Bodhidharmas Antwort an Huike: »Wo ist dein Geist, bring ihn mir. Ich werde ihn für dich beruhigen.«

Dann entschuldigte sich Meister Linji und sagte, es sei betrüblich, dass er schreien und schimpfen müsse. Auch wenn er »Feuer« schreie, sei doch Mitgefühl in seinem Herzen. Was immer wir als heilsam für unseren Geist und Körper ansehen, das Transformation, Glück und Gemeinschaft bringt, lasst uns das tun. Alles, was wir tun, ob wir kochen, abwaschen, die Kleidung waschen oder meditieren, sollten wir im Geist des Nährens und der Heilung tun, sonst sollten wir es lassen.

Meister Linji lehrte: »Überall sagen die Leute, dass die zehntausend Übungen der sechs *paramitas* das Buddhadharma seien. Ich jedoch sage, dass sie nur Hilfsmittel sind, die als Verzierung benutzt werden und als Wege, die Arbeit des Buddha zu tun. Sie sind nicht das Buddhadharma.« Viele Leute mögen buddhistische Arbeit. Sie organisieren Zeremonien und Retreats. Wir glauben, wir täten diese Dinge um des Dharma willen, doch tatsächlich tun wir sie vielleicht, weil wir die Aufregung mögen.

Meister Linji lehrte: »Wenn von daher Handlungen wie nur vor der Mittagszeit zu essen, die Gelübde einzuhalten, eine Schale mit Öl so zu tragen, dass kein Tropfen verschüttet wird, euer Dharma-Auge nicht erstrahlen und klar werden lassen, dann werdet ihr am Ende den Preis für das Essen, das ihr empfangen habt, zahlen müssen.« Wenn wir solche Praktiken aus Verpflichtung oder Rigidität bewahren, hat das keinen Wert. Wir essen, aber wir verdauen das Essen nicht. Diese Praktiken sind nur dann Praktiken des Buddhadharma, wenn sie uns und anderen Glück, Frieden und Reinigung bringen. Ein Gefäß mit Öl so zu halten, dass kein Tropfen verschüttet wird, entstammt als Bild einer vom Buddha erzählten Geschichte. Ein Gefangener, der zum Tode verurteilt worden war, sollte ein Gefäß, das bis zum Rand voll mit Öl war, tragen, ohne einen Tropfen zu verschütten. Schaffte er das, würde er seinen Kopf retten können. Er sollte durch eine Stadt gehen, in der es ein großes Fest gab. Die Menschen tanzten in den Straßen, brachten Laternen an und schmückten alles mit Blumen. Dieser Gefangene musste all seine Aufmerksamkeit auf das Ölgefäß richten, als er von einem Ort zum anderen ging. Obwohl es so viel Schönes und Freudvolles zu sehen gab und so mannigfaltige Farben und Klänge, konnte sich der Gefangene nicht erlauben, ihnen Aufmerksamkeit zu schenken.

Wenn der Gefangene keinen einzigen Tropfen Öl verlieren wollte – und damit seinen Kopf –, musste er außerordentlich achtsam sein. Dies ist ein Bild für die Achtsamkeit auf nur ein Objekt. Wenn wir so verfahren, dabei aber nicht glücklich sind und ohne Befreiung oder Erleuchtung, sind wir noch immer Gefangene, egal wie eifrig wir sind. Die Praxis muss Inhalt und Form haben. Sie muss uns Glück bringen, dann werden wir nicht verschuldet sein.

Wenn all diese Dinge nicht imstande sind, unser Dharma-Auge zu erleuchten, dann sind sie sinnlos. Am Ende müssen wir noch immer für das Essen, was wir gegessen haben, bezahlen.

Zen-Meister Muso Soseki, Gründerabt des Tenryuji-Klosters in Kyoto im 14. Jahrhundert, war der Lehrer und Ratgeber des Shogun und des Kaisers. Er machte die folgende Aussage: »Ich habe drei Arten von Schülern: Die erste sind solche, die fest entschlossen sind, alle Fesseln zu zerreißen. Sie haben einen einsgerichteten Geist, mit dem sie in ihre Schwäche schauen. Dies sind Schüler des überdurchschnittlichen Niveaus. Die zweite Art sind solche, die nicht ihre gesamte Energie in die Übung investieren. Sie nutzen ihren zerstreuten Geist, um die Sutras und Bücher zu lesen und aus ihnen zu lernen (sie glauben, dass sie aus ihren Studien Gewinn ziehen können, so dass sie sehr viel studieren, doch nicht sehr viel praktizieren). Sie sind Schüler des zweiten Niveaus. Die dritte Art sind jene, die nur um den Segen und die Gunst der Buddhas und Meister bitten. Sie verdecken ihren eigenen klaren Geist. Dies sind die drei Arten von Schülern, die ich habe. Neben ihnen gibt es noch solche mit unreinem Geist, die nur um des Wissens wegen studieren und Gelehrte werden. Sie werden die Kahlköpfigen genannt, die außerhalb der Tradition stehen. Sie haben kein Recht, sich der monastischen Sangha anzuschließen, selbst auf der untersten Ebene nicht; ganz zu schweigen von den Leuten, die gefräßig, schlafsüchtig, faul, feige sind und nicht an den Praxiszeiten teilnehmen; sie sind es noch nicht einmal wert, als Parasiten bezeichnet zu werden. Ich verbiete ihnen, sich meine Schüler zu nennen. Ich verbiete ihnen, in den Tempel oder ins Kloster zu gehen. Sie dürfen sich noch nicht einmal zeitweilig und erst recht nicht dauerhaft dort aufhalten. Glaubt nicht, mir fehlten Mitgefühl und Aufgeschlossenheit, dass ich das sage. Ich spreche davon, damit sie ihre Fehler erkennen und von neuem beginnen können, um zu gesunden Bäumen im Garten der Meisters zu werden.«

Dieses Zitat war für mich sehr hilfreich. Wenn es unser Dharma-Auge zu erleuchten hilft, sollen wir es benutzen. Wenn nicht, werft es fort. Es ist dann nutzlos.

Meister Linji lehrte:

»Er trat in den Pfad ein, doch durchdrang er
das Prinzip nicht.
Er wurde erneut in Samsara geboren, um für die
Spenden zu zahlen, die er empfangen hatte.
Wenn der Geschäftsmann einundachtzig Jahre
geworden ist,
wachsen aus dem toten Baum Pilze.«

In den *Aufzeichnungen der Übertragung des Lichts* gibt es die Geschichte eines Mannes, der einem Mönch regelmäßig Spenden gab. Doch der Mönch praktizierte nicht angemessen, und so stand er in der Schuld des reichen Mannes.

Schließlich starb der Mönch. Der reiche Mann war bereits in seinen Achtzigern, als ein seltsamer Pilz in seinem Garten wuchs, und jedes Mal, wenn er ihn erntete, wuchs an dieser Stelle ein neuer Pilz. Der reiche Mann konnte den Pilz Jahr um Jahr essen. Eines Tages kam ein Zen-Meister zu Besuch, und der Reiche befragte ihn wegen des Pilzes. Der Meister fragte ihn: »Haben Sie in der Vergangenheit einem Mönch Spenden gegeben? Der Mönch wurde jetzt als Pilz wiedergeboren, um sie zurückzuzahlen.«

Meister Linji lehrte: »Selbst wenn ihr ganz allein auf einem abgelegenen Berggipfel sitzen, nur eine Mahlzeit am Tag zu euch nehmen, die ganze Nacht meditieren, euch nie hinlegen, zwölf Stunden am Tag hingebungsvoll üben würdet, schüfet ihr damit nur weiteres Karma. Selbst wenn ihr Städte und Länder, Frauen und Kinder, eure Hände, Augen, euer Gehirn, Elefanten, Häuser, die sieben kostbaren Juwelen weggeben würdet, bis ihr nichts mehr hättet, würdet ihr am Ende doch nur Probleme für euren Körper und Geist geschaffen haben. Deren Vergeltung wird Leiden sein. Jemand der solche Opfergaben darbringt, ist einem Menschen nicht gewachsen, für den es nichts zu tun gibt und der weiß, wie man einfach und ohne Verwirrung ist. Selbst wenn ein Bodhisattva, der alle zehn Bodhisattva-Stufen erklommen hat, mit ganzem Einsatz nach den Spuren suchte, die jemand hinterlassen hat, für den es nichts zu tun gibt, er würde keine finden.«

Wir neigen zu der Annahme, dass wir später reicher sein werden, wenn wir jetzt nur hart genug arbeiten. Doch es ist nicht weise, jetzt schwer zu arbeiten, um morgen glücklich zu sein. Unsere Praxis besteht darin, in jedem

Augenblick stetig, voller Eifer, aber auch freudvoll und glücklich zu üben. Die Übung sollte keine schwere Arbeit für uns sein.

Uns jetzt aufzuopfern wird unserem Körper und unserem Geist lediglich Schmerzen bereiten. Meister Linjis Worte beziehen sich auf das *Lotos-Sutra*: »Selbst wenn ihr Städte und Länder, Frauen und Kinder, eure Hände, Augen, euer Gehirn, Elefanten, Häuser, die sieben kostbaren Juwelen weggeben würdet, bis ihr nichts mehr hättet, würdet ihr am Ende doch nur Probleme für euren Körper und Geist geschaffen haben.« Ihm zufolge geht es bei Nicht-Anhaftung nicht darum, Dinge wegzugeben. Es geht darum, nichts zu tun. Der ungeschäftige Mensch tut alles, ohne ein Zeichen zu hinterlassen. Er lebt in freudvoller, entspannter Weise, erreicht eine Menge, ohne irgendetwas anzustreben.

Ein vietnamesischer Dichter sagte einmal: »Wenn du als Mensch geboren wurdest, musst du dir inmitten dieser Berge und Flüsse einen gewissen Ruhm schaffen.« Das ist die eher traditionelle Auffassung, nach der wir nach etwas zu streben haben, um uns irgendwie zu unterscheiden. Meister Linji sagte das Gegenteil. Wenn wir den Geist der Absichtslosigkeit kultivieren, werden wir frisch und frei sein wie die Rose. Doch will die Rose ein Lotos werden, wird sie nicht mehr glücklich sein. Eine Rose muss kein Lotos werden. Eine Rose sollte nur eine Rose sein und ihren Duft und ihre Schönheit im gegenwärtigen Augenblick zutiefst verkörpern.

Eines Tages war der vietnamesische Zen-Meister Tue Trung (13. Jahrhundert) bei einem großen Mahl zugegen, bei dem es sowohl vegetarische als auch nicht-vegetarische

Gerichte gab. Als er sich von einer der nicht-vegetarischen Speisen nahm, fragte ihn seine Schwester: »Du bist ein Zen-Meister, doch du isst Nicht-Vegetarisches. Wie kannst du da ein Buddha werden?« Er antwortete: »Ich muss kein Buddha werden, und Buddha muss nicht ich werden.«

Meister Linji lehrte: »Welchen Grund gibt es, dass solch ein Mensch von den Göttern gepriesen wird, seine Füße von den Erdgeistern angehoben werden und er von den Buddhas der Zehn Richtungen gelobt wird? Weil solche Menschen genau jetzt dasitzen, dem Dharma lauschen und keine Spuren von sich hinterlassen.«

Wo immer eine solche Person hingeht, sie wird von den Göttern gepriesen, und die Erde heißt ihre Schritte willkommen. Warum? Weil diese Person frei ist und tief im gegenwärtigen Moment verweilt, nicht verstrickt ist in Gedanken an das Selbst, kein Zeichen hinterlässt und kein Bedürfnis danach hat, von anderen bestätigt oder gepriesen zu werden. Selbst der größte Bodhisattva, der durch alle Stufen auf dem Weg zur Erleuchtung gegangen ist, mag nicht imstande sein, diesen Menschen ausfindig zu machen. Der ungeschäftige Mensch mag vieles realisiert haben, doch er hinterlässt überhaupt keine Spuren seiner Realisation.

22. Kommentar

Diese Unterweisung beginnt mit einem Zitat aus dem siebten Kapitel des *Lotos-Sutra*: »Der Buddha des Unübertroffenen Verstehens des Großen Durchdringens saß zehn Kalpas lang am Ort der Erleuchtung, und das Buddhadharma enthüllte sich ihm nicht, und er war nicht in der Lage, den

Pfad des Buddha zu realisieren.« Ein Mönch fragte: »Was bedeutet dieser Satz?«

Der Meister erwiderte: »›Großes Durchdringen‹ bedeutet, dass wir überall die Wahrheit, der zufolge alle Erscheinungen ohne Selbst-Natur oder ihr eigenes Zeichen sind, realisieren können. ›Unübertroffenes Verstehen‹ bedeutet, dass wir, wo immer wir auch sind, keinen Moment des Zweifels haben und nirgends sehen, dass wir irgendeine Praxis realisiert haben. ›Buddha‹ bedeutet die Reinheit des Geistes; das klare Licht dieser Reinheit versteht durch und durch die Dharma-Bereiche. ›Saß zehn Kalpas lang am Ort der Erleuchtung‹ bezeichnet die Praxis der zehn Paramitas[23]. ›Das Buddhadharma enthüllte sich ihm nicht‹ meint, dass der Buddha ungeboren, das Dharma unsterblich ist, wie könnten sie sich ihm also enthüllen? ›Er war nicht in der Lage, den Pfad des Buddha zu realisieren‹, bedeutet, dass Buddha nicht Buddha werden muss. Die Lehrer alter Zeit sagten: ›Der Buddha ist immer in der Welt, aber er wird nicht von den Erscheinungen der Welt beschmutzt.‹«

Wir müssen uns fragen: Was bedeutet es, dass wir im Praxiszentrum seit zehn Kalpas sitzen und meditieren und das Buddhadharma noch immer nicht erkennen können? Der Buddha wird hier »Großes Durchdringen« genannt, denn er kann alles durchdringen und hinterlässt keinen Abdruck, kein Zeichen. Selbst Form ist bereits Zeichen. Formlosigkeit bedeutet, dass wir nicht in Form verstrickt sind. Formlosigkeit praktizieren bedeutet, dass wir die Wolke im Schnee und im Regen sehen. Nicht-Zeichen entspricht Nicht-Natur, das heißt Selbst-Natur, das Zusammenkommen aus vielen Ursachen und Bedingungen.

Meister Linji lehrte, dass wir lange warten und nichts erlangen werden, wenn wir darauf warten, dass sich uns das Buddhadharma von sich aus zeigt. Erwarten wir etwas, werden wir zu angestrengt schauen und nichts erlangen. Ein Buddha erwartet nicht, Buddha zu werden. Wir mögen Christ, Jüdin, Muslim oder Atheistin sein; wenn wir unseren Geist zurück in den gegenwärtigen Augenblick bringen und in Freiheit, frei von all unseren Anhaftungen, sitzen können, sind wir ein Buddha. Der Buddha aß achtsam, um glücklich zu sein, sein Essen zu genießen und im gegenwärtigen Augenblick zu verweilen. Er tat es nicht, um ein Buddha zu werden. Wir sind genauso; wir sitzen, wir essen achtsam, weil wir es genießen, nicht um ein Buddha zu werden.

Meister Linji zitierte ein Sutra – Taisho 357 im chinesischen Kanon des Tripitaka –, als er sagte: »Der Buddha ist immer in der Welt, aber er wird nicht von den Erscheinungen der Welt beschmutzt.« Manchmal wird als Illustration dessen das Beispiel des Lotos verwendet. Der Lotos wächst aus dem Schlamm, doch er ist sehr wohlriechend, sehr rein. Der Buddha bleibt in der Welt, aber er wird nicht vom Staub der Welt beschmutzt.

Sind wir freie Menschen, werden wir nicht von den Dingen um uns konditioniert. Wir lächeln sie an und gehen unserer Wege. Unsere Umgebung ist wie ein Spiegel. Lächeln wir, lächelt der Spiegel. Sind wir wütend, wird die Situation wütend. Doch selbst wenn die Umgebung zornig ausschaut, wird sie mit uns lächeln, sofern wir in der Lage sind zu lächeln. Die Umgebung kommt also aus unserem Geist.

Meister Linji lehrte: »Wenn Geist entsteht, entstehen die Objekte des Geistes. Wenn Geist nicht entsteht, entstehen die Objekte des Geistes nicht. Wenn keine Gedanken entstehen, dann können uns die Erscheinungen nichts anhaben.

Weder in der irdischen Welt noch in der überirdischen Welt gibt es Buddha und Dharma. Sie existieren in diesem Moment nicht wirklich, und sie werden in Zukunft nicht aufhören zu existieren. Worüber ihr auch immer als real existierend sprecht, sind nur Worte, Redewendungen, Abschnitte. Sie können nur Kinder anleiten. Geschickte Mittel sind als Arznei gedacht, um Krankheiten zu heilen. Das Auslegen von Worten und Redewendungen ist Teil dieser geschickten Mittel. Ihr seid diejenigen, die in diesem Augenblick mit ihren lebendigen Sinneswahrnehmungen des Sehens und Hörens gegenwärtig sind, so klar wie eine brennende Fackel, die in ihrer Umgebung alles erhellt – ihr seid diejenigen, die all die Worte und Redewendungen auslegen.«

Entsteht der Geist nicht, kann nichts entstehen, alles verschwindet. In der äußeren Welt gibt es keinen Buddha und auch kein Dharma. In der Welt, in der wir leben, gibt es viele Hindernisse und viel Knechtschaft. In der Welt der Zwänge gibt es keinen Buddha und kein Dharma, in der Welt ohne Zwänge gibt es auch keinen Buddha und kein Dharma. Diese Sätze haben den Geschmack der Lehren des Mittleren Weges, die uns helfen, die beiden Extreme – existieren und nicht existieren – zu transzendieren. Wir haben zuvor gesagt, dass alle Dharmas nicht wirklich existieren. Zu sagen, sie existierten, ist nicht korrekt, zu sagen, sie existierten nicht, ist auch nicht korrekt.

Dharmas existieren nur als Resultat von vielen zusammenkommenden Ursachen und Bedingungen. »Kein Buddha« bedeutet, dass es keinen Buddha außerhalb von uns gibt. Sind Menschen in Verzweiflung und Hass verfangen, dann deshalb, weil ihnen das Verstehen fehlt. Verstehen ist Licht. Wo immer das Verstehen hinreicht, verschwindet die Dunkelheit. Früher gab es Herrscher, die forderten, dass ihre Ärzte und ihre Frauen bei ihrem Tod auch getötet und verbrannt werden sollten. Das war sehr brutal, doch erwuchs diese Brutalität aus Verblendung. Solche Gewalt und Gräuel würden sofort verschwinden, wenn die Menschen verstünden, dass sie kein abgetrenntes Selbst haben. Dieser Körper ist tot, doch unsere Liebe, unsere Zuwendung, unsere Leistungen setzen sich in unseren Kindern, in unseren Freunden, in vielen uns umgebenden Menschen fort, und wir sind nicht länger tot. All unsere Schönheit lebt weiter.

In einem Kapitel des *Lotos-Sutra* heißt es, dass der Tagatha ein gewaltiges Licht entfache und wir in diesem Licht einen Lotos mit tausend Blüten sehen könnten. Auf jeder Blüte sitze ein Bodhisattva, und überall in der Luft seien Lotosblumen. Halten wir das für wahr? Wenn wir sagen: »Ja, all die im *Lotos-Sutra* beschriebenen Dinge existieren«, würden wir von Meister Linji einen Verweis erhalten.

Die Mahayana-Sutras sind voller magischer Wesen und Ereignisse. Es gab Menschen, die den ursprünglichen, von Buddha zu dessen Lebzeiten gelehrten Sutras Zauberei beimischen wollten. Sie taten das, indem sie dem Buddha überweltliche Kräfte verliehen. Vielleicht glaubten sie, dies bewiese, wie groß der Buddha war. Doch ich denke, das lenkt nur von seiner wahren Größe ab. Es gibt zum Beispiel die Geschichte, wie ein betrunkener Elefant den Buddha anzugreifen versuchte. Leute, die der Geschichte eine magische Interpretation geben wollten, sagten, der Buddha habe seine Hand gehoben, und an jedem Finger sei ein Löwe erschienen, und der Elefant habe daraufhin solche Angst bekommen, dass er weggerannt sei. In meinem Buch *Wie Siddhartha zum Buddha wurde*[24] habe ich versucht, zur Wahrheit zurückzufinden, und die Geschichte geändert. In meiner Beschreibung bleibt der Buddha ganz ruhig, als der betrunkene Elefant ausholt, um ihn zu schlagen. Er erkannte: »Wenn ich den Schrei des Elefantenkönigs ausstoße, wird es diesem Elefanten helfen zu erwachen, und er wird sich nicht mehr betrinken.« So schrie er wie ein Elefantenkönig, und der Elefant kniete nieder. Das ist keine Zauberkraft, sondern unsere ruhige, friedvolle Energie, die wie Zauberei wirken kann.

Meister Linji warnt uns, uns nicht in der Magie der Sutras zu verfangen. Ihm zufolge sind die Worte in den Sutras nur niedergeschrieben worden, um kleine Kinder anzuleiten. Sie sind nur geschickte Mittel, um unsere Krankheit, unser Leiden zu heilen. Doch wenn wir uns von den Worten und Schriften einfangen lassen, kommen wir nicht sehr weit. Ihr seid hier, präsent in diesem Augenblick. Der Glanz ist in euch, der klare Geist ist in euch, das Licht ist in euch.

23. Kommentar

Die Ursprünge dieser Lehre über die fünf abscheulichen Verbrechen finden sich in einem Kapitel des *Vimalakirti-Sutra*. Die fünf schlimmsten Taten, die wir in diesem Leben begehen können, sind: Vatermord, Muttermord, das Bluten eines Buddha verursachen, eine Spaltung der Sangha verursachen und heilige Schriften und Bilder verbrennen. Meister Linji sagte, dass wir erst das Karma der fünf abscheulichen Verbrechen schaffen müssten, bevor wir befreit werden könnten. Diese fünf Verbrechen sind die allerschrecklichsten Taten, und Befreiung ist das Allerschönste. Die Lehre besagt, dass wir den Boden des Leidens erreichen müssen, um höchste Befreiung zu erlangen.

Der Vater, von dem Meister Linji sagt, dass wir ihn töten sollten, ist Verblendung. Die Mutter ist Begierde, Gier. Wegen unseres Vaters, Verblendung, und der Mutter, Gier, können wir nicht frei werden, und von daher müssen wir diese Verblendung, diese Gier töten. Wenn wir, und sei es auch nur für einen kurzen Moment, die Unterscheidung zwischen Entstehen und Erlöschen beenden, können wir diese Verblendung töten. Verblendung hat uns viel Leid bereitet, warum sie also nicht töten? Haben wir einen einzigen Gedanken in unserem Geist, der frei von Verlangen ist, können wir dieses Verlangen und diese Begierde töten.

Selbst wenn wir von einem Strom aus Unglück und Grausamkeit davongetrieben werden, kann für uns ein einziger Gedanke daran, Unterscheidung und Verlangen zu beenden, zu einem sicheren Boot werden. Werden wir von Gedanken oder Taten hinweggezogen, kann die Anrufung von Manjushri, Samantabhadra oder Avalokiteshvara unseren Geist fokussieren und uns befreien. Wir können einen ganzen Arbeitstag oder eine ganze Autoreise in Achtlosigkeit verbringen, doch haben wir nur einen einzigen Moment der Konzentration, töten wir bereits den Vater der Achtlosigkeit und die Mutter der Begierde. Wir halten Meister Linji vielleicht für brutal, doch ist diese Belehrung sehr mitfühlend.

Am Ende des *Satipatthana-Sutra*, des *Sutra der Vier Grundlagen der Achtsamkeit*, sagt der Buddha, dass wir befreit werden, wenn wir die vier Grundlagen der Achtsamkeit praktizieren. Dann erklärt er, dass wir Befreiung finden können, wenn wir nur sieben Tage lang praktizieren. Wenn wir hingebungsvoll die vier Grundlagen der Achtsamkeit und die sechzehn Atemübungen aus dem *Anapanasati-Sutra*[25], dem *Sutra über das Bewusste Atmen*, praktizieren, dann werden wir befreit sein. Er sagt weiter, dass wir noch nicht einmal sieben Tage zu praktizieren bräuchten, sondern dass drei Tage genügten, und wir wären befreit. Und wenn wir keine drei Tage lang praktizieren könnten, aber eine Nacht und einen Tag, wären wir befreit. Und wenn wir keine Nacht und keinen Tag praktizieren könnten, jedoch für nur eine Stunde, sogar nur für eine Minute, eine Minute der Achtsamkeit, könnten wir befreit sein.

Nachdem wir den Vater der Verblendung und die Mutter des Verlangens getötet haben, sollten wir, wie Meister Linji uns sagt, den Buddha töten. Er lehrte: »So, wie ich es sehe, ist die Vorstellung, die wir von Buddha haben, wie eine Latrinengrube, und in diesem Sinne sind Bodhisattvas und Arhats nur Leute, die euch in Ketten legen. Darum gibt es das Phänomen, dass Manjushri den Buddha mit einem Schwert töten und Angulimala Shakyamunis Kopf mit einem Messer abschneiden wollte.«

»Gautama« (Siddhartha Gautama) ist der Vorname und »Shakya« der Familienname des Buddha. »Buddha« bedeutet hier unser Anhaften an unterscheidende Gedanken. Wenn wir in unterscheidenden Gedanken verfangen sind, können wir den wirklichen Buddha nicht sehen. Wir sehen die Statue aus Ton oder Metall, wir haften daran und glauben, sie wäre der Buddha. Wir müssen all unsere falschen Wahrnehmungen über den Buddha töten, um mit der Wirklichkeit des wahren Buddha in Berühung zu sein. Wir können einen Buddha nicht mit einer Granate oder mit einem Gewehr töten, wir können den Buddha nur mit dem Schwert des großen Verstehens töten.

Im *Ratnakuta-Sutra*, dem *Juwelenschatz-Sutra*, gibt es eine Passage über fünfhundert Bodhisattvas, die so gut praktiziert haben, dass sie die vier Stadien der Meditation erreicht und bei den fünf magischen Durchdringungen angelangt sind. Dennoch sind diese fünfhundert Bodhisattvas blockiert, gefangen in ihren Wahrnehmungen, so dass sie nicht ihre früheren Leben sehen und tiefste Einsicht erlangen können. Einige sind imstande, ihre früheren Leben zu sehen, und sie wissen, dass sie während dieser Lebzeiten ihren Vater und ihre Mutter getötet und das Blut eines Buddha vergossen haben. Sie sind voller Schuldkomplexe und meinen, nie Befreiung finden zu können. Auch wir haben in der Vergangenheit die Menschen, die wir lieben, verletzt. Wir fahren fort damit, andere zu verletzten, und das nährt unser Schuldgefühl; dieses Schuldgefühl begleitet uns stets auf einer tiefen Ebene.

In dem Sutra erkennt der Buddha durch tiefes Schauen, dass das Schuldgefühl der Bodhisattvas ein Hindernis für ihre Befreiung geworden ist. Der Buddha sah zu Bodhisattva Manjushri hin, und der wusste, dies bedeutete, dass er sein Schwert des Verstehens nutzen musste. Manjushri zog sein Schwert heraus und senkte es zum Buddha hin. Es sah so aus, als wollte er den Buddha töten; doch war es nur eine spielerische Geste, um die fünfhundert Bodhisattvas zu belehren.

Als Manjushri dabei war, das Schwert zu benutzen, sagte der Buddha: »Nein, nein, nein, töte mich noch nicht. Wenn du mich töten willst, musst du lernen, wie. Du musst tief schauen und erkennen, dass es kein Selbst, kein menschliches Wesen, kein Lebewesen gibt, nur dann kannst du den Buddha töten.« Töten können nur Menschen, die meinen, Wesen hätten ein eigenständiges Selbst, die meinen, andere Menschen unterschieden sich von ihnen. Doch wenn ihr das Prinzip der wechselseitigen Abhängigkeit erkennt, seht, dass es kein Selbst, kein menschliches Wesen, kein Lebewesen gibt, das von Menschen und anderen Lebewesen abgetrennt ist, wie könntet ihr da den Buddha töten? Durch diese Demonstration konnten die fünfhundert Bodhisattvas erkennen, dass da kein Buddha, kein Lebewesen war; dass es da nur Verblendung gab, die getötet werden musste.

Wenn Meister Linji sagt, wir sollten unseren Vater, unsere Mutter, den Buddha töten, will er, dass wir unsere falsche Wahrnehmung von unserem Vater, unserer Mutter und dem Buddha töten. Hassen wir unseren Vater, müssen wir diese Wahrnehmung von einem schlechten Vaters töten, um mit dem wundervollen Vater in Berührung zu sein.

Hassen wir unsere Mutter, müssen wir unsere falsche Wahrnehmung von der Mutter töten, um die Chance zu haben, mit der wundervollen Wirklichkeit unserer Mutter in Berührung zu sein.

Wir glauben, dass andere uns verletzen und gemein zu uns sind. Doch gibt es so etwas wie ein eigenständiges Lebewesen nicht. Wir und die Person, die wir töten, sind nicht getrennt voneinander. Von daher können wir nicht töten. Wir können nur eine falsche Wahrnehmung von dem oder der anderen töten. Der Mensch, den wir dabei sind zu töten, ist nicht von uns getrennt.

Die Geschichte von Angulimala illustriert das sehr gut. Angulimala war ein umherziehender Mörder. Als bekannt wurde, dass er in der Stadt Shravasti aufgetaucht war, waren alle voller Schrecken. Fünfzig Polizisten suchten im Wald nach ihm, und keiner von ihnen kam jemals zurück. Pasenadi, der König, mobilisierte die ganze Armee, um Angulimala zu fangen. Die Menschen Shravastis hatten von Angulimala nur das Bild eines Mörders. Für sie war er ein Verbrecher, der nicht zu leben und zu verstehen vermochte. Bis auf eine Person waren alle davon überzeugt, Angulimala bei einer Begegnung zerstören zu müssen. Diese eine Person glaubte, dass sich in Angulimala doch gute Samen befänden. Diese Person war der Buddha.

Eines Morgens nahm der Buddha seine Almosenschale und machte sich bereit, in Shravasti auf Almosenrunde zu gehen. Ein buddhistisch Praktizierender lud den Buddha in sein Haus ein und sagte: »Welt-Verehrter, es ist heute sehr gefährlich, auf Almosenrunde zu gehen, denn Angulimala ist in der Stadt. Bitte bleibt hier, und ich werde Euch zu essen geben. Ihr könnt Euch in meinem Haus ausruhen.

Ich werde mich auf dem Laufenden halten, und wenn ich weiß, dass es sicher ist, lasse ich es Euch wissen, damit Ihr in das Anathapandika-Kloster zurückkehren könnt.«

Der Buddha erwiderte: »Macht Euch keine Sorgen. Es wird nichts passieren. Und sollte ich Angulimala treffen, werde ich mich zu schützen wissen. Vielleicht kann ich ihm sogar helfen.«

Angulimala hatte viele Menschen getötet. Jedesmal hatte er dann einen Finger des Toten abgeschnitten, ein Loch durchgebohrt und den Finger auf seine »Finger-Halskette« aufgezogen. Das Wort *mala* in Angulimala bedeutet »Halskette«. Seine Kette soll an diesem Morgen aus neunundneunzig Fingern bestanden haben, und Angulimala wollte eine weitere Person töten, damit sie genau hundert hatte.

Der Buddha ging seines Weges, in den Händen die Almosenschale, und jeder seiner Schritte war ein Schritt voller Achtsamkeit. Plötzlich hörte er hinter sich schnell laufende Schritte. Er wusste, dass dies Angulimala war, der ihn verfolgte, doch er setzte seinen ruhigen Gang fort.

Angulimala rief aus: »Mönch, halt an!« Der Buddha ging in derselben entspannten Geschwindigkeit weiter. Als Angulimala das sah, erhob er erneut seine Stimme: »Halt an, Mönch, halt an.« Der Buddha ging unbeirrt weiter.

Angulimala war verwirrt. Die Leute waren bisher vor Schreck immer ganz starr geworden waren, wenn er seine Stimme erhoben hatte. Warum war dieser Mönch so entspannt? Wie konnte er so ohne Angst sein?

Angulimala lief schneller, um den Mönch einzuholen und zu sehen, wer es wagte, seinen Befehl zu ignorieren. Im Nu hatte er den Buddha eingeholt und sagte: »Warum hast du nicht angehalten, als ich es dir befahl?«

Mit seiner ruhigen, freundlichen Stimme sagte der Buddha: »Angulimala, ich habe seit langem angehalten. Du bist es, der nicht angehalten hat.«

Habt ihr je eine spektakulärere Schwertbewegung als die des Buddha in diesem Augenblick gesehen?

»Was meinst du?«, fragte Angulimala den Buddha. »Du gehst ganz eindeutig, und da sagst du, du habest angehalten. Das verstehe ich nicht. Erklär es mir.«

Der Buddha antwortete ruhig: »Angulimala, ich habe seit vielen Lebzeiten auf dem Pfad, unheilsame Taten zu schaffen, angehalten. Doch du schreitest auf diesem Pfad weiter voran. Du solltest anhalten.«

Diese Aussage traf Angulimala bis ins Mark. Der Buddha hielt an. Angulimala hielt auch an. Sie musterten einander. Der Buddha schaute Angulimala direkt an und sagte: »Weißt du, jeder fürchtet sich vor dem Leiden. Jeder möchte leben und hat Angst zu sterben. Wir müssen wissen, wie wir andere lieben können.«

Angulimala rief aus: »Niemand liebt mich in diesem Leben. Warum sollte ich andere lieben? Die menschliche Gattung ist schlecht. Ich will sie zerstören, um meine Wut zu befriedigen.«

Der Buddha sagte: »Angulimala, ich weiß, dass du viel gelitten hast. Das Leben hat dich schlecht behandelt. Leute waren unfreundlich zu dir. Doch du solltest wissen, dass Hass nur weiteres Leiden verursacht. Nur Liebe kann Glück ins Leben bringen.«

Angulimala schrie: »Liebe? Wo ist der, der lieben kann? Zeig ihn mir!« Der Buddha blieb mitfühlend. »Hast du jemals einen Bhikshu oder eine Bhikshuni getroffen? Diese Mönche und Nonnen achten nicht nur das Leben der

Menschen, sondern sie achten auch das Leben aller Tiere, Pflanzen und Mineralien. Würdest du einem Mönch oder einer Nonne begegnen, könntest du erkennen, dass Liebe etwas Wirkliches ist. Mit Liebe in unserem Herzen werden wir nicht mehr leiden. Hass ist ein Feuer, das uns und die Welt verbrennt. Mach eine Kehrtwende. Lass die Gewalt hinter dir und kehre zum Pfad des Verstehens und der Liebe zurück.«

Die Worte des Buddha waren voller Mitgefühl, das seinem Herzen entsprang. Angulimala war ein intelligenter Mann, aber der Hass hatte ihn verzehrt. Doch durch die Begegnung mit dem Buddha und durch dessen Worte waren die Samen des Verstehens in Angulimala gewässert worden. Er sagte: »Ich habe von einem großartigen Mönch, Gautama genannt, gehört. Bist du Gautama?«

Der Buddha erwiderte: »Ja, ich bin Gautama.«

Angulimala sagte: »Gautama, es ist zu spät. Selbst wenn ich jetzt bereuen und umkehren wollte, selbst wenn ich den Pfad der Gewalt und des Hasses verlassen und dem Pfad der Liebe folgen wollte, wäre es doch zu spät. Es gibt für mich keinen Ausweg, denn ich habe zu viele Verbrechen begangen.«

Der Buddha blieb still. Schließlich sagte er: »Angulimala, wenn du dich wahrhaft verändern und den Pfad der Gewalt verlassen willst, dann werde ich dich beschützen. Wenn du willst, nehme ich dich in meine monastische Gemeinschaft auf. Du wirst Mönch werden. Du wirst liebende Güte und Mitgefühl praktizieren, und du wirst zu einem neuen Menschen werden. Du wirst dein Leben von neuem beginnen.«

Angulimala warf, nachdem er die Worte des Buddha gehört hatte, sein Schwert auf den Boden, kniete nieder, legte seine Handflächen zusammen, um zu erbitten, Buddhas Schüler zu werden. In diesem Augenblick kamen der Ehrwürdige Shariputra und andere vorbei. Als sie den Buddha unverletzt vorfanden, mit Angulimala zu dessen Füßen kniend, waren die Mönche sehr glücklich.

Der Buddha fragte sie: »Ehrwürdiger Shariputra, Ehrwürdiger Ananda, habt ihr eine zusätzliche Mönchsrobe dabei? Lasst uns jetzt hier eine Ordinationszeremonie für Angulimala abhalten.«

Der Buddha und seine Schüler stellten sich im Kreis um Angulimala und schoren sein Haar. Sie legten ihm die Robe an. Der Buddha wies den Ehrwürdigen Shariputra und die anderen an, Angulimala ins Kloster zu bringen und ihm zu zeigen, wie man eine Almosenschale hält, wie man sitzt, steht, geht und wie man achtsam atmet.

Angulimala und der Buddha hatten sich ein spektakuläres Schwertduell geliefert. Angulimala trug das Schwert der Gewalt und des Hasses. Der Buddha hatte das Schwert der Weisheit und des Mitgefühls. Wir sehen, welches Schwert triumphierte.

Wenn wir jemandem das Etikett »Mörder« anheften, dann können wir eine Waffe nehmen und diesen Menschen, ohne zu zögern, erschießen. Können wir aber sehen, dass es sich um einen Menschen handelt, dann können wir den Abzug nicht betätigen. Um jemanden töten zu können, müssen wir uns einreden, dass es keine Gutheit mehr in diesem Menschen gibt. Buddhas Schwert soll vor allem diese Vorstellung abschneiden.

Während des Vietnamkrieges war ich Teil der *Schule der Jugend für soziale Dienste* und trainierte junge Mönche, Nonnen und Laien in sozialer Arbeit. In dieser Schule teilten wir die Auffassung, dass alle Vietnamesen Brüder und Schwestern seien. Das Ziel der Schule war es, Liebe und Mitgefühl zu kultivieren und beide Seiten zu akzeptieren und zu umarmen. Doch trafen wir in der Kriegssituation auch auf viele Schwierigkeiten. Denn wenn wir nicht der einen Seite folgten, mutmaßte die, wir würden der anderen folgen. Die antikommunistische Seite verdächtigte uns, den Kommunisten zu folgen. Die kommunistische Seite verdächtigte uns, für die antikommunistische zu sein. Wegen dieser Sichtweise sind viele Menschen, unter ihnen etliche junge Männer und Frauen, umgebracht worden.

Eines Nachts kam eine Gruppe Bewaffneter zu einem Lager, in dem sich fünf unserer Studenten aufhielten, die in einem nahe gelegenen Dorf als Sozialarbeiter tätig waren. Sie brachten die fünf zum Ufer des Saigonflusses und fragten sie, ob sie zur *Schule der Jugend für soziale Dienste* gehörten. Als die Studenten das bejahten, sagte einer der Bewaffneten: »Tut uns leid! Wir haben den Befehl, euch zu erschießen.« Und sie haben alle fünf am Ufer niedergeschossen. Nur einer hat überlebt und konnte die Geschichte erzählen. Diese jungen Männer und Frauen waren reinen Herzens. Sie hatten ein Leben des materiellen Komforts hinter sich gelassen, um sich darin zu schulen, in arme Gebiete und Dörfer zu gehen und den Leuten dort und der Nation zu helfen. Warum waren sie so mitleidlos umgebracht worden?

Wir müssen das Schwert des Verstehens benutzen, um den Bildern, Sichtweisen, Vorstellungen und Benennungen ein Ende zu bereiten – seien diese Benennungen nun Buddha, Mara, Christus oder Satan. All diese Bezeichnungen müssen abgeschnitten werden. Im Namen von Jesus Christus haben die Menschen große Zerstörungen angerichtet und getötet. Wenn Buddha und Christus lediglich aus unserer Sicht von ihnen bestehen, dann können sie etwas weitaus Schädlicheres sein als ein Latrinenloch. Eine Latrine ist etwas nützliches, doch unsere Ansichten können zu Fanatismus führen. Sie können Menschen zerstören. Sie können Liebe zerstören.

Die Geschichte von Angulimala zeigt, dass es dieser Welt Hoffnung geben wird, wenn wir die Richtung ändern und fortan in Richtung Verstehen und Liebe gehen. Nach seiner Ordination wurde Angulimala zu einem großen Mönch, der sehr hingebungsvoll praktizierte und sich schnell veränderte. Seine Mitpraktizierenden gaben ihm den neuen Namen »Ahimsaka«, was »Gewaltlosigkeit« bedeutet.

Eines Tages kam Ahimsaka weinend von seiner Almosenrunde zurück. Er näherte sich dem Buddha, und der Buddha fragte ihn: »Warum weinst du?« Ahimsaka erwiderte: »Verehrter Lehrer, auf meiner Almosenrunde traf ich auf eine Frau, die in den Wehen lag. Sie hatte so große Schmerzen und war in so großer Not und konnte ihr Kind nicht zur Welt bringen. Sie bat mich, mit einem Herzen voller Mitgefühl und liebender Güte für sie zu beten, doch ich wusste nicht, wie ich das wirkungsvoll hätte tun können. Ich sah, wie jemand starb, und ich konnte nichts für sie tun, und daher leide ich schrecklich.«

Der Buddha sagte: »Ehrwürdiger Ahimsaka, kehre zu dieser Frau zurück und sage ihr: ›Seit der Zeit meiner Geburt bis heute habe ich nie jemandem Schaden zugefügt. Dank dieses Verdienstes kannst du dein Kind gesund zur

Welt bringen.‹« Der Mönch Ahimsaka rief aus: »Welt-Verehrter, ich kann so etwas nicht sagen! Seit meiner Geburt habe ich viele Menschen getötet!« Der Buddha sagte: »Nein! Ich spreche nicht von der Geburt deines physischen Körpers. Geh und sage dieser Frau, dass ich seit dem Tag meiner Geburt in das rechte Dharma bis heute keinem Lebewesen etwas zuleide getan habe, auch nicht einem Wurm oder einer Ameise. Im Namen dieses Verdienstes wünsche ich, dass du dein Kind gesund zur Welt bringst.« Kaum hatte der Buddha geendet, rannte Ahimsaka zu der Frau zurück und sprach diese Worte zu ihr. Sie brachte ihr Kind gut zur Welt.

An einem anderen Tag kam Ahimsaka, blutig geschlagen, von seiner Almosenrunde ins Kloster zurückgekrochen. Jemand hatte ihn als den berüchtigten Angulimala erkannt und ihn mit einem Stock gnadenlos verprügelt. Da Angulimala Gewaltlosigkeit praktizierte, hatte er sich nicht gewehrt. Viele Körperstellen waren geschwollen und bluteten. Der Buddha sah Ahimsaka in diesem Zustand und bat einige Mönche, ihn in eine Hütte zu tragen und seine Wunden zu versorgen. Während die Mönche Angulimalas Wunden mit Salzwasser reinigten und dann verbanden, sagte der Buddha: »Versuche es zu ertragen, mein Kind. Das ist die letzte Frucht deiner vergangenen Handlungen, die du zu ertragen hat, bevor du zu einem Arhat wirst.«

Wenn wir unsere Richtung ändern, werden wir zum zweiten Mal geboren. Wir müssen Angulimala die Möglichkeit einräumen, ein zweites Mal geboren zu werden. Wir müssen Soldaten sein, die mit dem machtvollen Schwert des Verstehens umzugehen wissen, um all unsere

Illusionen und falschen Wahrnehmungen abzutrennen. Lasst uns alle Benennungen zerstören und entfernen, um uns einander anzunähern, statt uns zu zerstören.

Wenn Meister Linji uns drängt, die Sangha zu töten, meint er unsere Anhaftung an unsere Vorstellung, dass es da etwas gäbe, auf das wir uns verlassen könnten. *Klesha* bedeutet Geistesplagen. *Samyojana* bedeutet innere Knoten. Solche Knoten entwickeln sich mit der Zeit. Fühlen wir uns verletzt, und wissen wir nicht, wie wir damit praktizieren und es loslassen können, beginnt sich in unserm Speicherbewusstsein ein kleiner Knoten zu bilden. Der Knoten wird mit jeder Verletzung größer. Dieser mächtige Knoten vermag uns zu Handlungen und Worten zu treiben, die großen Schaden anrichten können. Er drängt uns zu merkwürdigem, gewalttätigem Verhalten, und wir schaffen uns und anderen Leid. Haben wir viele Knoten in unserem Speicherbewusstsein, werden wir uns stets in ungeschickter Weise verhalten, denn wir können unser Verhalten nicht kontrollieren.

Eines Tages sagt unser Bruder vielleicht etwas, das uns kränkt, und schafft damit einen Knoten der Kränkung, den wir in unserem Speicherbewusstsein bewahren. An einem anderen Tag verletzt uns unsere Schwester, und ein zweiter Knoten gesellt sich zu dem ersten. Mit jeder Kränkung wächst der Knoten von Kränkung und Wut. Und eines Tages dann sagt jemand nur eine Kleinigkeit, und wir schreien voller Gewalttätigkeit zurück.

Praktizieren wir Achtsamkeit, müssen wir uns jeder Kränkung, die wir erleben, bewusst sein. Wir müssen tief schauen, um zu verstehen und loszulassen. Schauen wir tief in eine kleine Verletzung hinein, verstehen wir sie, und wir lassen sie los. Wir können das für uns selbst tun, wir können aber auch zu dem anderen Menschen hingehen und ihm freundlich erklären, wie wir uns fühlen, oder ihn fragen, warum er das gesagt hat, was er gesagt hat. Auf diese Weise können wir alle Knoten auflösen.

Ein Knoten mag aus Zweifel oder Kränkung bestehen. Doch neben den Knoten des Leidens gibt es auch welche, die süß sind. Sagt uns jemand etwas Angenehmes, fühlen wir uns glücklich. Wir werden abhängig davon, dass uns diese netten Dinge gesagt werden. Sich zu verlieben ist auch ein süßes geistiges Gebilde. Ein negatives geistiges Gebilde lässt uns leiden, und ein süßes geistiges Gebilde lässt uns unsere Unabhängigkeit verlieren; beide sind innere Knoten. All diese Knoten drängen uns zu seltsamem und unvermitteltem Verhalten. Doch sind wir eine Sekunde frei von all diesen Knoten, fühlen wir uns frei und können die Sangha der Geistesplagen zerstören. Unsere inneren Knoten und unsere Abhängigkeit sind wie eine »Bande«, die wir zerstören müssen.

Meister Linji lehrt uns, dass wir auch unsere Vorstellungen und falschen Wahrnehmungen über Schriften und heilige Bilder töten müssen. Wir können unser ganzes Leben lang den Namen des Buddha rufen oder Zeilen des *Lotos-Sutra* rezitieren, doch wenn wir nicht aufgeschlossen und vorurteilsfrei sind, werden wir den Lotos in uns nie berühren. Wir können den Namen des Buddha sagen, *namo buddhaya*, und doch den Buddha in uns in keinster Weise berühren.

Vor längerer Zeit las ich einmal in einer Zeitschrift über eine junge Frau, die den Namen des Buddha jeden Tag voller Eifer rief, und doch war sie zu ihren Nachbarn oft recht gemein und ausfallend. Als sie einmal ein Huhn verlor, stieg sie auf das Dach ihres Hauses, um die Leute anzuschreien. Sie rief: »Ich habe ein Huhn verloren, ihr seid dafür verantwortlich!« Und doch rezitierte sie den Namen des Buddha tagtäglich. Als sie eines Tages wieder einmal rezitieren wollte, stand ein Mann vor ihrem Haus und rief ihren Namen. Sie antwortete: »Für mich ist es Zeit zu rezitieren.« Dann lud sie sehr laut die Glocke ein zu erklingen, als wollte sie sagen: »Ich lade die Glocke ein. Ich praktiziere Buddhismus. Ich rezitiere.« Doch der Mann gab vor, sie nicht zu verstehen, und rief erneut ihren Namen. Und wieder lud sie sehr laut die Glocke ein zu erklingen, als wollte sie sagen: »Stör mich nicht. Ich besinne mich auf den Namen des Buddha. Ich praktiziere spirituell.« Und dann fuhr sie mit ihrer Rezitation fort.

Der Nachbar rief immer lauter ihren Namen, bis sie ihre Glocke hinwarf, zum Tor heraustrat und sagte: »Sie! Was tun Sie da? Sie zerstören meine heitere Gemütsruhe.« Und er sagte: »Ich habe Ihren Namen vielleicht vierzig- oder fünfzigmal gerufen, und Sie sind so wütend. Doch Sie haben den Namen des Buddha tausende Male gerufen; er muss inzwischen sehr wütend sein.« Es ist in Ordnung, den Namen des Buddha zu rufen, doch verstrickt euch nicht in Riten und Ritualen.

Wir sind daran gewöhnt, die offene Hand oder den auf den Mond weisenden Finger zu sehen und dies für die Wahrheit zu halten. Doch wir folgen nur dem Finger, um die Wahrheit, den Mond, zu sehen. Wir stellen uns vor, die Lehren wären etwas ungemein Tiefes, Geheimnisvolles, und wir sagen: »Oh, die Lehren sind so wundervoll, und ich bin nichts, ich bin vollkommen wertlos.«

Als »kahlgeschorene Mönche« beschimpfte Meister Linji seine Mönche. Wir sagen, wir seien Schülerinnen und Schüler des Buddha, doch geben wir unfreundliche Worte von uns, die Worte eines Schakals. Wir sind ein Löwe, ein befreiter Mensch, doch wir äußern die Worte eines Menschen, der das Gefühl hat, ohne jeden Wert zu sein. Wir folgen jedem spirituellen Lehrer, der uns über den Weg läuft. Wir sind wie eine Ziege, die alles frisst. Verwechselt Worte nicht mit der Wahrheit. Meister Linji sagt, dass seine Lehre wie ein Bild im leeren Raum ist. Es mag farbig sein, doch es ist nur ein zeitlich befristetes. Nehmt es nicht mit nach Hause, um es zu verehren.

Meister Linji lehrte: »Freunde, ihr könnt den Buddha nicht erfassen und auch nicht die Lehren der Drei Fahrzeuge, die fünf Naturen, plötzliche Erleuchtung, vollständige Erleuchtung, die historische und die letztendliche Dimension. Sie sind nur Arzneien und Krankheiten, die zusammen entstehen und als jeweilige Gegenmittel verwendet werden. Sie sind keine realen Objekte, die wirklich existieren. Selbst wenn es etwas Wirkliches gäbe, wäre dies nur eine Falle, die so erschiene, als wäre sie wirklich, eine zeitweilige Manifestation, die Form eines Vertrages für die Öffentlichkeit, die nur vorläufig zu verwenden ist. Es ist nur eine Sache von Worten.«

Die Drei Fahrzeuge, die fünf Naturen und plötzliche Erleuchtung sind nur Mittel und Arzneien, um uns zu helfen, heil zu werden. Sind wir nicht krank, brauchen wir keine Arznei. Sind wir nicht krank und nehmen trotzdem die Arznei, macht uns das vielleicht krank. Wenn uns also jemand einige Lehren vorschlägt, sollten wir schauen, ob sie das sind, was wir brauchen. Leiden hat tausend Gesichter.

Und die Lehre hat tausend Tore. Wir müssen uns nicht niederknien und selbst durch alle 84.000 Tore gehen. Jedes Tor ist da, um uns zu helfen, doch müssen wir klug sein und das Tor auswählen, das uns helfen kann. Meister Linji bietet uns so viele Wege an, um zu erwachen. Einer davon ist vielleicht genau der, den wir brauchen.

ich bin
angekommen
ich bin
zuhause

5
Übungen, die auf den Aufzeichnungen des Meisters Linji aufbauen

Meister Linji lehrte, dass wir alle einen klaren, leuchtenden Geist haben. Wenn wir zu diesem klaren Geist zurückfinden, sind wir wie der Buddha oder die Bodhisattvas. Ist unser leuchtender Geist ohne Glanz, dann ist er von Kummer und Geistesplagen getrübt. Die Klarheit unseres Geistes können wir durch die Achtsamkeitspraxis wiederherstellen.

Unser Geist ist wie ein Garten, den wir lange Zeit ignoriert haben. Die Erde ist hart geworden und überall wachsen Dornengestrüpp und Unkraut. Zu praktizieren bedeutet, uns wieder um unseren Garten zu kümmern. Wir sind die Gärtner, unser Geist ist die Erde, und im Boden sind die guten Samen.

Eine Methode, ein wildes Pferd zu trainieren, damit es einen Karren zieht oder einen Reiter trägt, ist, ihm Zaumzeug anzulegen, damit wir es halten können. Das Pferd wird sich dagegen wehren, aber es kann sich nicht befreien. Allmählich wird es sich beruhigen, und wir können es zähmen. Mit unserem Geist ist es genauso. Unser Geist ist das wilde Pferd, und die Achtsamkeitspraxis ist das Zaumzeug, so dass wir den Geist allmählich bändigen und führen können. Es gibt viele Methoden, den Geist anzuschirren. Die erste ist das achtsame Atmen – die Achtsamkeit auf den Einatem und Ausatem. Dann gibt es die

Übung des achtsamen Gehens, bei der wir unseres Atems und der Schritte gewahr sind.

Praktizieren wir für einige Wochen, so werden wir sehen, wie sich die Situation verändert. Wir müssen aber kontinuierlich üben und nicht nur gelegentlich, und wir können dabei nicht halbherzig sein, sondern müssen entschlossen sein, unseren Geist zu zähmen. Eine Zeitspanne fortwährender, hingebungsvoller Praxis wird mit Sicherheit zu einer Transformation führen.

Wenn wir uns unserem Geist nicht zuwenden, ihn nicht bändigen und meistern, schaffen wir für uns und die, die um uns sind, Leid. Den Geist zu meistern bringt dagegen großen Nutzen und großes Glück. Um den Geist zu meistern, müssen wir uns als Erstes dem Körper zuwenden. Körper und Geist wirken zusammen. Der Atem gehört zum Körper, so wie die beiden Füße und Beine zum Körper gehören. Über die Achtsamkeit auf den Atem, werden wir allmählich auch den Geist zu fassen bekommen. Der Geist enthält den Körper, und der Körper enthält den Geist. Glaubt nicht, diese Übung nähme zu viel Zeit in Anspruch. Wir können während all unserer täglichen Aktivitäten üben. Ob wir zum Markt fahren, das Essen zubereiten oder den Abwasch machen – überall können wir den Geist trainieren.

Wir können Zen-Gedichte still für uns rezitieren, wenn wir die Atemachtsamkeit praktizieren. Gathas sind sehr einfach, und sie können jede unserer Aktivitäten begleiten.

Zuflucht nehmen zu der Insel in uns

Ich atme ein und kehre zurück
  zu der Insel in mir.
Da gibt es wunderschöne Blumen.
Da gibt es Wasser, da gibt es Vögel.
Da gibt es Sonnenschein und frische Luft.
Ich atme aus und fühle mich sicher.

Dies ist ein wundervolles Gatha. Wir können es verwenden, wenn unser Geist durcheinander ist, wenn wir nicht wissen, was wir tun sollen, wenn wir in einer gefährlichen Situation sind oder Panik in uns aufsteigt. Kehren wir dann zu unserem Atem zurück, atmen achtsam und rezitieren den Vers, wird unser Geist sofort zur Ruhe kommen. Sobald wir uns stabil fühlen, können wir klar sehen, was wir tun und was wir lassen sollten, um die Situation zu verbessern.

Als der Buddha achtzig Jahre alt war, gab er die Unterweisung über die Zufluchtnahme zu der Insel in uns. Er wusste, dass sich viele seiner Schülerinnen und Schüler, sowohl unter den Nonnen und Mönchen als auch unter den Laienanhängern, nach seinem Eintritt ins Nirwana einsam fühlen würden, da sie ihre Zuflucht verloren hatten. So lehrte er, dass es in uns eine Insel gibt, zu der wir Zuflucht nehmen können. Wenn wir uns verloren, einsam, traurig, zaudernd oder verzweifelt fühlen, wenn wir nicht wissen, wie wir richtig handeln können, können wir zu dieser Insel zurückkehren und sind dort sicher. Die Insel ist unser stabiler Geist. Sie ist kein Ort außerhalb von uns. Ein Atemzug kann uns sofort zu dieser Insel zurückbringen. In jedem Menschen gibt es Samen der Stabilität, der Freiheit und Nicht-Angst. Diese Samen schaffen einen Zufluchtsort für uns und beschützen uns. Nehmen wir Zuflucht zu unserer Insel, dann nehmen wir Zuflucht zu etwas Realem, nicht zu abstrakten Ideen oder vagen Vorstellungen über Zukünftiges. Wir können dieses Gatha bei der Sitz- oder der Gehmeditation nutzen. Ob wir sitzen, stehen, gehen oder liegen – immer können wir üben, zurückzukommen und Zuflucht zu nehmen. Einatmend können wir sagen: »Ich kehre zurück und nehme Zuflucht.« Ausatmend können wir sagen: »Zu der Insel in mir.«

Ich atme ein und kehre zurück
zu der Insel in mir.
Da gibt es wunderschöne Blumen.

Ich kehre zurück und nehme Zuflucht
zu der Insel in mir.

Oder wir können sagen:

Zurückkehren
Zuflucht nehmen
die Insel
in mir.

Einatmen, ausatmen

Ich atme ein, ich atme aus,
und ich blühe wie die Blume.
Ich bin frisch wie der Tau.
Ruhig und stark wie die Berge.
Wie die Erde so fest.
Ich bin frei.

Ich bin Wasser, das spiegelt,
was wirklich ist und was wahr.
Und ganz tief in meinem Inneren,
da ist weiter, weiter Raum,
Ich bin frei.

Meine Achtsamkeit ist Buddha
leuchtet fern, leuchtet nah.
Und mein Atmen ist das Dharma,
es schützt Körper und Geist.
Ich bin frei.

Meine Skandhas sind die Sangha,
wirkend in Harmonie.
Ich nehme Zuflucht zu mir selbst,
und komm zurück zu mir.
Ich bin frei.

Dies ist ein weiteres Gatha zur Zufluchtnahme. Wenn wir zu unserer Insel zurückkehren, was werden wir dort antreffen? Als Erstes treffen wir den Buddha – Achtsamkeit ist der Buddha, »sie leuchtet nah, leuchtet fern«. Der Buddha ist weder außerhalb von uns, noch ist er etwas Abstraktes. Der Buddha ist Achtsamkeit. Außerhalb der Achtsamkeit können wir keinen Buddha haben. Durch achtsames Ein- und Ausatmen entsteht die Energie der Achtsamkeit. Ohne die Substanz der Achtsamkeit kann der Buddha nicht Buddha genannt werden, und deshalb ist Achtsamkeit der Buddha. Kehren wir also zu unserer Insel zurück, werden wir sofort den Buddha treffen. Wir atmen ein und wissen, dass wir einatmen. Wir machen einen Schritt und wissen, dass wir einen Schritt machen. Achtsamkeit ist das Licht. Wenn wir Wasser trinken und wissen, dass wir Wasser trinken – das ist das Licht. Trinken wir Wasser, ohne zu wissen, dass wir Wasser trinken, ist das Dunkelheit. Achtsamkeit bedeutet wahrzunehmen, was geschieht, und diese Wahrnehmung ist das Licht. Wenn ein Licht leuchtet, haben wir keine Angst mehr.

»Und mein Atmen ist das Dharma, es schützt Körper und Geist.« Atmen wir mit Gewahrsein ein und mit Gewahrsein aus, dann wird das Atemachtsamkeit genannt. Das ist nicht unsere gewohnte Art zu atmen. Tagtäglich atmen wir unausgesetzt ein und aus. Doch das ist nicht das Dharma. Wenn wir einatmen und wissen, dass wir einatmen, und wenn wir ausatmen und wissen, dass wir ausatmen, dann ist dies das Dharma. Das ist kein gesprochenes oder niedergeschriebenes Dharma, sondern das wahrhaft lebendige Dharma. Der lebendige Buddha ist Achtsamkeit, und das lebendige Dharma ist die Atemachtsamkeit.

Atmen wir in Achtsamkeit, dann kann das lebendige Dharma unseren Körper und Geist beschützen. Sind wir voller Angst, voller Schrecken, haben wir schlechte Nachrichten erhalten oder sind dabei, verrückt zu werden, dann kehren wir zu unserem Atem zurück und praktizieren dieses Gatha. Wir atmen ein und atmen aus in Achtsamkeit. Und dieses Einatmen und Ausatmen wird uns in einen Zustand der Sicherheit führen.

»Meine Skandhas sind die Sangha, wirkend in Harmonie.« Die fünf Skandhas sind die Mitglieder der Sangha in unserem Körper. Praktizieren wir achtsames Atmen, dann reguliert und harmonisiert der Atem unsere fünf Skandhas, indem er den Körper, die Gefühle, Wahrnehmungen, geistigen Gebilde und das Bewusstsein wahrnimmt und umfängt. Unsere Skandhas mögen vereinzelt, im Widerstreit miteinander oder im Chaos sein. In nur fünf oder zehn Minuten werden durch diese Harmonisierung Frieden und Stabilität in Körper und Geist einkehren. Wir kehren zurück und nehmen Zuflucht zu den Drei Juwelen und nutzen ihre Stärke zu unserem Schutz. Die Drei Juwelen sind nicht buddhistisch, sie sind universell. Sie sind keine Objekte der Anbetung und Hingabe, sondern tatsächliche Energien. In einem seiner früheren Leben traf der Buddha auf der Suche nach dem Weg einen Dämon, der sagte: »Ich kenne ein Gatha über das wahre Dharma, aber ich trage es dir nur vor, wenn ich dich danach verspeisen kann.« Und der Körper des Buddha in dessen früherem Leben antwortete: »Ja, wenn du mir vom rechten Dharma erzählst, darfst du mich danach verspeisen.« Und der Buddha vernahm dieses Gatha der Zufluchtnahme. Dieses Gatha ist es also wert, dass wir unser Leben geben, um es zu hören.

Es ist in allen Lebenssituationen wertvoll. Wenn wir wissen, wie wir zu unserem Atem zurückkehren und das Gatha praktizieren können, werden wir in Sicherheit sein, egal wie schwierig, chaotisch und durcheinander die Situation auch ist, in der wir uns befinden. Doch müssen wir, um es zu nutzen, gar nicht auf schwierige Zeiten warten, wir können es jederzeit während des Tages verwenden. Wir können dieses Gatha praktizieren, während wir essen; wir können dann im Rhythmus des Gatha kauen. Das Essen wird ganz weich in unserem Mund werden, wenn wir einen Bissen die ganze Länge des Gatha über kauen, und wir werden es gut verdauen können. Wir verweilen bei diesem Gatha, während wir essen, statt über dieses oder jenes zu reden, über die Angelegenheiten dieser oder jener Person nachzusinnen oder über diesen oder jenen Ort nachzudenken. Ich habe schon oft mit diesem Gatha gegessen. Es ist sehr freudvoll.

Wir können uns auch bei der Gehmeditation an diesem Gatha erfreuen. Bei der Gehmeditaion verlangsamen wir unser Tempo und sind jedes Schrittes gewahr. Gehen wir allein, können wir eine sehr langsame Gehmeditation machen. Wie langsam? Das hängt von uns ab, doch wir sollten uns für jeden Schritt so viel Zeit nehmen, dass wir dabei durch und durch lebendig sein können. Bei jedem Schritt erkennen wir, dass wir zurückgekehrt sind, dass wir Zuflucht nehmen, dass wir wahrhaft auf unserer Insel sind und tief die Wirklichkeit berühren. Solange wir damit in Kontakt sind, werden wir nicht das andere Bein anheben. Es ist so, als drückten wir ein Siegel auf ein Stück Papier. Wir drücken es sehr stark und entschlossen auf, an allen Ecken, damit die Tusche sich vollständig und wie gewünscht in das Papier einprägen kann. Dann heben wir das Siegel an. So ist es auch mit unseren Schritten. Sind wir nicht vollständig im gegenwärtigen Moment, dann gehen wir, als würden wir von Gespenstern gejagt. Machen wir die Gehmeditation allein, dann haben wir die Gelegenheit, so langsam zu gehen, dass wir unser Siegel einwandfrei aufdrücken können. Gehen wir zusammen mit der Sangha, werden wir das vielleicht in einer normaleren Geschwindigkeit tun.

Wir können dabei auch die Worte »jetzt« und »hier« verwenden. Wir machen einen Schritt und sagen »jetzt«. Wir sagen nicht einfach nur das Wort. Wir müssen mit dem Jetzt wirklich in Kontakt sein, dann können wir einen weiteren Schritt machen und »hier« sagen, so wie das Siegel sich selbst auf das Papier drückt. Erst wenn wir damit zufrieden sind, machen wir einen nächsten Schritt. Sind wir nicht in der Lage, mit dem Vorgang in Kontakt zu sein, dann halten wir inne, bis wir es sind. Erst wenn wir zu tiefem und stabilem Kontakt imstande sind, machen wir den nächsten Schritt. Während dieser Schritte steht unser Geist vollkommen unter unserer Beobachtung. Das Zaumzeug unseres Geistes ist richtig angelegt. Wir können im Wald spazieren oder durch lärmige, geschäftige Straßen gehen. Mit jedem Schritt betreten wir die Wirklichkeit, keinen Traum.

Ein, aus, tief, langsam

Ein
Aus
Tief
Langsam
Ruhig
Leicht
Lächelnd
Frei
Dieser Augenblick
Wundervoller Augenblick

Auch mit diesem Gatha können wir unseren Geist gut trainieren. Es ist ein sehr einfaches Gatha, das wir jederzeit während des Tages praktizieren können, bei der Sitz- wie bei der Gehmeditation. »Ein, aus« bedeutet, »ich atme ein und weiß, dass ich einatme; ich atme aus und weiß, dass ich ausatme.« »Ein, aus« ist einfach eine Kurzform dessen. Atmen wir ein, wissen wir, dass Einatmen geschieht; unser Geist denkt nicht an andere Dinge, sondern ist ganz beim Atmen. Dem Atem zu folgen, mit unserer Aufmerksamkeit ganz dabei zu sein bedeutet, dass wir Kontrolle über unseren Geist haben. Der Geist rennt nicht mehr umher. Der achtsame Atem ist der Strick, der den Geist festhält, und indem wir diese Zeile praktizieren, können wir den Geist zähmen. »Ich atme ein, dies ist mein Einatem.« Wir erkennen den Einatem als Einatem. Atme ich ein, weiß ich, dass ich einatme; atme ich aus, weiß ich, dass ich ausatme.

Dieses Gatha basiert auf den ersten vier Übungen, die der Buddha im *Anapanasati-Sutra*, dem *Sutra über das Bewusste Atmen*, gelehrt hat. »Tief, langsam« bedeutet »der Einatem ist tief geworden, der Ausatem ist langsam geworden.« Praktizieren wir für ein, zwei Minuten achtsames Ein- und Ausatmen, werden wir dabei bereits erfolgreich sein, und der Einatem wird ganz natürlich tiefer und der Ausatem langsamer. Es ist nicht so, dass wir einatmen und dabei versuchen, unseren Einatem tiefer zu machen – so etwas sollten wir nie forcieren. Bevor wir praktizierten, waren der Ein- und der Ausatem kurz und flach. Doch sobald wir praktizieren, und sei es nur für eine halbe oder eine Minute, wird der Einatem leichter, tiefer, ruhiger, langsamer, und in unserem Körper und Geist kehren mehr Weite und Ruhe ein. Gibt es Ruhe und Leichtigkeit im Atem, so gibt es sie auch im Körper und im Geist. Der Atem ist das Körper und Geist verbindende Medium. Einatmend empfinde ich ein Gefühl von Wohlergehen.

»Ich atme ein und mein Geist kommt zur Ruhe. Ich atme aus und fühle mich entspannt. Ich atme ein und lächle, ich atme aus und lasse los. Im gegenwärtigen Moment verweilend, weiß ich, es ist ein wundervoller Moment.« Wir haben nur einen Moment zu leben, und das ist der gegenwärtige Moment. Wenn wir zum gegenwärtigen Moment zurückkehren, werden wir mit den unzähligen Wundern in uns und um uns herum in Berührung sein. Ich garantiere, dass ihr nach einigen Wochen der Übung dieses Gatha eine Verwandlung feststellen werdet.

Haben wir ein starkes, heftiges Gefühl, dann wird sich dieses Gefühl beruhigen, wenn wir das Gatha praktizieren; wir nennen dies auch »den Geist beruhigen«. Das Gatha praktizieren wird auch zu einer Entspannung von Körper und Geist führen. Der Geist kann sich nicht entspannen, wenn der Körper nicht entspannt ist und umgekehrt. Dieses Gatha kann in jeder Position praktiziert werden – im Sitzen, Stehen, Liegen oder Gehen. Es ist nicht weniger wertvoll als ein Koan. Es ist wertvoller als tausend Goldstücke.

Wir können dieses Gatha auch bei der Gehmeditation nutzen. Wir verbinden dabei die Schritte mit dem Atem. Wenn wir zum Beispiel drei Schritte während jeder Einatmung machen, sagen wir: »Ein, ein, ein.« Und wenn wir drei Schritte bei jeder Ausatmung machen, sagen wir: »Aus, aus, aus.« Haben wir für eine Weile mit »ein, aus« geübt, können wir zu »tief, tief, tief« und »langsam, langsam, langsam« übergehen. Wir müssen dabei wirklich das »ein, aus« und »tief, langsam« erfahren. Wir atmen mit unseren beiden Füßen.

Natürlich ist es auch möglich, gar kein Gatha zu verwenden und uns trotzdem mit jedem Schritt in die Wirklichkeit zu begeben und in Achtsamkeit zu verweilen. Doch solange unser Geist noch ein wildes Pferd ist, müssen wir Zaumzeug benutzen, um den Geist zurückzuhalten. Doch das ist sehr angenehm. Ist das Pferd dann ausreichend trainiert, brauchen wir das nicht mehr. Haben wir gut praktiziert, wird jeder Schritt ein Siegel auf dem Land der Freiheit und des Friedens sein. Mit jedem Schritt verweilen wir in Achtsamkeit und hinterlassen das Siegel unseres Friedens und Glücks auf der Erde.

Hier ist das Reine Land

Hier ist das Reine Land.
Das Reine Land ist hier.
Ich lächle in Achtsamkeit
und bin ganz gegenwärtig.
Den Buddha seh ich im Birkenblatt.
Das Dharma in der Wolke.
Der Sangha-Körper ist überall.
Mein wahres Zuhause ist hier.
Ich atme ein, und die Blumen blühen.
Ich atme aus und bin gewahr,
dass Gräser sich neigen.
Mein Geist ist frei.
Und ich erlebe große Freude.

Dieses Gatha können wir gut bei der Gehmeditation anwenden, wenn wir vier Schritte bei jeder Ein- und vier Schritte bei jeder Ausatmung machen. Dieses Gatha kann uns viel Glück bringen.

Können wir im gegenwärtigen Moment nicht mit dem Reinen Land in Berührung sein, dann können wir nicht hoffen, dass es in der Zukunft ein Reines Land geben wird. Können wir dagegen im gegenwärtigen Moment mit dem Reinen Land in Berührung sein, dann wird es mit Sicherheit in Zukunft ein Reines Land geben. Die Wunder, zu denen wir im gegenwärtigen Moment wieder in Kontakt kommen, gehören alle zum Reinen Land. Unser Körper gehört zum Reinen Land; er ist etwas so Wunderbares wie das Reine Land. Das Reine Land ist nicht außerhalb unseres Körpers und Geistes. Was brauchen wir, um das Reine Land zu betreten, und wie stellen wir das an? Wir brauchen Achtsamkeit, weil Achtsamkeit die Achtlosigkeit zerstreut. Sie löst das Chaos auf und bringt Weisheit und Verstehen hervor. Verstehen und Weisheit ermöglichen uns Einsicht und das Wissen, dass wir im gegenwärtigen Moment einen wundervollen Moment im Reinen Land in uns und um uns herum leben.

»Ich lächle in Achtsamkeit und bin ganz gegenwärtig.« Dies ist kein soziales oder kokettes Lächeln, sondern ein Lächeln der Achtsamkeit. Warum lächeln wir? Weil das Leben so wundervoll ist. Es bedarf nur eines einzigen leichten Atemzuges, und all die Wunder manifestieren sich. Die Vögel zwitschern, die Kiefern singen, die Blumen blühen, der blaue Himmel und die weißen Wolken sind alle da. So zu leben ist wahrhaft Lebenskunst, und wir können es.

Genau jetzt können wir in Berührung mit den Drei Juwelen sein. Dieses Gatha zu praktizieren bedeutet auch, Zuflucht zu nehmen. Buddha, Dharma und Sangha sind in uns und überall um uns herum, in den Blättern und den Wolken. Die Sangha besteht nicht nur aus Menschen, sondern auch aus Bäumen, Vögeln und Gewässern. Unser wahres Zuhause ist der gegenwärtige Moment, genau hier, genau jetzt. Wir müssen nicht anderswo nach dem Glück Ausschau halten. Der sich wiegende Bambus und das Blühen der Blumen gehören zu den Wundern des Lebens. Atmen wir auf diese Weise ein und aus, ist unser Geist frei, er haftet an nichts, ist an nichts gebunden.

Wir können dieses Gatha beim Essen verwenden. Wir suchen das Reine Land und das Glück nicht irgendwo anders. Wir haben die Gelegenheit, zu sitzen und achtsam zu essen. Wir essen auch mit dem Buddha und der ursprünglichen Sangha. Sie sind nicht in der Vergangenheit, sie sind hier bei uns. Der Buddha ist Achtsamkeit; es gibt also keinen Augenblick, den wir nicht mit dem Buddha verbringen können.

Ich bin angekommen, ich bin zuhause

Ich bin angekommen,
ich bin zuhause
im Hier
und im Jetzt.
Ich bin fest,
Ich bin frei.
Im Reinen Land
verweile ich.

Wenn wir dieses Gatha praktizieren, kann das Glück sofort da sein. Sind wir nicht glücklich, dann waren wir noch nicht erfolgreich darin, anzukommen und nach Hause zurückzukehren. Sobald wir angekommen, sobald wir nach Hause zurückgekehrt sind, haben wir Erfolg gehabt, und das Glück stellt sich sofort ein. Fest und frei bedeutet, dass wir Stabilität haben und nicht von der Vergangenheit oder Zukunft hin und her gezerrt werden. Wir haben Freiheit erlangt. Stabilität und Freiheit sind die beiden Merkmale von Glück und Nirwana. Zurückzukehren, um Zuflucht zu nehmen, bedeutet, zum gegenwärtigen Moment zurückzukehren und Zuflucht zur Insel in uns zu nehmen. Diese Insel ist unsere Achtsamkeit, unser Atem und unsere Schritte. Die Achtsamkeit auf unseren Atem und unsere

Schritte ist etwas sehr Konkretes, zu dem wir Zuflucht nehmen können.

Bitte schreibt die folgenden neun Worte auf und hängt sie an einem Ort auf, wo ihr sie oft sehen könnt: »Wo immer ich bin, ich bin mein wahrer Mensch.« Ihr könnt die Worte auf ein Stück Papier in der Größe einer Kreditkarte schreiben, es in eure Brieftasche tun, um es immer wieder zur Erinnerung herauszuholen. Könnt ihr diese neun Worte praktizieren, seid ihr es würdig, Meister Linjis Schülerin oder Schüler und seine Fortdauer zu sein. Meister Linji lehrte uns, dass wir unseren klaren, leuchtenden Geist benutzen müssen, um in den gegenwärtigen Moment zurückzukehren und die Welt des Letztendlichen, den Bereich des Buddha, das Reine Land, zu betreten. Mit achtsamem Atmen, achtsamem Gehen und diesen Gathas, die uns helfen, zu unserem wahren Selbst zurückzukehren, können wir der ungeschäftigste Mensch sein, für den es nichts anderes zu tun gibt, als die Hand des Buddha zu halten und zu gehen.

Anmerkungen

1 »Retributionskörper« (Skrt.: Sambhogakaya) bezeichnet die Bewusstseinsschicht bzw. deren körperliche Ausformung, die durch Karma, also durch Handeln, Fühlen und Denken, geschaffen wird, und zwar sowohl im Guten wie im Schlechten (er ist sowohl der »Genusskörper« wie auch der »Vergeltungskörper«).

2 Sutras sind Aufzeichnungen der mündlichen Unterweisungen des historischen Buddha, Shastras wiederum Kommentare zu den Sutras oder anderen Abhandlungen, die buddhistische Lehre betreffend.

3 Die Udumbara-Blüte öffnet sich nur alle dreitausend Jahre und wird oft als Metapher für die Seltenheit, einen Buddha zu treffen, verwendet.

4 Die Zwölf Abteilungen der Lehre werden auf Seite 165 aufgelistet.

5 Geistige Gebilde *(cittasamskara)* sind die Manifestationen und Prozesse des Geistes. Sie sind sowohl die Geistesinhalte als der Geist selbst.

6 Auf Bildern und als Statue ist der Bodhisattva oft mit vielen Armen dargestellt, Symbol seiner zahlreichen möglichen Handlungsweisen. In jeder Handfläche befindet sich ein Auge, was bedeutet, dass hinter jeder Handlung des Bodhisattva Weisheit ist. Das Auge sieht und versteht die Umstände, so dass der Bodhisattva weiß, welche geschickten Mittel angemessen sind. Bei einigen Darstellungen hält jede Hand ein anderes Werkzeug.

7 »Tathagata« ist jemand, der von nirgendwoher kommt und

nirgendwohin geht. Mit diesem Namen bezeichnete der Buddha sich selbst.

8 Siehe Thich Nhat Hanh, *Der Buddha sagt*. Berlin 2003, Seite 33ff.

9 Bodhidharma (470–543) gilt als der erste Zen-Ahne des Zen in China. Er lebte als Mönch in Südindien und kam in der ersten Hälfte des 6. Jahrhunderts nach China.

10 Der ehrenwerte Manh Giac war zur selben Zeit wie der Autor studierender Mönch in Hue. Er hat viele Zen-Gedichte verfasst. Später lebte er in den USA und leitete die Kongregation des Vietnamesischen Buddhistischen Tempels in Los Angeles. Er starb Anfang 2007.

11 Mara ist der Versucher, der Böse, der Mörder, das Gegenteil der Buddha-Natur in jedem Menschen; manchmal auch als eine Gottheit personifiziert. Die Hindernisse in unserer Praxis, die in unserem eigenen Geist entstehen, sind Mara.

12 Sukhavati, das Land des Großen Glücks, liegt im Westen und ist das Reine Land des Amitabha Buddha, der das Gelübde abgelegt hat, alle Wesen zu retten. Vairochana ist der Buddha der letztendlichen Dimension, die Verkörperung des Dharmakaya, der wahren und letztendlichen Wirklichkeit.

13 Meister Van Hanh war Nationallehrer und Berater von Ly Thai To, dem ersten König der Ly-Dynastie (1010–1225).

14 A. A. Milne, *Pu der Bär*, Gesamtausgabe. Hamburg 1996.

15 aus dem Gedicht »Die Dahlie« des vietnamesischen Dichters Vu Hoang Chuong.

16 Die sechs Paramitas sind die Übungen der Vollkommenheit, die von den Bodhisattvas kultiviert werden: *dana* (Großzügigkeit), *sila* (Richtlinien), *kshanti* (Geduld), *virya* (Energie), *dhyana* (Meditation), *prajna* (Verstehen).

17 Mahaparinirwana bezieht sich auf den Tod des Buddha in seiner irdischen Existenz.

18 Thich Nhat Hanh, *Die Sonne, mein Herz*. Berlin 1989.